U0586850

邓演达的灵魂

陈诚的左右手

董必武的闲棋冷子

李杰群 李杰明 编

朱代杰传

九州出版社
JIUZHOUPRESS
全国百佳图书出版单位

图书在版编目（CIP）数据

朱代杰传／李杰群，李杰明编．—北京：九州出版社，2017.1

ISBN 978-7-5108-5079-0

Ⅰ．①朱…　Ⅱ．①李…②李…　Ⅲ．①朱代杰（1902－1966）－传记　Ⅳ．①K825.46

中国版本图书馆 CIP 数据核字（2017）第 032670 号

朱代杰传

作　　者	李杰群　李杰明　编
出版发行	九州出版社
地　　址	北京市西城区阜外大街甲 35 号（100037）
发行电话	（010）68992190/3/5/6
网　　址	www. jiuzhoupress. com
电子信箱	jiuzhou@ jiuzhoupress. com
印　　刷	北京市金星印务有限公司
开　　本	710 毫米 ×1000 毫米　　16 开
印　　张	25
字　　数	288 千字
版　　次	2017 年 10 月第 1 版
印　　次	2017 年 10 月第 1 次印刷
书　　号	ISBN 978-7-5108-5079-0
定　　价	75.00

朱代杰（1902～1966）

朱代杰简历

朱代杰（1902~1966），字仲英，别号思平，1902年5月11日出生于四川成都新半边街56号。1925年上海南洋大学机械工程学士；同年加入中国共产党，五卅运动中任上海学生会主席。毕业后任淞沪铁路实习站长、工程师。1926年赴广州投身北伐，任国民革命军总政治部秘书处上校处长兼宣传科长，黄埔军校政治教官。1927年，由中共中央派往苏联莫斯科东方大学及莫斯科国际列宁学院学习。1930年于列宁学院毕业后回国，在河北山西等地教书，任太原法学院经济系主任。1937年后，历任中央设计局设计委员，国民政府军事委员会政治部总务厅厅长、第四厅中将厅长，中华民族解放行动委员会中央执行委员会委员，军事委员会政治部部长；第九战区司令长官；湖北省政府主席联合办公厅主任，湖北省政府委员，湖北宜昌行署主任。1944年任福建省政府委员兼福建省建设厅厅长，国防最高委员会中央设计局台湾资源调查委员会委员，中央设计局特种计划组专任设计委员兼召集人。1947年冬任东北行辕政务委员会委员，东北行辕生产局局长，国防部上海造船厂厂长，上海交通大学教授。1951年任北方交通大学教授。1966年6月5日突发心肌梗塞去世，享年64岁。

朱代杰 1927 年于莫斯科

朱代杰 1944 年于成都

朱代杰夫人 李冠群 1948 年于上海

1947 年朱代杰和儿子小英在上海虹口公园

朱代杰 1964 年于北戴河

1950 年小英小雄小群于上海影都照相馆

1951 年小群小雄小英于上海影都照相馆

1952 年小英小群小雄于北京紫房子照相馆

1953 年小雄小群小英于北京铁道学院 51 区家门前

1957 年小英小群小雄小明于北京动物园，当时还没有狮虎山

1979 年小明小雄小群小英于北京动物园狮虎山旧地重游

1961 年小雄小明小英小群于北京西外照相馆

1972 年小英小群小雄小明于北京北京照相馆

1984 年小明小雄小群小英于北京三元里

1986 年小英小雄小群小明于北京左家庄

1969 年夏女儿小群和夫人李冠群于北京颐和园

目　录

说　明

2006年2月10日，电视台播崔永元《电影传奇·沈浮——天真的朋友》。因为知道父亲的第二任妻子高芝英后来嫁给了沈浮，所以看得很仔细。果然，沈浮的女儿沈庭兰在节目中回忆，其继母高依云（应该是嫁沈后改名字了）原来的丈夫是国民党高官——这个高官正是父亲！于是产生了上网搜索的念头，才惊讶地发现，父亲名下竟然有数千条资料！

由于历史原因，父亲除学术著作不曾留下只字片言，但是，他的朋友们在回忆文章中却经常提到他，汇集起来，说明了父亲和邓演达、陈诚的深厚情谊。于是根据这些，又查阅了档案馆有关资料和当时报刊，排出大致年谱，准备为他作传。

特别是2012年3月，蒙陈履安世兄（陈诚长子）鼎力相助，有幸赴台北查阅了与父亲有关的原始文档136笔，大大提升了本书的史学价值。

2013年底，又蒙老同学崔雪君、李宗伦夫妇相助，得到父亲留苏时部分档案，使本书史料更加丰富。

虽然如此，但是，那一段历史太生疏太复杂了，驾驭不了，只好把文献辑录起来，并稍加注释，形成了这个辑注本。

辑录的原则是照单全收，人们对同一事件的记忆是有差异的。关于父亲的生年和籍贯及在五卅、北伐、留苏、抗日等中的行止、作为，均有各种不同的版本，全部罗列出来，供读者分析参考。

大致体例为，按年代编排，引用文献在前，用宋体，文献详细出处一律见书后索引；作者注在后，用楷体，如分别作注则用小群（李杰群）、小明（李杰明）标示。

关于“杰”字，多有文献作“傑”，不必。查南北朝《玉篇》已有此字，乃异体，非繁简也。

本书在写作过程中，得到中国农工民主党中央游宏炳、姜天麟、张意愿，滁州政协卜平、徐茵、吴腾凰，好友蔡震、杜纯梓、樊振、方麟、郭平英、黄立弗、贾克星、李晓奇、李有志、刘耀江、王冬、张若渝、张鹏举、周太和诸先生的帮助，谨致谢意。

2017年是父亲诞辰115周年，我也年近古稀。趁活着，尽点孝。

小群

2017年5月

于北京西郊红果园

序

“传”者，记录也。然而，在我们为家父作传的过程中，却对既往之时代、社会、团体、观念及其后果，尤其是教训，产生着自己的看法，并据其修正了初稿中的盲目与糊涂之处。

家父生于乱世，求学时振臂于“五卅”，从军后呐喊于“北伐”，留学时纠结于“东大”，回国后沉淀于“太原”，抗战时运筹于“湖北”，光复后建设于“福建”，解放后执教于“交大”。究其信仰竟横跨“三党”，核其职守曾辗转“九地”，考其影响在遏狂澜于半壁、启“中兴”于台湾。故此，欲依“盖棺论定”之例则难矣。

所喜直到付梓之际，我等方猛醒上述所谓之“看法”，很可能正是家父当时的想法和做法，即：利国利民而已，其他忽略不计！

如是：于情于理皆幸甚。如否：既污历史更辱先人，罪不容诛。

朱代杰长女 李杰群

朱代杰三子 李杰明

长跪于2017年5月

李杰明、李杰群 2015 年 2 月 4 日于《大抗战》录制现场

生 前

- 成都 • 上海（1902～1925）
- 广州 • 武汉（1926）
- 莫斯科（1927～1930）
- 河北 • 上海 • 山西（1930～1936）
- 武汉 • 重庆（1937～1939）
- 湖北 • 恩施 • 宜昌（1940～1944）
- 福建 • 永安 • 福州（1944～1947）
- 沈阳 • 上海（1947～1951）
- 北京 • 北方交大材料系（1951～1966）

成都·上海

◎ （1902～1925）

（一九二一年）六月三十日，举行毕业典礼。土木科第十二届学生毕业，计江应麟等16人，电机科第十一届学生毕业，计王崇植等19人；中学第十三届学生毕业，计许国保等95人；小学第十八届学生毕业，计杨业治等41人。……

中学应届毕业生名单如下：

许国保，张绍琨，徐嘉元，姜嘉猷，施家俊，汤辅仁，杨树仁，沈昌，唐子谷，尹国墉，杨耀恭，虞汉，王昌孔，钱乃桢，李梅先，方显庭，汤藩第，吴维翰，蒋凤五，洪启芝，朱代杰，钱凤章，庄鼎俭，陈华松，顾鼎祥，朱恩圻，柴志明，高元勋，沈寿松，李立桢，夏宪讲，王钧，范式正，姚有畴……

//南洋公学－交通大学年谱，1921年－辛酉年（民国十年）

《南洋学报》第四卷第一号刊登“民国十年交通大学上海学校南

洋学会会员录”，共148人。其成员是：

……林德昭，金泳，陈开孙，韦国杰，朱云衢，裴德尧，蒋大恩，余宰扬，杨效曾，李果能，赵□，彭无荒，朱维铨，黄纬芳，周杰，钱凤章，朱代杰，黎智长，方善垕，程桂森，任家裕，朱承猷，戈宗源，黄澄渊，陈毓琳，陈体钦，陈璩，张功焕，倪松寿，……

//西安交通大学档案馆，南洋公学年谱

父亲只给我们四个孩子讲过一次他的故事，大约是1964年，内容大致如下：1902年他出生于四川成都，家里兄弟七个，他排行老二，从小被过继给没有孩子的大伯。1919年，父亲十七岁时，拿着大伯给的50块大洋，乘小船，顺长江而下，出四川盆地，到上海读书。

船主怕土匪打劫，就跟在一支有保镖的运盐船队后面，结果土匪抢的正是盐商，子弹从两岸“嗖嗖”飞过，吓得正在做饭的师傅，一屁股坐到饭锅里，又顺手抄起另一个大锅顶在脑袋上。大家慌作一团，只听一位中弹者大喊“脚肚子都打穿喽（四川方言）！”南洋公学年谱证明，父亲1921年毕业于南洋公学中学部后升入南洋大学。

清华留美预备学校甲子级同学名录

（1923年，共计78人）

姓名	暑假中通信住址	姓名	暑假中通信住址
翟念浦	〔原表空白〕	张明昕	清华消夏团
邱　航	新华消夏团	周荣条	湖南长沙马王塘青山寄庐
骆启荣	上海南洋大学朱代杰先生转	唐凤图	唐山京奉铁路制造厂

（续表）

姓名	暑假中通信住址	姓名	暑假中通信住址
段继达	北京顺治门中街九号转	段续川	青岛胶澳农林事务所凌道扬先生转
裴　鉴	〔原表空白〕	饶孟侃	江西南昌洗马池福昌生华裕昌转
贾观鑫	上海小西门内劝学所前贾宅	谭遂淮	广东广州河南蒙圣里联安街十九号
贺　闿	湖南衡州铁炉门	黄人杰	北京绒线胡同小马神庙五号
黄育贤	南昌系马桩第二中学校内南昌暑期英数学校	胡　毅	长沙明德学校转交
黄　翼	厦门鼓浪屿荔支宅 F70	余相林	北京清华学校消夏团
赵士寿	广东新会古井鹅公头	区嘉炜	清华学校转
张　光	长沙衡粹学校	罗孝章	福州城内余府巷
罗家选	本校转	张乔啬	青岛胶济铁路机务处孙继丁先生转
张洪沅	清华学校转	陈仕庆	广东省城第十甫大同春药房
周先庚	津浦南段乌衣站转全椒县县二高小校	周培源	清华学校转
程瀛元	安徽休宁屯溪震泰宝号	金开永	上海宝山路颐福里五十五号
梁朝威	清华学校转	王守竞	上海闸北天通庵大效机器厂转
高进基	南洋荷属爪哇吧达罗亚埠	杨兆焘	广东省城天平街人和里十二号或香港般含道圣士提反里七号
赵恩钜	安庆城内天台里六十号	李树翘	清华学校消夏团
胡敦元	清华学校转	章裕昌	南昌洗马池福昌生号转
高荫棠	天津东门内津道署前寔胡同	徐永煐	江西南昌第二中学转
梅汝璈	江西南昌系马桩第二中学转或南昌干家前巷第三号	冀朝鼎	山西省城内上马街四十四号
王恩蕃	北京西城太平湖草厂甲四号	黄培坤	北京东城大方家胡同四十八号黄寓

（续表）

姓名	暑假中通信住址	姓名	暑假中通信住址
蔡可选	安徽巢县西门	尚仲衣	河南罗山县南街
夏屏方	北京煤渣胡同东口公懋洋行	李方桂	清华学校转
曹　昌	清华园邮局转	萧庆云	江西南昌系马桩第二中学
涂　治	湖北黄陂涂复泰	袁伯焘	未定
吴祥骏	浙江嘉兴凤喈桥	汪　准	安徽舒城县福音堂对门
梁思永	天津意租界西马路二十七号	余绍光	香港般含道四十六号B
金龙章	清华学校转	黄元照	清华学校转
汤爵芝	上海威赛路二十二号汤先生转	余泽棠	北京北池子妞妞房胡同十五号汪宅转交
严开元	西山卧佛寺清华消夏团	吴鲁强	广州 万福路 新庐 西二楼
施　滉	清华学校转	何永吉	清华学校转
邓健飞	〔原表空白〕	余　良	清华学校转
黄　自	江苏川沙县南门内	黄竞式	西山消夏团转
黄家骅	清华学校转	胡竟铭	津浦南段滁县东门内
萧　津	济南马道口八号	陈叔扉	西山卧佛寺清华消夏团
高　翰	上海开封路正修里五十一号	李绍悳	南昌下三益巷十三号
潘大逵	本校消夏团	沈鸿来	上海广福寺桥街辛安坊
苏益信	直隶泊头顺记美孚油公司转	朱　湘	清华学校转

//和讯博客，徐绥之，相关史料与回忆，清华学校史料之二

水利专家骆启荣先生是睡在父亲上铺的兄弟，一次，父亲患病，他衣不解带，日夜照料。后来他上了清华。清华甲子级这七十八个人，多为国家栋梁。世界真小：其中的外贸专家冀朝鼎，是我们家在上海时的熟客，其长子冀复生是我中学学长；法学家梅汝璈的公子梅小璈是我大学同班同组同学。

记得小时候骆伯伯一家常来吃饭，因为母亲烧得一手好菜。后来

他们又回上海了。骆家大哥祝厚元是我大学学长，他留在北京上大学。1957 年骆、梅均被划为右派。(小群)

《南洋公学－交通大学年谱》，1924 年－甲子年（民国十三年）

一月，《交通部南洋大学同学录》出版发行。其名单如下：

（1）电机科四年级 ……

（5）机械科三年级

魏诗其，尤巽照，韦同芳，丘颜，严珊，杨恒，俞闰章，缪锡康，柴志明，徐名植，顾鼎祥，陈耀奎，倪麒时，胡嵩岩，黄洁，贾存鉴，汤藩第，张慕聃，沈三多，曾桐，黄六一，刘垂纲，王羽仪，钟伯厚，周桢，杜觐瓛，王正纬，程耀庭，朱代杰，洪启芝，吕远毅，莫文浩，沈同德，陈大燮，裴元嗣，仇俭，欧阳仑，段世芬，林墩，刘镇堃。

//西安交通大学档案馆，南洋公学年谱

父亲考大学时，数学不及格，国文 100 分，国文老师拿着试卷去找校长："从来没有国文满分的考生！" 校长特批入学。巧合的是，1977 年恢复高考，我以数学 100 分的成绩考入北京师范学院中文系。(小群)

1924 年：《申报》刊载南洋大学学和一社团新一届职员改选情况。学生会会长为周桢，副会长为宗之发，书记为沈昌，会计为郁仁充；南洋歌社社长为叶贻东，副社长为朱代杰，会计为周质言，书记为黄辉。

//上海交通大学档案馆

父亲从来没有在我们面前唱过歌；

他有时和母亲进城看“茶花女”；

他有管洞箫，偶尔吹吹；

他还有把小提琴，被小英继承了；

他最喜欢的歌是美国福斯特作词作曲的《故乡的亲人》；

他带全家看过《天鹅湖》。

小英

照片中小英戴的那块表，是家里当时（1968年）仅存的“浪琴”，其他的瑞士表，都在三年困难时期卖掉买吃的了——父亲从无积蓄，瑞士表和派克笔是家里最值钱的东西。

朱代杰在五卅运动中是上海学生会干部，1925年加入中国共产党。

/周焱//路漫漫——袁溥之自传

1925 年加入中国共产党。1925 年事件中任上海学生会主席。

//俄罗斯国立社会政治史档案馆，495 卷，225 宗，607 目

据母亲说，袁溥之是父亲的第一任妻子，留苏时结的婚。父亲大学时有个很漂亮的女朋友，出国前去送行，都哭晕过去了，但是父亲到苏联后不久，她就跟别人跑了。袁溥之安慰失恋的父亲，他们就好上了。

和我们一起去东大的，一个叫朱代杰，四川人，南洋大学毕业，是五卅运动的积极参加者，后到广东，在北伐时任国民革命军总政治部宣传科长，是仅次于主任邓演达、副主任郭沫若的第三号人物。

/马员生//旅苏纪事，p. 63

恽代英（1895 ~ 1931）

萧楚女（1893 ~ 1927）

我上中学时，曾经拿着《中国青年》杂志创刊 40 周年纪念刊上面恽代英、萧楚女的照片问父亲：“他们怎么这个样子啊？文弱书

生?”父亲非常严肃而伤感地说:“他们是我的入党介绍人。表面文弱,内里坚强,被捕后宁死不屈。牺牲时都才三十多岁啊!”(小群)

和我同时在上海上大学的四川同学，大概有彭县小同乡何秉彝、初进成都在储才中学同学半年的上海大学的李硕勋。此外，在成都联合中学的同学在同济大学学医的蒋留芳、王季甫。还有是在成都认识的不是成都中学的同学或者到上海后认识的，有南洋大学的朱代杰，上海大学的欧阳继修、何成湘。也还有一些在四川成都的中学同学，他们入了什么大学，已记不大清楚了，如任觉五、王元辉等。此外，和北京大学的陈述明，东南大学的李琢仁、孙元良有通信来往。这些四川同学的情况，我现在就第二类、第三类中简单地介绍几位。

一、何秉彝，和我是同县人，小学同学，但中学没有同学。他到上海来的时候，是想学工科，搞工业救国，但终究因为时代的影响，进了上海大学，从事学生运动。我估计他是 1924 年入党的，不幸 1925 年 5 月 30 日在英租界被巡捕开枪打死，牺牲在南京路上，成为有名的五卅运动的第一个殉难者。

二、朱代杰，到上海以后认识的，1924 年南洋大学毕业，也是上海学生运动的活跃分子，南洋大学学生会会长。我估计他是 1925 年入党的，1926 年到广东后任总政治部秘书长，与我同事一年多。因为蒋介石不喜欢他，就到苏联留学去了。解放以后，任铁道学院的教授。

三、李琢仁，成都华阳中学的学生。考入南京东南大学（现南京大学），是位 CC 分子，解放前夕，跑到台湾，现还在台湾任“立法委员”。

四、何成湘，是我入党的介绍人之一。

五、欧阳继修，现名阳翰笙，南昌起义后，是同郭沫若和我一起在8月4日赶到南昌的。现在是著名剧作家。

……

这些同学中，有的人在上海分手后，也就没有什么来往了；有的大革命当中一起共事，交情极好，如朱代杰；有的分道扬镳去了台湾，如李琢仁、任觉五、王元辉；个别的现在退休在北京，尚有来往，如阳翰笙……

/李一氓//模糊的荧屏，p. 37 – 38

李一氓（1903 ~ 1990），又名李民治、李德谟，四川彭县人。1925年加入中国共产党，参加过北伐战争和八一南昌起义，后在周恩来的直接领导下，在中共特科工作。后参加长征。历任陕甘宁省委宣传部长，新四军秘书长和中共中央东南分局秘书长，苏皖边区政府主席，旅大区党委副书记，大连大学校长等职。1958年，任中国驻缅甸大使。1963年，任国务院外事办公室副主任。1968 ~ 1973年"文革"期间受审查，被关押在秦城监狱。

李一氓比父亲小一岁，四川老乡，同在上海参加五卅，入党；后又乘同一条船往广州参加北伐，都在邓演达的政治部工作，"交情极好"。父亲去世后，母亲去找他，他给予很大帮助，通过铁道部发给母亲生活费，并准备为母亲介绍工作，但不久他自己也被投入监狱了。

《模糊的荧屏》是李伯伯自己写的回忆录，八十岁高龄开始动笔，于他去世后的1992年出版。

六月二十八日，举行毕业考试。大学毕业生计电机科潘世宜等

31 名，机械科杨恒等 31 名，铁路管理科蒋凤五等 27 名。中学第十七届学生毕业，计杨业治等 58 名；小学第二十二届学生毕业，计谢元模等 50 名。

本届大学毕业生名单如下：

（1）电机工程科第十五届学生毕业（共 31 名）

……

（2）机械工程科第四届学生毕业（共 31 名）

工业机械门（24 名）

杨恒，陈大燮，沈三多，沈同德，胡嵩岩，徐名植，王正纬，贾存鉴，顾鼎祥，陈耀奎，缪锡康，黄洁，严珊，周桢，裴元嗣，汤藩第，莫文浩，王羽仪，朱代杰，黄六一，吕远毅，倪麒时，张慕聃，俞闰章。

铁道机械门（7 名）

尤巽照，欧阳仑，丘颜，曾桐，段世芬，刘镇口，程耀庭。

//南洋公学－交通大学年谱，1925 年－乙丑年（民国十四年）

南洋公学，1896 年在上海创建，是上海、西安、西南、北方、台湾新竹五所交通大学共同的前身。是中国历史上建立的第一批近代高等学府之一。也是父亲救国梦开始的地方。

广州·武汉

◎ （1926）

我准备离开上海，脱离学生生活，去的地方当然是广州。因此1926年3月初，我就不再去东吴大学法科注册上课了。去广州有两个同路人，一是欧阳继修，他离开上海大学；二是朱代杰，他辞掉淞沪铁路实习站长的职务。就是我们三个人，坐的是英商太古洋行的一只客货船。我们连普通统舱也买不起，只买了统舱的散铺，这是没有固定铺位的，临时在什么地方加一个帆布床。虽然我们都取得了中国共产党去广州的介绍信，但去广州的路费，党组织并不发给，要由自己负担，我们只好买船票中的最贱最贱的那种散铺了。我们的帆布床就放在船头一个拉船锚的船位中，是全船最颠簸的地方。当时刚二十出头，还经得住这种颠簸，居然以乘风破浪的气概，度过了几天海上生活。

/李一氓//模糊的荧屏，p. 49 – 50

后来父亲去苏联时，没这么窘迫，因为是“官”了（马员生语）；而马员生却是回家跟父亲要的80元做路费。可见党组织没什么经费，干革命要自己掏腰包。

欧阳继修即阳翰笙（1902～1993），父亲的同乡同龄人，1960年代他的电影《北国江南》（我看过，是秦怡主演的）被批判时，母亲经常提起阳翰笙这个名字，所以我还有印象，但并不知道他是父亲的老朋友。（小群）

1926年12月初，黄埔军校第5期政治大队500余名学员到达武昌，……教官由邓演达、李汉俊、李达、毛泽东、恽代英、朱代杰、铁罗尼（总政治部苏联顾问）等14人担任，并聘请宋庆龄、鲍罗廷、徐谦、董必武、李立三等11人为特别演讲人员。

/李明//黄埔军校，p. 58

朱代杰（1890～1966）武汉中央军校政治教官。湖北宣恩人。上海大学社会学系、苏联莫斯科中山大学毕业。1925年加入中国共产党。1926年冬任北伐军总政治部秘书处长、武汉中央军校政治教官，湖北省政务委员会总务厅处长、代厅长。1927年春赴苏联学习，1928年8月与袁溥之（后为广东省长陈郁夫人）结婚。同年由中山大学转入列宁学院学习。1930年被王明等以“托派”罪名开除党籍，遣送回国。曾任河北永年中学教员，1933年与袁溥之离异。抗日战争爆发后，在军委会政治部第三厅从事抗日宣传工作。中华人民共和国成立后，任北京铁道学院教授。1966年因心脏病逝世。

/陈予欢//黄埔军校将帅录，p. 401

中国共产党人在黄埔军校中任职最多的阶段应是武汉分校时期。1927 年 1 月 19 日，武汉黄埔军校政治科正式易名为中央军事政治学校武汉分校，蒋介石兼任校长，邓演达任代校长，张治中任教导长兼训练部部长（教育长）、学生总队长，共产党人恽代英任政治总教官。邓演达时任国民革命军总司令部政治部主任兼国民革命军武汉行营主任，北伐之前任黄埔军校教育长，北伐军进军武汉时是攻城司令，所以邓演达在黄埔学生和北伐军中威望很高。邓演达、张治中因兼职多，不能常到分校来，恽代英便成为武汉分校的中坚人物，他召集和委任一大批共产党人到军校任职。如徐象谦（向前）为政治大队第一队队长，沈雁冰为政治教官。聘请担任讲演的教官主要有：邓演达、铁罗尼、李汉俊、董孚光、吴企云、李达、章伯钧、包惠僧、周佛海、毛泽东、恽代英、李合林、郭冠杰、朱代杰。担任特别讲演的嘉宾主要有：鲍罗廷、徐季龙、宋子文、宋庆龄、孙科、詹大悲、唐孟潇、董必武、李立三、张太雷、张国焘。武汉分校学生主要由三部分组成：一是中央军事政治学校政治大队、第五期炮兵工兵大队 1200 多人；二是新招来的第六期政治讲习班 1200 余人，其中有首批女生队；三是学兵团有 1300 多人。中国共产党各地党组织奉命输送了一批共产党员、共青团员到武汉分校学习。武汉分校的共产党组织，先后由恽代英、陈毅负主要责任。

/陈宇//中国共产党人在黄埔军校中的作用，《黄埔》，20160504

8、湖北位于长江中游北部，“九省通衢”物华天宝，荆楚江汉神农武陵，哺育了无数英雄豪杰。从洋务运动结出的“强学馆”，到辛亥革命武昌首义，从北伐国民革命之武汉分校，到抗日战争的武汉宜昌会战，“九头鸟”湖北人在中华民族最危难时刻，抗击日寇拱卫陪都重庆，表现出大无畏的革命精神。黄埔军校曾两度在武汉设立分校，抗日战争爆发后，南京中央陆军军官学校沿长江迁移内地，第一落脚点也是武汉。抗日战争中期在湖北均县草店，还开办过中央陆军军官学校第八分校，直至抗日战争胜利后撤销。四个时期之教官情况详见下表。

北伐战争时期	严　重、张华辅、周　斌、林薰南、贾伯涛、萧钟钰、蒋作舟、宗汉英、邵　保、蓝腾蛟、包惠僧、郭　俊、李之龙、韩　浚、尹皓月、苍德克、黄仲恂、谢武炜、刘宏宇、王尊五、杜道周、周肇文、赵　锷、邢绳祖、吴扬善、张麟书、傅维钰、陶希圣、李亚芬、萧楚女、周仲英、李汉俊、宛希先、段霖茂、朱代杰、陈宪章、傅盐梅、万越凡、敖正邦、林英灿、曹飞龙、高光祺、钟离震、曾松卿、宋炳炎、刘治志、陈匡济、郑奠邦、汪世鎏、邓明道等

//黄埔军校研究，第二辑

郭沫若的入党经历一波三折，颇为不易，反映了这一时期的入党特征。

当时，朱代杰，李民治（一氓），袁文彬等均系共产党员，郭沫若极力与之周旋，要求入党。于是李民治为之介绍，但卒以郭太浪漫，未获支部会议通过。在被拒后，郭沫若对党的热情不仅没有消退，反而做出了进一步的动作。1926 年冬，郭随政治部赴南昌，为驻赣办事处主任，斯时因屡次要求加入共产党而未获准，迫不及待，乃亲函陈独秀，要求许其入党。

//早期的党员发展，中共党史资料博物馆

郭沫若在其自传之《洪波曲》中，对父亲多有微词，想不到当年他要入党时还曾求助于父亲。

北伐军总司令部中，担负领导工作的绝大多数是共产党人和国民党左派。如：恽代英、孙炳文、朱代杰、胡公冕、章伯钧、周逸群、江董琴、郭沫若、郭冠杰、季方、潘汉年、杨贤江等。

/唐森树 钟声//民国时期的国民党军队政治工作述评

政治部人员也授军衔，主任邓演达为中将，副主任兼编史委员会委员长郭沫若为少将，秘书处长兼宣传科长朱代杰，总务科长郭冠杰、组织科长章伯钧等为上校。

//大革命时期邓演达在武汉的活动

1926 年 2（一说为 4 月）月 23 日，国民政府军事委员政治训练部派出朱代杰、蒋先云、袁同畴等组织筹备委员会，办理改组校特别党部事宜。（4 月与李一氓说一致，见本章 p. 13）

/陈宇//中国黄埔军校，p. 609

北伐时把国民政府政治训练部改组为国民革命军总司令部政治部，邓演达当主任，进行了一次全面的改组。但后来一直叫“总政治部”。孙浚明当驻广州的总政治部后方留守处主任，朱代杰当秘书长，章伯钧当组织科长（他才从德国回国，是共产党员，安徽人）、郭沫若当宣传科长（他辞去广东大学的文科学长）。这里所谓的科和下面的股，就是我们现在所说的二级部的部处级。后来加上江董琴

（福建人）的党务科长，李合林的社会科长，还有一个郭冠杰当总务科长。我就改任秘书。

广东国民党武装力量准备北伐的方针确定以后，除了确定参加部队的战斗序列以外，新的部队的政治工作就提到议事日程上了。因此，就由邓演达主持，开了四天的政治工作会议，解决北伐军政治工作上的一些原则的和具体的问题，时间是6月21日到24日，中央党校存有一份当时会议的原记录。它的重要性在于这是中国近代武装仿效苏联红军所建立的政治工作机构。后来，中国工农红军把它认真地继续下来了。

这次政治工作会议，无论在中国近代军事史上，还是在中国共产党领导的人民军队的建军史上，其草创之功，是不可泯灭的，影响所及也是相当深远的。

会议自始至终由政治部新主任邓演达主持，李富春任大会秘书。……

/李一氓//模糊的荧屏，p. 52

1926年6月22日，周恩来出席北伐军总政治部主任邓演达主持的北伐军战时工作会议，在会上报告战时宣传训练班计划，还同邓演达商讨了北伐军政治部的工作方针和人事配备，并向邓推荐共产党员朱代杰任总政治部秘书处长。

//伟大的军事家周恩来

总司令部政治部

战时工作会议之第三日

蒋总司令出席之演说词

六月廿三日、为总司令部政治部开战时政治工作会议之第三日、是日上午十二时开会、出席者、邓演达、酆悌、……陈公博、周恩来、主席邓演达、

（一）主席宣读总理遗嘱、（全体肃立）

……

（四）讨论事项、（甲）成立印刷委员会案、议决、举李朗如为主席、委江董琴、朱代杰、贾伯涛、王志远、关乾甫、为委员、其任务为一调查印刷机关、二办理印刷事宜、三监察印刷办事人、廿三日起、开始办公、并规定办公时间、委员如系本部职员、不另支薪、否则亦只支车马费、条例由朱代杰起草、（乙）招考战时技术人材与宣传员案、议决、定廿五日考试技术人材、廿七日考试宣传员、一切由恽代英办理、（丙）……（详情见下影印件）

//广州民国日报，1926年6月26日，第七版

日報　夏曆丙寅年五月十七日　(七)

口總司令部政治部戰時工作會議之第三日

△蔣總司令出席之演說詞

六月廿三日、為總司令部政治部開戰時政治工作會議之第三日、是日上午十二時開會、出席者、鄧演達、鄧悌、朱克靖、鄧福林、林祖涵、繆斌、余洒度、楊麟、李朗如、朱和中、曾擴情、熊銳、鐵羅尼、關學參、熊雄、賈伯濤、伍翔、鮑慧僧、王志遠、惲代英、陳瑞、黃仲翔、李富春、羅倚揚、褚民誼、郭沫若、方德華、梁紹文、余程萬、彭熙、陳公博、周恩來、主席鄧演達、

(一)主席宣讀　總理遺囑、(全體肅立)

(二)演說、正午十二時由主席特請蔣總司令到會演說、題為「戰時政治工作人員應注意之點」、歷十餘分鐘、稍息即退席、往東較場參加沙基慘案週年紀念會、(演說辭另錄)

(三)報告事項(甲)李富春報告審查戰時宣傳隊組織條例結果、(乙)褚民誼報告廣東大學黨務概況、(丙)李朗如報告印刷委員會擬訂各項辦法、(丁)周恩來報告戰時宣傳訓練班計劃、(戊)惲代英報告考試委員會所擬考試辦法、(己)朱克靖報告第一編製委員會審查軍師政治部編製結果、

(四)討論事項、(甲)成立印刷委員會案、議決、舉李朗如為主席、委江董琴、朱代杰、賈伯濤、王志遠、關乾甫、為委員、其任務為一調查印刷機關、二辦理印刷事宜、三監察印刷辦事人、廿三日起、開始辦公、并規定辦公時間、委員如係本部職員、不另支薪、否則亦只支車馬費、條例由朱代杰起草、(乙)招考戰時技術人材與宣傳員案、議決、定廿五日考試技術人材、廿七日考試宣傳員、一切由惲代英辦理、(丙)軍師政治部及團營指導員編製案、照朱克靖審查結果、稍加修改、再行付印、待下次會議提出宣讀、(丁)戰時政治工作人員旗幟符號案、照余洒度繪圖式稍加修正付印、(散會)

△蔣總司令講演詞

今天是沙基慘案的紀念日、各界在東較場集合開會、等一會還要到東較場赴會去、在倉忙的時候、將我幾點意見要各位政治工作人員注意的特地說出來、第一點是凡一切宣傳的言語行動、要本着建國大綱的原則做去、建國大綱上已經很明白的指示我們、這是完全可為政治工作人員很好的理論基礎、無論何時都不要忘了建國大綱、或是走出建國大綱範圍以外、照建國大綱做去、是永不會有錯誤的、第二點我們在軍政期間、什麼事都要照軍政期間的辦法做去、尤其是政治工作人員應注意的地方、無論前方後方、通用集中的原則來辦理、各團體的言論、宣傳品、都不客氣的要受政治部來檢查監督、比方出版的宣傳品、軍政期間、一定要依照預定方針來做、要依黨許可的總政治部於軍政時期的一切政令來做、一切的團體組織、言論、無論是工會、農會、青年團體、學生會、教育會等社團、政治工作的人員、都要知道他、指導他、並要糾正他、不准他們自由的、照着軍政期間的計劃來做、所以兄弟有點意見要向中央請求許可的、**凡是我革命軍事區域之內一切的組織、都要受總司令部政治部之監察**、比方階級鬥爭、及工農運動的罷工事件、在戰時是破壞敵人的力量和方法、對付敵人是可以的、**若是在本黨和政府之下、罷工就算是反革命的行動**、如前時兵工廠一樣、不問什麼要加工錢就罷工、甚至可以隨便打人、這是不可的、**在軍事期間、所有工、農團體、應如何集中不能隨便自由的罷工**、所以這點要請各位在宣傳方面注意的、還有今天重要的是要起草向中央黨部請求、許給特權指導、改良一切團體、在軍事期間不能不照軍事計劃來進行、其餘的問題過幾天再有具體的計劃、今天要講的是這幾點、各位有詳細意見、可以發表指教、

※　※　※

▲確定縣為自治單位、自治之縣、其人民有直接選及罷免

星期六　大中華民國十五年六月廿六日　廣州民國日報　夏曆丙寅年五月十七日　（七）

制止農團民團互相仇視吞併

自由行動弁髦命令者解散

中央軍校學生組織參觀團

今日參觀廣大

教育行政委員會會議案

總司令部政治部戰時工作會議之第三日

△蔣總司令出席之演說詞

滬商電請保護運貨來粵

——省政府電覆多派軍艦保護——

△蔣總司令講演詞

凡是我革命軍事區域之內一切的組織都要受總司令部政治部之監察

△確定縣爲自治單位、自治之縣、其人民有直接選及罷免

总司令部政治部

战事工作会议之第四日

政治工作人员须受特别惩戒条例制裁

规定各军宣传费及政治部党代表薪俸

六月二十四日、为战事政治工作会议之第四日、是日上午九时开会、出席者、邓演达、朱和中、李富春、……周恩来、陈公博、主席邓演达、秘书李富春、（一）主席宣读总理遗嘱、全体肃立、

（一）报告事项

（甲）朱代杰报告预算委员会宣传费预算原则、（乙）周恩来报告第二编制委员会审查结果、（丙）邓福林宣读经济审查员条例、

……会议至今、已历四日、各项重要问题、已得相当解决、主席即宣告闭会、惟以此次会议、意义之重大与成绩之完满、不能无所纪念、用特邀请政治训练部主任陈公博、到场共摄一影、摄影后、更由主席向众作一结论、将此次会议之要点、及会后之希望、分别详为讲述云、（详情见下影印件）

//广州民国日报，1926 年 6 月 28 日，第七版

□總司令部政治部

戰事工作會議之第四日

政治工作人員須受特別懲戒條例制裁
規定各軍宣傳費及政治部黨代表薪俸

六月二十四日、爲戰事政治工作會議之第四日、是日上午九時開會、出席者、鄧演達、朱和中、李富春、伍翔、梁紹文、鄧麗林、繆斌、朱克靖、熊銳、王志遠、彭熙、鄧悌、楊麟、李朗如、林祖涵、陳璠、熊雄、潘民誼、黃仲翔、羅揚濤、鮑慧僧、余梓萬、周恩來、陳公博、主席鄧演達、秘書李富春、(一)主席宣讀總理遺囑、全體肅立、

(一)報告事項

(甲)朱代杰報告預算委員會宣傳費預算原則、(乙)周恩來報告第二編製委員會審查結果、(丙)鄧麗林宣讀經濟審查員條例、

(二)討論事項

(甲)規定政治工作人員紀律案、說明、自來政治工作人員、都不能爲軍隊長官之守紀律、常自由行動、致爲長官所輕視、失却政治工作的效力、今後政治工作人員之紀律、應嚴厲規定、養成模範黨員以爲軍隊長官之表率、議決、舉繆斌爲主席委員、梁紹文、伍翔爲委員、草政治工作人員特別懲戒條例、限即日草成、呈請中央審核、轉總司令頒行、(乙)集中訓練各軍政治工作人員案、說明、現時做政治工作人員、能力學識、尙多薄弱、應設法集中、加以訓練、使成健全人材、議決、現時政治工作、加以嚴密考查、并舉孫炳文爲主席委員、各政治部秘書爲委員、負責起草政治工作人員任免條例、限三日完成、(丙)遠駐各地軍師應恢復壁報案、議決、以師爲單位、刊發壁報、并遵總政治部所定宣傳大綱、及一定對象、印發傳單、另舉鄧悌爲主席委員、楊麟爲委員、起草出版物條例、限明日草成、交總務處、(丁)軍師政治部及團黨代表辦公廳團營指導員編製案、議決照朱克靖審查結果稍加修正付印、并舉朱克靖爲主席委員、彭熙爲委員、起草下級政治工作人員服務條例、限三日完成、交總務處、(戊)規定各軍師政治部宣傳費辦公費及各級黨代表薪俸辦公費案、議決、平時宣傳費、每軍每月一千元、每師三百元、獨立師五百元、戰時每軍每月一千五百元、每師六百元、獨立師八百元、政治部辦公費每軍每月一千元、獨立師六百元、師三百元、團五十元、連十元、黨代表薪俸照原額將官八折、校官八五折、尉官九折、新出校學生再行酌減、黨代表辦公費團三十元、連十元、軍師黨代表兼軍師政治部主任不另支、會議至今、已歷四日、各項重要問題、已得相當解決、主席即宣告閉會、惟以此次會議、意義之重大與成績之完滿、不能無所紀念、用特邀請政治訓練部主任陳公博、到場共攝一影、攝影後、更由主席向衆作一結論、將此次會議之要點、及會後之希望、分別詳爲講述云、

▲確定縣爲自治單位、自治之縣、畀其人民有直接選及罷免

星期一　大中華民國十五年六月廿八日　廣州民國日報　夏歷丙寅年五月十九日　（七）

□總司令部政治部
戰事工作會議之第四日
政治工作人員須受特別懲戒條例制裁
規定各軍宣傳費及政治部黨代表薪俸

□財部對鹽務人員之新委任
委出兩支處長一局長

□中山大學組織之內容
共有文法農醫工五科

□滬商參觀團分兩批來省

邓演达根据周恩来的推荐，吸收了共产党人或倾向共产党的朱代杰、章伯钧、李合林、李一氓等到总政治部工作。

/王渔等//林伯渠传

6月7月间，应邀同邓演达商讨北伐军总政治部的工作方针与人事配备，并向邓推荐共产党员朱代杰任总政治部秘书处长。

//周恩来军事活动纪事（1918～1975）上卷

父亲在唯一的那次回忆中曾说：北伐时他曾是周恩来所在的中共党小组组长。据母亲回忆，刚解放时，曾参加周恩来主办的舞会，母亲看到周总理，非常激动，但父亲依然如故。

北伐的日期一天天临近，人们忙得不可开交，邓演达自然是忙上加忙，在总政治部里很少看见他。一天下午，他通知一些人晚上9点钟到广州东山一个地方开会，开会的地方原来是他的家。小小一所房子，厅里摆着几张桌子、椅子。人陆续到齐了。邓演达正在那里吃晚饭。他胡乱吃了几口饭，就离席同到会的人说："白天没有工夫约诸位来谈，只能在这个时候有个空，我们来商量一下政治部部内的事吧。"大家默默静听着。他接着说："先行健全人事，我们来分配工作。"

那天晚上到的十多个人，有的是原政治训练部的，如朱代杰、杨伯凯，有的是新来的，如孙炳文、郭沫若、季方、李德谟（即李一氓）、江董琴等。除孙炳文和季方是邓演达的旧相识之外，其他都是近几天在政治部改组后新认识的。……

1926年7月9日，在广州的东较场举行国民革命军北伐誓师阅兵典礼。

誓师典礼在充满各色各样乐观的气氛中准备好了。原定7月7日举行，临时改变了，推后两天。这到底是怎么一回事呢？许多人感到莫名其妙。

7日晚上，总政治部的几位同志又在邓演达家里碰头，商量工作，互相问及誓师典礼改期的原因。

/尹家民//蒋介石与黄埔“四凶”

邓演达与父亲如兄如友，志同道合，交情非同一般。

邓演达简介：

邓演达（1895～1931）字择生，广东惠阳人。农工党主要创始人。少时入同盟会，保定军校毕业。曾留学德国。1925年任黄埔军校教育长。北伐时任国民革命军总司令部政治部主任。国民党二届三中全会当选中央执委、中央政治委员会委员、中央军委主席团成员，并任农民部部长、军委总政主任。竭诚拥护孙中山“联俄、联共、扶助农工”三大政策，坚决维护国共合作。1930 年在上海秘密集结同志创建中国国民党临时行动委员会（农工党前身），任中央干部会总干事。1931 年 8 月武装起义前夕，因叛徒告密在上海被捕，同年 11 月 29 日被蒋介石密裁于南京，时年 36 岁。

7 月中旬总政治部离开广东北上，在出发前，廖夫人何香凝为总政治部科长以上的干部设宴饯行。参加宴会的，以邓演达带头，另外还特别邀请了周恩来、邓颖超。廖夫人发表了一篇鼓励大家争取北伐胜利的即席讲话，但还没讲上几句，就一边讲一边哭，为廖仲恺诉冤。据说廖仲恺牺牲以后，每当遇到这种场合，廖夫人总是要哭一场。当然这也不会影响饯行。最后由邓演达带头向她道谢。

广州市公安局长李章达也为我们送行。他是以前大元帅府警卫团团长的身份为我们送行的。为什么他要出面给政治部的人送行，我说不出什么理由。可能是因为他和邓演达的关系不错的缘故。就是这位李章达，皖南事变以后，他帮了我很大的忙，以后还会谈到，就不在这里叙述了。

孙浚明，四川同乡。他同邓演达在德国就认识。总政治部开赴前方以后，邓演达就委托他当总政治部的留守处主任。他也为总政治部的四川同乡饯行，同时请了一些其他的同志，地址在原财政部附近的八景酒家。参加宴会的有周恩来、郭沫若、陈莘农（启修）、吴明（陈公培）、朱代杰、李陶（硕勋）、欧阳继修（阳翰笙）、周逸群。这是我记得的。据说还有段雪笙、张斗南。另外还有些什么人就记不得了。1927年4月，因为广东形势已开始恶化了，孙浚明离开了广州，到上海后被白崇禧逮捕，据说4月25日就在龙华牺牲了。

/李一氓//模糊的荧屏，p. 62

孙浚明即孙炳文，他有一个女儿叫孙维世（1921～1968），在苏联学过戏剧的，演、导、译过许多经典剧目，我们家厕所有一本她翻译的《女店主》，我看得滚瓜烂熟。母亲说，她是烈士遗孤，周总理的干女儿，但没说孙烈士和父亲是老朋友。“文革”中她和她大哥孙泱（曾任人民大学副校长）都被迫害致死，烈士在天之灵能瞑目乎！

（八月）二十八日的下午四点钟，赶到了离崇阳不远的石城矶，跟上了的只有二三十个人了。一方面在加紧赶路，但另一方面却又踌躇了起来。和山里跑了几天，和左右两翼的军队都没有联络；不知道军事上的情形是怎样了。逐渐和前线接近，几时和敌人偶然相遇都不可测度。天色还早，本来还可以赶路，但就因为这样的形势，我们的领导者邓主任便叫我们暂时在石城矶宿营。他和俄顾问两人骑马赶向崇阳去，待有他的命令来时，我们再定行止。

邓主任和俄顾问骑着马去了。在我的幻想里面，他们两位就像是两名勇敢的斥候。

我们便在石城矶宿营。那是小小的一个村落，只有二十来户人家。村子是东西横亘的，南面流着一条清浅的溪水，人家都面着溪水立在北岸上。我们几个人，（纪）德甫、（李）德谟、宣传科的副科长朱代杰和我，住在东头的一家铁匠店里。店里有铁砧和废了的炉灶，看那情形是已经好久没有打铁了。但那村子并没有经过兵火，铁业的废止当然是另有原因。问那店主人，他也说不出一个所以然。但我想到在日本势力支配之下的大冶铁厂是相去不远的，这明白是手工业被机械工业破坏了的一个小小角度里的现象。

/郭沫若//北伐途次 · 三

把部事交托给（朱）代杰，把自己的行李委任给薛绍三，和（纪）德甫，（李）德谟两个人动身的时候已经是两点过钟了。

/郭沫若//北伐途次 · 四

九月一号的清早又由纸坊向着武昌城出发。早饭是不用说的，连可以充口腹的零碎的什么物什都买不到。……

一直到了晚上，我们所期待的朱代杰所带领的一批人还未见到来，反是在长沙留守着的一大部队人和党红会的一些女同志（是由广东附随着政治部出发的）赶着火车先到了。正在为安置他们忙乱着的时候，择生派了人来把我和德谟找去。……

择生又来问了我们一些工作上的情形，我把下半天所做了的一些事情告诉了他。向他说留在长沙的大部分队伍乘火车到了，反是代杰所带领着的一部分先遣队和胡公冕所带领着的一部分的宣传大队还没有到。

“他们大约在路上没有赶上火车，还是我们几位的脚跑得快些啦。”择生又很得意地说着，但他却没注意到他的话是有点夸张：因为他忘记了他自己的脚是踏在马镫上的。

/郭沫若//北伐途次 · 十四

好在这时候（朱）代杰所领率的一批先遣队和胡公冕所领率的宣传大队都已经到齐了。

/郭沫若//北伐途次·十五

九月三号和四号都没有动作，只是敌人早推察到了南湖文科大学是革命军司令部，时常有大炮对着这个方向打来。因此在夜间是不准点灯的，有点灯的必要时都须得在灯上罩着黑罩子，背着武昌城的一面。

我们所住宿着同时兼带着办公室的房间是在楼上最后的一排，背面的窗口正对着武昌城。在四号的晚上，在两个窗口上罩着黑布，更把军服来罩在马灯上，我和胡公冕、朱代杰、李德谟几个人在拟定派往到湘西新附的某军去的政治工作人员名单。正在这时候，铁罗尼顾问和纪德甫两个人走了进来。他们和邓主任是住在更前一排的一间空出了的讲堂里的。

铁罗尼是很有趣味的一个人。他虽然是骑兵将校，但他在政治上和理论上的知识是很正确而丰富的，而且还有文艺上的教养。他很喜欢诗，特别喜欢往年自杀了的俄国的薄命诗人约先宁。在行军途中，他随身带着的一册约先宁的诗集，有时我以纪德甫为介，请他把那清新的歌咏农村的诗，替我们在口头上翻译过。

大约因为我也是喜欢文艺，而且也特别喜欢诗的原故，铁罗尼和我很能相得。自从从广东出发以来，一有闲暇，他每爱和我作个人谈话。在那样的时候自然总是靠着纪德甫做中介的。

他等到我们把名单拟定，公冕和代杰拿着出去派人作准备的时候，我们又才谈起话来。……

话正谈得高兴的时候，突然有一声大炮落得很近，而且爆发了，室外起了一番哗噪的声音。代杰走了进来，说："大炮落在围墙的外边，一只墙角打破了一角。"接着又有人来传达严密熄灯的命令。

/郭沫若//北伐途次·十八

五号夜里，传来武昌攻破的消息（实为误传）。

胡公冕骑着他的一匹矮小的青马走在最前头，领率着宣传大队，其次是我和代杰德谟诸人领率着政治部的全体人员。……

/郭沫若//北伐途次·二十

9月18日晚上，总政治部宣传科副科长朱代杰接到总司令部秘书蒋先云的一封信。信中就处理郭聘伯的事责备政治部的人不懂策略，办事太幼稚，同时谈到邓演达向他诉苦，说郭沫若是一位感情家。又说这几个四川人有抱团的迹象，不应该在部中形成广东派和四川派的对立云云。

/尹家民//蒋介石与黄埔"四凶"

总政治部的构成从党派来讲，基本上就是国民党左派和共产党。从籍贯来讲，主要的干部四川人最多，原宣传科长、后政治部副主任郭沫若，秘书长朱代杰，秘书李民治，社会科长李合林，都是四川人。其中郭沫若那时还不是党员。此外，很多党员，他们不是四川人，如章伯钧、胡公冕；还有一些党员的股级干部，如袁文彬。其他则以广东籍干部为多，主要的有郭冠杰，属于邓演达系统的。当然也还有江苏人如季方，福建人如江董琴。总政治部内部逐渐地就有了四川和广东籍贯上的矛盾，也表现为郭沫若和邓演达的矛盾，实际上是共产党和国民党左派的矛盾。这个矛盾，虽然有这么一个错综复杂的表现形式，但实际很简单，不是政治上有什么分歧，政策上有什么分歧，而是集中在两个人事上。（一）在提级和定级问题上，即军阶问题，邓演达对于四川人，对于共产党员总是想把军阶定得低一点。如把中校定为少校，把上校定为中校之类。我们就极力反对，甚至于原来定为少校就可以的，我们也力争定为中校。（二）许多重要工作，他首先照顾的都是广东人，都是国民党员。譬如说宣传大队长，他的提名是季方，我们的提名是胡公冕，争了好久定不下来。胡公冕并不是四川人，但他是共产党员。这种情况，引起邓演达的极大不满，认为这几个四川人太跋扈，认为四川人在这里有意培植四川势力。其实情况不是这样，我们不想培植什么势力。我们每个人都有每个人的工作能力，拼命工作，不偷懒，邓演达本人也并不是不知道。

/李一氓//模糊的荧屏，p. 70

在南昌我还要提到另一个人，蒋先云。这时他任蒋介石的机要秘书，陈立夫也任机要秘书，一武一文。他是湖南人，考入黄埔第一期时是第一名，黄埔第一期毕业时也是第一名。蒋介石非常器重他。“中山舰事件”之后，蒋介石强迫黄埔有国民党和共产党双重党籍的工作人员和学生，宣布只留在一个党，要么留在国民党脱离共产党，要么留在共产党脱离国民党。蒋先云是宣布留在共产党脱离国民党的第一个。虽然如此，蒋介石对他还是始终抓住不放，留在身边。相反，对别的共产党员，蒋介石却任其一走了之。所以北伐时就任命他当总司令部的机要秘书，并不在乎他保留共产党的党籍。在南昌的时候，我经常代表政治部参加总司令部所属各单位的例行会议，这个例行会议，一般由参谋长白崇禧主持。蒋先云也经常出席，所以我逐渐同他熟悉起来。他有时也到政治部来闲谈。时间久了，同志们当中有一种看法，认为他情绪比较低沉，有的同志甚至于怀疑他被蒋介石收买了。我则认为他心理上的烦恼在于他还保有共产党人的立场，而对于蒋介石也不无那么一点知遇的感情。这种心理烦恼，在他一时也很难解决，我们也无法明白地加以劝说，因为这些都是不露痕迹的。直到蒋介石出师东征，他才断然弃蒋回到武汉，坚决要求参加打奉军的河南战役。他出任第11军第26师77团团长兼党代表。1927年5月在临颍前线，勇敢杀敌，三次负伤，不下火线，最后牺牲在战场上。这消息传到武汉以后，我总觉得（今天回想到这件事情的时候，我还是觉得），他是下了决心，牺牲在战场上，以表示他对党的忠诚。他认为只有这样，才能使那些怀疑他的人，最后相信蒋先云没有被蒋介石收买。无端的猜疑是很可怕的。

/李一氓//模糊的荧屏，p. 72

蒋先云1926年4月23日与父亲一起被派办理改组黄埔军校特别党部，同年9月18日父亲接到他从总司令部发来的一封长信，由此可知他们是好朋友。这位黄埔一期的状元郎，与左权将军（见本书莫斯科章）一样因被怀疑而成为死士，“无端的猜疑是很可怕的”，李伯伯八十多岁发出的感叹，意味深长。

18日晚，蒋先云给朱写了一封信来……

代杰是政治部的元老，他起初担任着庶务科长，后来在要出发的时候因为……

19号的下午择生过江来了，到了政治部时已经晚上，我回避着他没有直接和他谈话，他在主任室里和代杰诸人谈论了足足有两个钟头，谈话的内容我是没有过问的。

/郭沫若//北伐途次·二十五

九月十九日（邓演达）将总司令部行营移至汉口。兼主任。在政治部主任室与朱代杰谈了两个钟头。

//邓演达年谱会集

双十节到了，在武汉要算是空前绝后的一次盛大的国庆纪念。会场设在汉口北郊的华商跑马场，开会是在上午九时。参加的群众当得在十万人以上。……正在开会中，武昌城攻破的消息传到了。……

武昌方面在我们的军队进城之后，到了下午，又由第四军把刘玉春（1926年为吴佩孚第十二师师长兼湖北省省长，守武昌。北伐军攻占武昌时被俘。）活捉着了。这个消息传到汉口来时是快要黄昏的时候，我们顿时印出了传单来散布，利用种种的方法来公布这个消息。有一个方法大约是代杰想到的，他叫了人买了白布来用红水写着“刘玉春活捉了”的几个大字，把来围在一架汽车的周围。让那汽车在汉口全市中驰骋着，同时又从汽车上散布传单。这一个消息和公开这个消息的奇妙的手段，把在热狂中还未静镇的民众和市民愈见煽飏了起来，把汉口全市都哄动了。汽车走一路，民众便簇拥在它的后面跟随着，到汽车把汉口巡游了一遍折回到后城马路来的时候，群众拥集在政治部门前不肯分散，愈集愈多，把后城马路那条很宽阔的街道塞的水息不通。政治部前面的出入竟开出了一条火巷子来。

/郭沫若//北伐途次·二十七

郭平英（郭沫若之女）、李杰群 2016 年 7 月 4 日于北京《纪念北伐战争 90 周年》会场

三、总政治部（政治训练部）

1925 年 7 月 3 日，国民政府军事委员会在广州成立，即将所辖军队改编为国民革命军，仿效苏联，在军队中全面推行政治工作制度。在军事委员会内设政治训练部，专门负责其事：政治训练部设主任 1 人，由军事委员会委员任之。下设总务处，辖文书、财务、收发 3 个科；宣传处，辖宣传、文化教育、统计调查、编辑 4 个科；党务处，辖党务、组织 2 个科。……

1926 年 6 月 5 日，广东国民政府通过了出师北伐案，组织了以蒋介石为总司令的国民革命军总司令部。原政治训练部主任陈公博他调，邓演达任主任。7月，国民党中央临时全会又作决议，增设军人部，蒋介石兼任部长。

9月，重新修订《国民革命军党代表条例》，将原归政治训练部直辖的各军事机关党代表改为直隶中央军人部，党代表的任免“由军人部以中央党部的名义行之”，“军人部部长副署”。政治训练部的权限缩小，成为北伐军总司令部的从属机构。政治训练部内部机构亦相应缩小，改处为科，科下设股。所辖3个科1个室；总务科，科长郭冠杰；宣传科，科长先为郭沫若，后为章伯钧；组织科，科长先为季方，后为朱代杰；秘书室，秘书长先为麦朝枢，后为恽代英。北伐出师后，在广州设立了留守处，孙炳文任主任。

/王百万//国民革命军沿革实录

这是邓演达在长江以南，亲历的最激烈战事，期间，他还派遣郭沫若、朱代杰、李民治等人，于9月8日赴汉口，在原南洋烟草公司大楼设立总政治部办事处。直到10月中旬前，汉口一直是总政治部的办公地点。

/陈佑慎//持驳壳枪的传教者，p. 124

溯自十四年八月而后，共产党于广州有广东区委为指导广东及广西最高机关，其内部组织总书记陈延年，独秀长子也。秘书处秘书黄明、组织部部长及组织委员会主任穆清〔清一作青〕、宣传部部长及宣传委员会主任张太雷、工人部部长及工运委员会主任黄平、农民部部长罗绮园、农运委员会主任阮笑仙、妇女部部长叶〔蔡〕畅、妇运委员会主任邓颖超、军事部部长及军事委员会主任周恩来、党报委员会委员长张太雷、党校教育委员会委员长任卓宣、干部训练班主任穆清、共产党中央特派员张国焘、蔡和森，共产党中央委员会在广州者有谭平山、毛泽东、苏兆征、杨匏安辈数十人，第三国际代表鲍罗廷，亦作鲍尔庭又作鲍尔叮。在黄埔军校政治部则有鲁易、熊雄、聂荣臻、杨其纲、安体诚、萧楚女、廖划平、张秋人诸人。各军政治部正副主任之属共产党者，有二军李富春，三军朱克靖，四军廖乾吾，五军李朗如，六军林祖涵，七军副主任黄日葵，八军副主任张其雄，军校政治部副主任熊雄，总政治部邓演达，宣传科科长郭沫若，组织科科长朱代杰，总政治部后方留守主任孙炳文等。

//关于广州起义经过史稿

1926 年 10 月陈（陈述民）到武汉，经朱代杰、李一氓介绍，任国民革命军北伐军司令部秘书。1927 年 8 月被浙江省立一中校长杨廉聘为教师。1928 年底由周人侠介绍，参加汪精卫领导的国民党改组派，并任浙江省执行委员会委员。

//成都方志网

十一月七日国民党員主催ノ下ニ武漢三地市内四ヶ所ニ於テ労農露国十月革命七周年紀念大会ヲ開催セラレタルカ……会場ノ広場ニハ三台ノ演台設ケアリ中央ニ孫文、レニン、マルクスノ写真ヲ掲ケタリ

当日主催者タル国民党側ヨリハ劉文島、宛希儼、朱代杰、詹大悲、耿丹等ヲ筆頭ニ党員大多数出席シ漢口ニ於ケル労働者、学生等約二萬五千名参会シ午前十時開会別添伝単ノ国際歌、少年先鋒歌、国民革命歌ノ唱歌ヲ唱ヘ孫文ノ遺嘱ヲ朗読シ……[17]

/小野寺史郎//南京国民政府期の党歌と国歌，p. 368

中译文：

十一月七日，由国民党员主持在武汉三镇四处召开了纪念工农俄国十月革命七（应为九——编者）周年大会……广场内的会场内设有三个讲台，中央悬挂着孙文、列宁和马克思的画像。

当日的主办者国民党方面，以刘文岛、宛希俨、朱代杰、詹大悲和耿旦等为主，许多党员出席，汉口的工人、劳动者和学生等约二万五千名参会。上午十时开会，唱随附传单所载的国际歌、少年先锋歌和国民革命歌，朗读孙文遗嘱……

国内要闻

武汉各界同声庆祝苏俄革命成功

▲汉口，武昌，汉阳，桥口，四处同时举行盛大之纪念会

▲人数达数十万

▲团体六百余

▲革命空气满绕三镇

（一）汉口方面之情形

今日为苏俄革命纪念日，武汉各界在汉口济生三马路举行盛大之纪念会，工农商学军政各界到会者达十万余人，场中高搭主席台一，演讲台三，主席台正中悬总理及马克思列宁遗像，上更缀以中俄国旗，大会主席团为朱代杰，刘文岛，詹大悲，耿丹，宛希俨，秦怡君，周星棠，周韵宜，向忠发，郑慧吾等，以宛希俨为总主席。总指挥为李立三。十时宣布开会，其秩序如下：一、奏乐，二、唱歌（国际歌，少年先锋队歌，国民革命歌），唱毕鼓掌欢呼，声震遐迩，

并继奏音乐，以助其兴。三、主席团就位。四、主席恭诵总理遗嘱。五、主席报告开会理由。……六、李汉俊报告苏俄革命历史。七、演说有汉口市特别市党部李国瑄，中国共产党湖北省区执行委员陈潭秋，中国共产党共产主义青年团林根，……俄人泡佛罗夫，刘少奇，向忠发，及省港罢工委员会代表沈一宇廖世劭女士等。八、通过湖北人民庆祝苏俄十月革命九周纪念大会贺苏联政府电。九、唱歌。十、呼口号。十一、奏乐。十二、游行，由会场出过……回济生三马路会场散会云。

（二）武昌方面之情形

……

//革命军日报，1926 年 11 月 8 日，第三版

李杰群、李英男（李立三之女）2016 年 7 月 4 日于北京

《纪念北伐战争 90 周年》会场

民國十五年十一月八日 星期一 **革命軍日報** 陰歷丙寅年十月初四日 第三版

李軍長濟琛電奬該軍政治工作人員

國內要聞

武漢各界同聲慶祝蘇俄革命成功

（一）漢口方面之情形

（二）武昌方面之情形

数十万人，六百多团体，举行盛大集会游行，时间是1926年11月7日。而且是10月10日民国国庆、11月7日苏联国庆、11月12日孙中山诞辰，连办三场！诚乃“革命空气满绕三镇”，“空前绝后”！难怪蒋介石不喜欢武汉；难怪周佛海撰文“逃离赤都武汉”。

《革命军日报》由国民革命军总政治部宣传科主办，潘汉年任总编辑，1926年8月中旬在湖南衡阳创刊，原件现存湖南省图书馆。仅从标点符号的使用，便可看出办报者的认真态度；读者可对照当时的大报《申报》、《广州民国日报》等，均为一读（“句读”的读，音逗）到底。

11 月 7 日，（邓演达）晚上派郭沫若率领李民治（即李一氓）、孙国宾等去九江，主持江西方面的政治工作，不久转到南昌，设立总政治部南昌办事处。

/樊振//邓演达年谱会集，p. 116

就在那天（11 月 7 日）晚上，择生由汉口打了电话来，叫我作出发的准备，到九江去。他说："九江攻下了，南昌不日便会攻下，江西方面的政治工作异常吃紧，非我去主持不可。"

接到了命令，自然风急火速的准备了起来，挑选了六个我认为是能干而必要的同志和我同去。李德谟（即李一氓）便是其中的一个。

/郭沫若//北伐途次 · 三十

武昌克复以后，武汉统一，也就是湖北统一。加上蒋介石亲自率队打江西，并把他的总司令部设在南昌……这样，总司令部和总政治部，就一个在南昌，一个在武汉，给工作带来很多不便。折中的解决办法是，武汉总政治部不动，另外组织一个小总政治部，到南昌同总司令部在一起。因此，就任命郭沫若为总政治部副主任去南昌，随同总司令部主持政治部的工作，编制比武汉总政治部小，级别低一级，譬如武汉总政治部有科股两级，而南昌总政治部只有股没有科。编制大概是组织股长陈必贶，宣传股长潘汉年，社会股长袁文彬，党务股长辛焕文，我当秘书长。机关就设在南昌百花洲的江西总商会。

//李一氓回忆录，p. 69

以上三条证明：1926 年 11 月 7 日后，郭沫若随蒋介石去江西，

卸宣传科科长职，升任副主任，负责南昌的小总政治部工作，并且带走了《革命军日报》总编辑潘汉年。总政治部宣传科长由朱代杰兼任，即《革命军日报》的工作亦由父亲朱代杰主持。

军事消息

蒋总司令行将来鄂

蒋总司令，自前月来鄂督师攻克武汉后，旋以江西军事吃紧；即又驰往江西，指挥各军进攻，备极辛劳；兹幸赣局已定，逆氛尽扫；据本部邓主任郭副主任昨日来电报告：总司令拟来武汉，参入本日庆祝总理诞辰及克复武昌江西之空前大盛会。如果成行，我人与武汉民众，又得共瞻我为党国奋斗，劳苦功高之总司令丰采矣，何快如之！兹节录邓主任来电于左（原文为竖排，“于左”即横排“于下”之意，见下图报纸影印件。——编者）；

总政治部朱科长代杰鉴：江西胜利，应扩大宣传。文（十二）日大会，应努力筹备。总座或将来鄂。多制赣民众之宣传品，寄时勿再经长沙。演达，沫若，青（九日）酉。

//革命军日报，1926年11月12日，第二版

民國十五年十一月二十二號　星期五　革命軍日報　陰歷丙寅年十月初八日　第二版

評論

爲什麼今天又要開慶祝會？

五天前在武漢，我們曾經舉行了一個大會。那天參加大會的踴躍熱烈，游行時的大聲歡呼，這些印象想來大家還未忘却那是我們慶祝無限歡慶的情形。但是在今天我們武漢又要同時舉行一個更大的盛會，就是紀念先總理孫中山先生的誕辰和慶祝湖北江西的克復。

爲什麼今天又要開慶祝會呢？就是因爲，第一：我們偉大的革命首領，本黨先總理孫中山先生是在六十一年前的今天誕生的。我們總理的一生，除了幼年而外：都是在爲人民，爲國家，爲着和平自由的路上努力。現在總理雖是去世了，但是却留下了很好的教訓給我們，叫我們知道怎樣的走到自由和平的樂國去。總理的道德，學問，經驗才能無不足以做我們的模範。總理他不但是我國的偉人，也是世界上的偉人。弟兄們！我們都是總理的黨員，我們要從總理的遺教，努力革命，使我們總理的三民主義早些實現。在今天的紀念會中，不單是可以表示出我們對於總理崇敬仰的忱意，更可以因爲紀念總理，更堅定了我們的信仰，更增加了我們的勇氣。你們是總理的信徒的，你們就該早些到會。

第二呢，就是湖北和江西兩省都克復了，兩省的同胞都可以解除軍閥官僚的壓迫痛苦，現在成個自由自在的人了。這不是値得慶賀的事麼？因此我們今天要開慶祝大會，表示我們的歡喜與快樂。所以大會之後要有游行，游行之後還要有游藝。讓大家痛快的熱鬧一天。弟兄們！從前在軍閥之下是多麼黑暗，現在你們是獲得光明了。幸運的弟兄們！請你早些到會場來吧。

通令　軍事消息

國民革命軍總司令部政治部通令

令各軍及各獨立師政治部

爲令遵事關於本部革命軍日報社及後方留守處戰事新聞社各項新聞材料前經通令應由各軍及各獨立師政治部各指派一人專事負責供給在卷茲查各部能遵令辦理者固多而絕無新聞供給者亦復不少逐致各軍各地之消息不能成爲有系統之編輯實屬不合亟應重申前令爲此令仰該主任卽便遵照辦理迅將指派人姓名先行通報革命軍日報社以便直接聯絡毋再延誤是爲至要此令

中華民國十五年十一月　日

主任鄧演達

副主任郭沫若

鄧主任已抵南昌

▲報告總座精神極好

本報正發稿間，得本部鄧主任自南昌來電，報告行抵南昌，晉謁總司令，茲特將來電，披露如下：限卽刻到，武昌總司令部邱處長鑒：達於九日午後六時抵九江，當晚搭車赴南昌，晉謁總座，已於今早到此間。總座精神極好，特聞。演達叩，蒸印。

南京大變動消息

▲南京駐軍響應我在甯工作之同志

▲孫逆已有潛逃不知所之說

自孫逆在潯，爲我軍將其擊潰後，連夜竄回南京，尙欲集其滬甯間之逆軍，密開軍事會議，希圖死守南京老巢。而無如逆勢已蹙，人心已去；加以長江一帶，自我軍在贛接連大勝，領有全贛，各埠皆已動搖，遂係聲浪，日甚一日；於是如陳儀之反孫態度，明白宣露，白寶山部之軍事動作，準備攻孫，皆漸成事實；而孫逆所憑恃之唯一老巢—南京，日來遂亦盛傳大起變化。頃據外人無線電傳消息稱：南京城內，經我方同志之努力，與城內某駐軍之同起響應，已於昨十日正式起而驅孫．孫逆自知無法抵抗，業已潛逃，不知所向，云云……果爾，則是南京，已歸我方占有矣。唯本報尙未接到前方正式報告，未知外人消息確否，正在盡力探查中，姑先誌以待證實。又聞孫逆自潯逃甯時，有任命周鳳岐爲南京戒嚴司令之說；不知周則傾向我方者；如果上訊不虛，則所謂某駐軍者，或卽周鳳岐之部下歟？又：前日南京火藥局被燬，確係事實。據此以觀，卽南京之重大變化，當非無因也。

蔣總司令行將來鄂

蔣總司令，自前月來鄂督師攻克武漢後，旋以江西軍事吃緊；卽又馳往江西，指揮各軍進攻，備極辛勞；茲幸贛局已定，逆氛盡掃；據本部鄧主任郭副主任昨來電報告：總司令擬來武漢，參入本日慶祝總理誕辰及克復武昌江西之空前大盛會。如果成行，我人與武漢民衆，又得共聆我爲黨國奮鬥，勞苦功高之總司令丰采矣，何快如之！茲節錄鄧主任來電於左；

總政治部朱科長代杰鑒：江西勝利，亟擴大宣傳。文(十二)日大會，應努力籌備。總座或將來鄂。多製贛民衆之宣傳品，寄時勿再經長沙。演達，沫若，青(九日)酉。

第七軍報告盧逆部完全解决

頃第七軍參謀處九日致電該軍辦事處，報告盧逆香亭所部，業已完全就俘解決，茲錄該電於下：第七軍第二路辦事處汪副官長鑒，盧香亭全部，經本軍在涂家埠吳城等處完全俘獲，繳槍千餘支，其餘械彈無算。湖口賁榆，亦經我軍克復，特聞。參謀處叩佳。

吳逆部下正式反戈矣

▲靳雲鶚與米國賢聯合行動

確訊：自我軍在鄂大勝消息傳出後，在明港之靳雲鶚與在開封之米國賢，卽聯合一致準備逐吳；一面謀投歸我軍，昨靳米兩人，業已開始反戈，豫局已起重大變化云。

國民革命軍第四軍攻德安馬迴嶺作戰經過

▲以三團二營兵力，于二十二小時之內擊潰馬登瀛，上官雲相，謝鴻勳三軍。

▲卅六團及卅團第二營攻入德安城

▲廿九團先攻入馬迴嶺車站

國民革命軍第四軍第十師政治部接到前方報告：近旬以來，孫傳芳沿南潯鐵路佈防，主力軍駐永修，涂家舖，南則以南昌樂化爲重要防綫，北則以德安，馬迴嶺一帶，以與九江聯絡，我軍總攻擊令，以二，三，十四，六等軍攻南昌，樂化一帶之敵，獨立第二師任攻馬迴嶺；第四軍一方協助攻馬迴嶺，一方同第七軍攻德安，涂家舖。二日早由德安直

军事消息

郭副主任电告总座昨日未能来鄂之原因

▲并报告此次南昌所获俘虏约万人，

▲内有三军长，一师长，七旅长，

▲我军入南昌为一二三六八四五军，

▲南昌民气极盛。

昨日总理诞辰，武汉三镇，举行空前未有之庆祝总理圣诞，及克复武昌江西纪念大会，蒋总司令，原定亲来参加；嗣闻总司令到九江后，尚有种种要务，并且须赴九江市民之欢迎大会，恐难赶到。果也，昨得本部副主任郭由浔拍来一电报告总司令不能即到武昌，参入大会，该电并连带报告南昌克复，俘获敌高级军官多名，及南昌民气旺甚情形，合亟披露于次；

总政治部朱科长代杰鉴：辛焕文到浔。悉总座尤（十一）日午后四时可抵此；文（十二）日当不能到武昌。南昌俘虏约万人，内有三军长，唐福山，张凤岐，一师长，七旅长等。入南昌之我军，为：一二三六八四五军。南昌民气极盛，较湖北为发扬。余函详。沫若，真（十一日——编者）。

//革命军日报，1926年11月13日，第二、三版

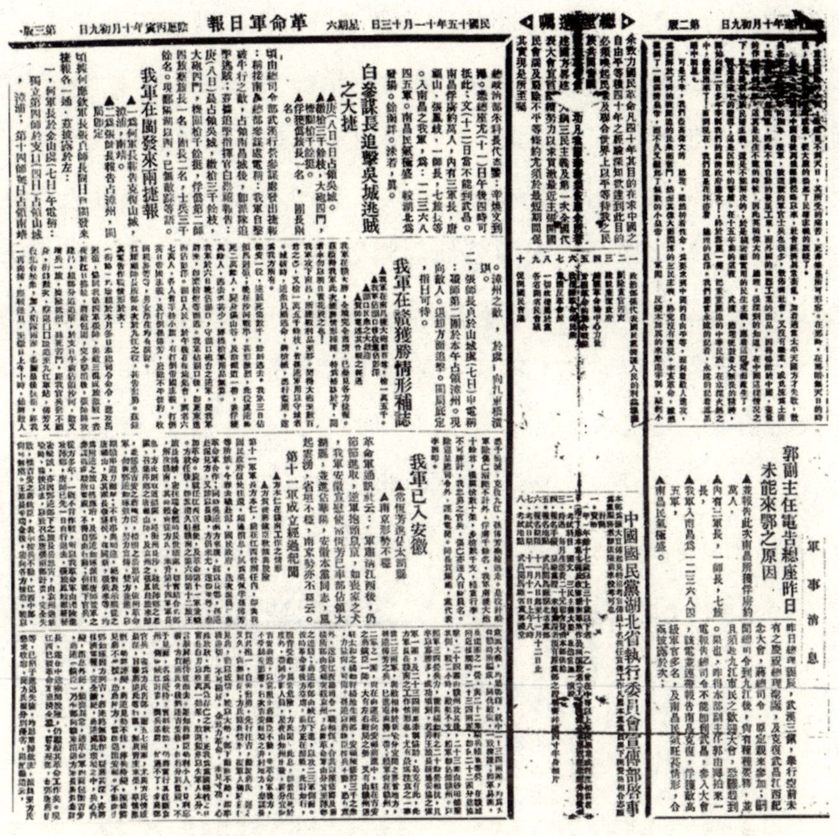

革命軍日報

軍事消息

郭副主任電告總座昨日未能來鄂之原因

中國國民黨湖北省執行委員會宣傳部啓事

白參謀長追擊吳城逃賊之大捷

我軍在閩發來雨捷報

我軍在贛獲勝情形補誌

我軍已入安徽

第十一軍成立經過紀聞

武汉庆祝总理诞辰鄂赣克复大会盛况

昨日本市开武汉庆祝总理诞辰及鄂赣克复大会。兹将武昌汉口两处开会情形，探录于次：

武昌方面之情形：昨日（十一月十二日）为总理六十一岁之诞辰．又逢武昌江西之克复．武昌各界因在阅马场举行盛大之庆祝会．会场布置极为壮丽．到会团体有三百余．人数达十万以上．十时开会．

邓初民等十一人为主席团．并以邓初民为主席．开会秩序如下：一．宣布开会．二．全场肃立．三．奏乐升炮．四．向总理遗像及国旗党旗行三鞠躬礼．五．恭读总理遗嘱．六．默念五分钟．七．主席报告开会理由．八．演说．九．唱歌．十．呼口号．十一．游行．主席报告开会理由略谓．……继由中央执行委员会王法勤．总政治部代表朱代杰．公安局代表．共产党代表张国焘．省工会代表叶忠信……妇女协会代表谭芝仙等相继演说．闻者无不鼓掌如雷．至下午一时散会游行．沿途高呼口号．现在人山人海．诚盛况也。

汉口各界于昨日（十二日）午前十时在济生三马路举行庆祝总理诞辰鄂赣克复纪念大会……

//革命军日报，1926 年 11 月 13 日，第四版

日報　　陰歷丙寅年十月初九日　　第四版

武漢慶祝總理誕辰鄂贛克復大會盛況

昨日本市開慶祝總理誕辰及鄂贛克復大會。茲將武昌漢口兩處開會情形，探錄於次：

武昌方面之情形：昨日（十一月十二日）爲總理六十一歲之誕辰，又逢武昌江西之克復，武昌各界因在閱馬場舉行盛大之慶祝會，會場佈置極爲壯麗，到會團體有三百餘，人數達十萬以上，十時開會，鄧初民，李漢阜，陳得森，林幼湘，譚芝仙等十一人爲主席團，並以鄧初民爲主席，開會秩序如下：一，宣佈開會，二，全場肅立，三，奏樂升炮，四，向總理遺像及國旗黨旗行三鞠躬禮，五，恭讀總理遺囑，六，默念五分鐘，七，主席報告開會理由，八，演說，九，唱歌，十呼口號，十一，遊行，主席報告開會理由略謂，各位同胞！各位同志！今天我們在此開總理誕辰紀念大會，我們應該回想六十一年前，中國革命之所以發展到現在的景況，全是我們的革命領袖孫總理四十多年的努力，現在孫總理雖死但是他的精神不死，我們總理所遺留下來的財產，是中國國民黨及其三民主義，三民主義就是救國救民主義，其他，總理晚年來對於國民革命進行中最重要的政策，是聯俄，聯俄可以在國際間增加革命的勢力，可以我們應該擁護聯俄的政策，今天開會紀念總理誕辰之外，同時並慶祝克復武昌江西之勝利，從前克復了武昌，打倒了大字第一號軍閥！吳佩孚，現在克復了江西，打倒所謂保境安民五省聯軍總司令軍閥！孫傳芳，我們革命的勢力，一天高漲一天，但是我們還不能認爲滿意，我們更應該團結我們的力量繼續努力，打倒中國的一切軍閥，完成國民革命之使命，以竟我總理未竟之事業，最後，還有兩件事情向各位同胞，各位同志，作一個簡單的報告，一，我們所渴盼的汪黨代表不久要銷假了；二，此次中央聯席會議重新整頓革命的政綱，這兩件事，很使得我們注意的，繼由中央執行委員會王法勤，總政治部代表朱代杰，公安局代表，共產黨代表張國燾，省工會代表葉忠信，農民協會代表，總商會代表，學聯會代表，婦女協會代表譚芝仙，省黨部代表等相繼演說，聞者無不鼓掌如雷，至下午一時散會遊行，沿途高呼口號，現在人山人海，誠盛況也。

漢口各界於昨日（十二日）午前十時在濟生三馬路舉行慶祝總理誕辰鄂贛克復紀念大會，場外分設軍警，農，工，商，學界入口，上懸慶祝總理誕辰鄂贛克復大會，左方懸，黨國旗，由總工會，及公安局警察維持場內外秩序，場內懸蒸歡黨國旗，民權橫聯，內設演講台四座，正東爲主席講演台，上懸總理遺像遺囑，左右懸黨國旗二面，分設音樂隊席，新聞記者席，記錄席，台前懸慶祝總理誕辰鄂贛克復紀念大會，左右書革命尚未成功，同志仍須努力字樣，除二台，佈置路爲簡單。十時許，即由主席團李國瑄主席，依照開會秩序，宣告開會，向總理遺像國旗黨旗行三鞠躬禮，恭讀總理遺囑，全場循誦默禱三分鐘遂成，唱國民革命歌，並由主席報告宗旨，及總理革命史略，次由劉文島王義宛希儼及松雲及印度來賓甘逢斯等演講，（演詞從略）經主席團提議致電慶賀克復江西將士，全體通過。是日到會團體！湖北全省總工會，省黨部，市黨部，總政治部，前敵總指揮部政治部，十五軍政治部，京漢鐵路，南段警備司令部，衛戍司令部，京漢鐵路總工會，漢口總商會，婦女協會，商民協會，郵務職工總會，碼頭工會等七百餘團體，人數在二十餘萬，擠擠擁擁，爲空前未有之盛會。午後三時，遊行散會。

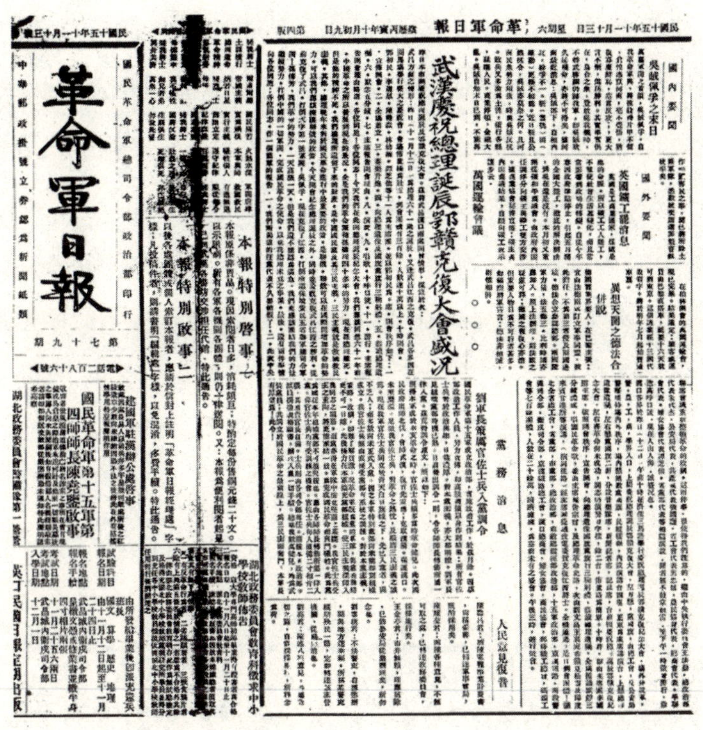

革命軍日報

國民革命軍總司令部政治部印行

中華郵政掛號立券認為新聞紙類

第七十九期

本報特別啟事

本報特別啟事二

武漢慶祝總理誕辰鄂贛克復大會盛況

國內要聞

國外要聞

黨務消息

评论

欢迎蒋总司令

孙逆传芳已经打倒，江西军事完全胜利，在前线指挥革命战事与敌人奋斗的蒋总司令已有凯旋的消息，于是鼓起万众欢迎的热烈声浪。

邓主任郭副主任到浔后，一再电告总司令返汉的消息。群众眼巴巴的期望着这辛劳已久的革命军人领袖，能够在他所皈依的总理的诞辰，报告在江西战士的胜利，以安慰总理在天之灵。不料总司令因事羁。群众的期望，终于不能达到。直至昨日邓主任又在九江来电报告总司令已到九江，相信群众接读之后，热烈的心情，和欢呼的声浪，又一般的似高潮涌起。

欢迎蒋总司令？不错，蒋总司令是值得欢迎。他是总理的信徒，他是三民主义的实行者，他是革命军人的领袖，他是国家人民的福星，他是值得欢迎。不过群众要认清，他是代表国民党，他是代表国民革命军，他是代表国民政府。群众欢迎这战胜的蒋总司令，不如欢迎受国民党国民政府的使命，领导革命军，去完成国民革命工作的蒋总司令。

我们还要晓得蒋总司令在前线的辛劳，换得国民革命的进展，而在蒋总司令指挥下的将士，奋斗精神，牺牲精神，也把国民革命的史册，发放了光华万丈。我们欢迎蒋总司令，我们亦欢迎前敌归来的诸将士。

//革命军日报，1926 年 11 月 14 日，第二版

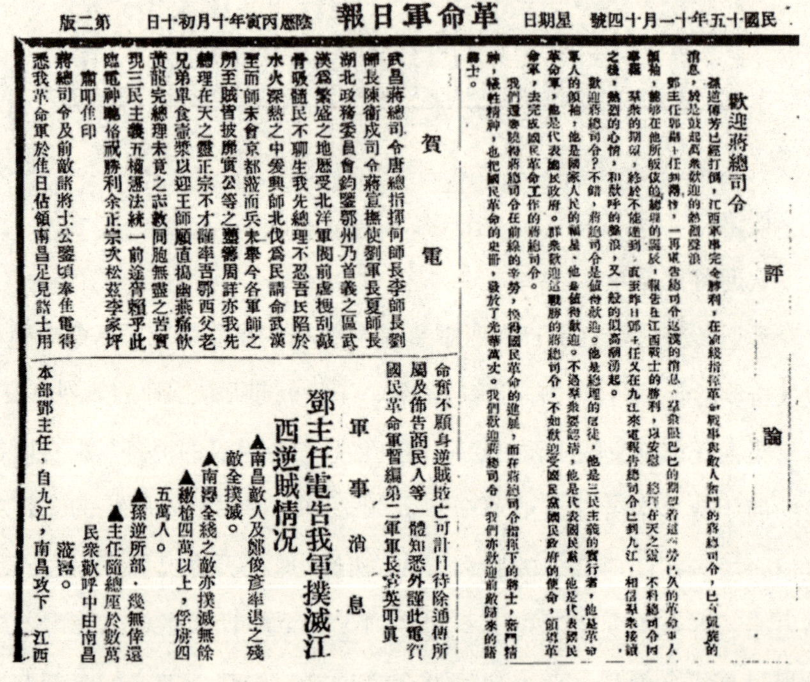

革命軍日報　民國十五年十一月十四號　星期日　陰歷丙寅年十月初十日　第二版

評論

歡迎蔣總司令

孫逆傳芳已經打倒，江西軍事完全勝利，在前線指揮革命戰事與敵人奮鬥的蔣總司令，已[illegible]凱旋的消息，於是鼓起羣衆歡迎的熱潮發浪。

鄧主任郭副主任抵潯後，一再電告總司令返漢的消息，羣衆盼望已久的革命軍人領袖，能夠在他所皈依的總理的誕辰，報告在江西戰士的勝利，以安慰 總理在天之靈 不料總司令因事羈 羣衆的期望，終於不能達到。直至昨日鄧主任又在九江來電報告總司令已到九江，相信羣衆接讀之後，熱烈的心情，和歡呼的聲浪，又一般的似高潮湧起。

歡迎蔣總司令？不錯，蔣總司令是值得歡迎。他是總理的信徒，他是三民主義的實行者，他是革命軍人的領袖，他是國家人民的福星，他是值得歡迎。不過羣衆要認清，他是代表國民黨，他是代表國民革命軍，他是代表國民政府。群衆歡迎這戰勝的蔣總司令，不如歡迎受國民黨國民政府的使命，領導革命軍，去完成國民革命工作的蔣總司令。

我們還要曉得蔣總司令在前線的辛勞，換得國民革命的進展，而在蔣總司令指揮下的將士，奮鬥精神，犧牲精神，也把國民革命的史冊，發放了光華萬丈。我們歡迎蔣總司令，我們亦歡迎前敵歸來的諸將士。

賀電

武昌蔣總司令唐總指揮何師長李師長劉師長陳衛戍司令蔣宣撫使劉軍長夏師長湖北政務委員會鈞鑒鄂州乃首義之區武漢爲繁盛之地歷受北洋軍閥前虐搜刮敲骨吸髓民不聊生我先總理不忍吾民陷於水火深熱之中爰興師北伐爲民請命武漢至而師未會京都滋而兵未舉今各軍師之所至賊皆披靡實公等之盡嚮周詳亦我先總理在天之靈正宗不才離率吾鄂西父老兄弟簞食壺漿以迎王師願直搗幽燕痛飲黃龍完總理未竟之誌救同胞無盡之苦實現三民主義五權憲法統一前途胥賴乎此臨電神馳俗祝勝利余正宗夾松茲李家坪

肅叩佳印

蔣總司令及前敵諸將士公鑒頃奉佳電得悉我革命軍於佳日佔領南昌足見諸士用命齊不顧身逆賊敗亡可計日待除通傳所屬及佈告商民人等一體知悉外謹此電賀

國民革命軍暫編第二軍軍長宮英叩眞

軍事消息

鄧主任電告我軍撲滅江西逆賊情況

▲南昌敵人及鄭俊彥率退之殘敵全撲滅。

▲南潯全綫之敵亦撲滅無餘

▲繳槍四萬以上，俘虜四五萬人。

▲孫逆所部，幾無倖還

▲主任隨總座於數萬民衆歡呼中由南昌蒞潯。

本部鄧主任，自九江，南昌攻下，江西

从以上报纸内容得知：此时，北伐军总政治部邓演达主任、郭沫

若副主任随蒋介石赴江西，武汉这边的总政治部工作则由父亲主持，11月7日和11月12日两次数十万人大会，均由父亲代表政治部出席，邓、郭自赣的电报均发给父亲。

《革命军日报》围绕蒋介石来不来武汉参加先总理孙中山诞辰大会，做了连续报道：9日，邓、郭来电说“来”，并命“努力筹备”大会；11日，郭电报又说“不来了”，原因为须参加九江市民欢迎蒋的大会。出尔反尔，一波三折，把武汉这边总政治部的大会组织者折腾得不亦乐乎。

江西军事已经完全胜利，九江数万民众的个人欢迎会和武汉数十万群众的总理诞辰暨克复鄂赣大会，孰轻孰重？于是乎，14日《革命军日报》发表了《欢迎蒋总司令》的评论文章，短短五百字，开宗明义，明褒暗贬，先觉危机，预警事变，幽默辛辣，字字珠玑：把总司令置于尴尬的境地。想来总司令读后大为光火，遂于11月22日电告邓演达，命令“总政治部宣传科朱代杰撤革永不录用”。

蒋中正电饬邓演达 十五年十一月廿二日（1926年11月22日）

邓主任勋鉴 东密

总政治部代理宣传科长朱代杰着即撤革。通令凡革命军范围内无有总部命令不得任用。中正 〇 养（22日——编者）

/蒋中正//电饬邓演达总政治部宣传科代科长朱代杰撤革永不录用，“国史馆”，“蒋中正总统档案”，筹笔—北伐时期（三），典藏号：002－010100－00003－007

蒋中正电邓演达 十五年十一月廿二日

邓主任勋鉴 东密

近日来总政治部出版品，谅兄事多不及检点。如此反宣传对于本军个人及黄埔事小，对于革命前途影响殊危。希将负责之宣传科代科长撤革，凡在革命军范围永不录用，并请将总政治部移设总部行营所在之处，而将宣传科全科先移南昌办理。中正 ○ 养（22 日——编者）

/蒋中正//电饬邓演达总政治部宣传科代科长朱代杰撤革永不录用，“国史馆”，“蒋中正总统档案”，筹笔—北伐时期（三），典藏号：002 – 010100 – 00003 – 008

父亲不是代理科长，不知蒋总司令补入“代理”为何意？蒋的手谕见本章后附图。

12 月间，为适应北伐形势的发展需要，政治部扩编组织机构，并调整人事。调整后的宣传科，设有编纂、艺术、印刷、情报、发行 5 股，科长朱代杰；组织科设有党务、统计、社会、教育 4 股，科长章伯钧；总务科设有财务、交通、庶务、文书、考核、保卫（约两个连的兵力）6 股，科长郭冠杰；秘书长（恽代英）下设秘书处、机要股、特务股；此外还有《革命日报》社、出版组和编译馆，共计近 300 名工作人员。

//武汉方志网，军事志

前敌总政治部职员一览表

（环球社）国民革命总司令部政治部出发前敌各职员现略有更

调、如宣传科科长郭沫若、已升为副主任、秘书处处长朱代杰、则兼为宣传科科长、至其他各科科长各股股长、亦有代理兼任者、兹探得该部职员表、照录如下、主任邓演达、副主任郭沫若、秘书处处长朱代杰、……总务科科长郭冠杰、……宣传科科长朱代杰兼、……代理组织科科长章伯钧、……编史委员会委员郭沫若兼、（详情见下影印件）

//广州民国日报，1926年12月11日，第三版

▲在湖北設革命文化圖書館 ▲經派李漢俊等爲籌備員

（環球社）蔣總司令現爲宣傳革命文化起見、擬在湖北設一革命文化圖書館、聞經派李漢俊章伯均錢介磐等、爲該圖書館籌備員、大約日間即着手籌備組織云、

前敵總政治部職員一覽表

（環球社）國民革命總司令部政治部出發前敵各職員現畧有更調、如宣傳科科長郭沫若、已升爲副主任、秘書處處長朱代杰、則兼爲宣傳科科長、至其他各科科長各股股長、亦有代理兼任者、茲探得該部職員表、照錄如下、主任鄧演達、副主任郭沫若、秘書處處長朱代杰、文書股股長朱爲華、機要股股長曾繼和、軍事調查委員會特務組組長蓋鎮寰、總務科科長郭冠杰、庶務股股長王馭歐、兼財務股股長王馭歐、交通股股長趙建新、衞生股股長何利田、宣傳科科長朱代杰、兼編纂股股長雒益增、呈報股股長郭冠杰、代爲藝術股股長許登谷、印刷股股長唐緯侯、發行股股長唐建侯、代理組織科科長章伯均、黨務股股長黃天玄、社會股股長袁文彬、教育股股長黎明、統計股股長王人路、編史委員會委員郭沫若兼、

（國民黨第一次大會宣言）

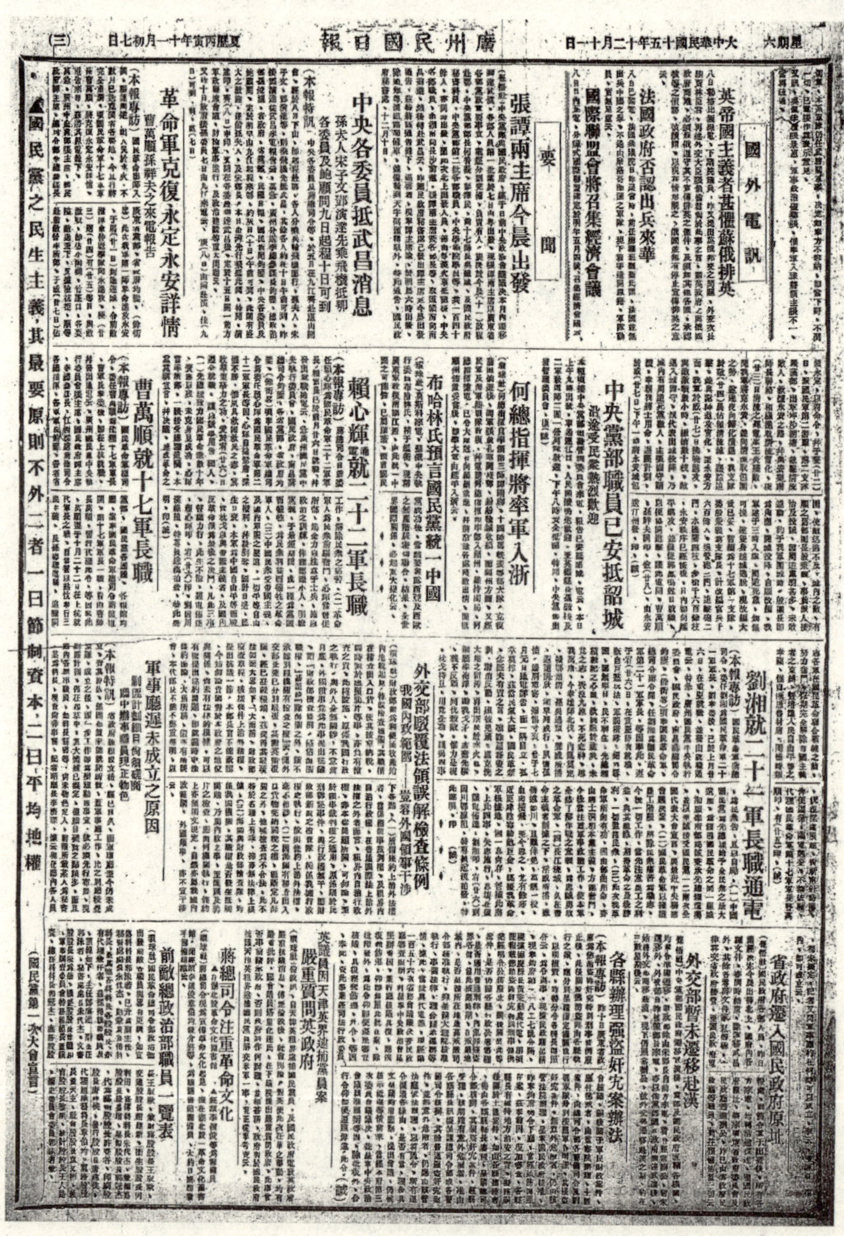

星期六　中华民国十五年十二月十一日　广州民国日报　夏历丙寅年十一月初七日　(三)

国外电讯

英帝国主义者甚惧苏俄排英

法国政府否认出兵来华

国际联盟会将召集经济会议

要闻

张谭两主席今晨出发

中央各委员抵武昌消息

孙夫人宋子文邓演达先乘飞机抵鄂

各委员及鲍顾问九日起程十日可到

革命军克复永定永安详情

曹万顺孙辟夫之来电报告

中央党部职员已安抵韶城

沿途受民众热烈欢迎

何总指挥将率军入浙

布哈林氏预言国民党统一中国

赖心辉通电就二十二军长职

曹万顺就十七军长职

刘湘就二十一军长职通电

外交部驳覆法领误解检查条例

我国内政无需外国领事干涉

军事厅迟未成立之原因

制度计划细目尚须磋商

厅中办事职员现正物色

省政府迁入国民政府原址

外交部暂未迁移赴汉

各县办理强盗奸宄案办法

英议员因天津英界逮捕党员案严重质问英政府

蒋总司令注重革命文化

前敌总政治部职员一览表

▲国民党之民生主义，其最要原则不外二者：一曰节制资本，二曰平均地权。（国民党第一次大会宣言）

总政治部扩大组织

邓演达为主任……郭沫若副之

分设三科及秘书处编史委员会

（中华社）国民革命军总司令部总政治部主任邓演达、现以该总政治部工作、已日渐扩大、原有组织、不尽适用、乃考查以往之经验、而为适应需要调整工作计、应有改组之必要、故现在决定将全部扩大组织、并已核定改组系统表及编制表……全部职员编制及职责如下、设主任一、（中将）主任为邓演达、……副主任一、（少将）为郭沫若、……秘书处长一、（上校）为朱代杰、……总务科长一、（上校）为郭冠杰、宣传科长一、（上校）朱代杰兼、组织科长一、（上校）章伯钧、……（详情见下影印件）

//广州民国日报，1926 年 12 月 21 日，第三版

總政治部擴大組織

鄧演達爲主任……郭沫若副之

分設三科及秘書處編史委員會

(中華社)國民革命軍總司令部總政治部主任鄧演達、現以該總政治部工作、已日漸擴大、原有組織、不盡適用、乃考查已往之經驗、而爲適應需要調整工作計、應有改組之必要、故現在決定將全部擴大組織、並已核定改組系統表及編制表、新改組之各級負責人員、亦經鄧主任分別指定、並已將改組各表通令全國各海陸軍警政治部正式公佈、茲將改組後之新組織、調查錄下、總政治部主任副主任之下、設一秘書處、一總務科、一宣傳科、一組織科、一編史委員會、秘書處之下、設一文書股、一機要股、一軍事調查委員會、一特務組、總務科之下、設庶務、財政、交通、衛生、四股、宣傳科之下、設編纂、情報、藝術、印刷、發行、五股、組織科之下、設黨務、社會、教育、統計、四股、至全部之職員編制及職責如下、設主任一、(中將)主任爲鄧演達、承總司令之命令、中央黨部之指導、處理全國海陸軍隊及社會之政治訓練事宜、副主任一、(少將)爲郭沫若、輔助主任處理一切事宜、正主任設副官二人、書記一人、副主任設副官書記各一人、隨從正副主任傳達命令、辦理雜務事宜、及辦理主任文件并保管、秘書處長一、(上校)爲朱代杰、承正副主任之命、處理本部一切公文函件機要事務、及一切不屬他科事宜、總務科長一、(上校)爲郭冠杰、宣傳科長一、(上校)朱代杰兼、組織科長一、(上校)章伯鈞、編史委員會委員長、則以郭沫若兼、其餘各處各科之各股、每股設股長一人、股員司書若干人云、

星期二　大中華民國十五年十二月廿一日　廣州民國日報　夏歷丙寅年十一月十七日　（三）

歡迎中央委員之熱烈

武漢民衆

吳逆部將陳嘉謨被囚近狀

（賣英孫贈）

軍務善後會議廿五日開會

南昌行營

▲總部提案會議亦將結束

總政治部擴大組織

郭沫若副之

鄧演達爲主任……分設三科及秘書處編史委員會

中央各委員漫遊牯嶺記

▲蔣總司令及鮑顧問同行

張譚兩主席安抵南雄

▲國民黨之民生主義，其最要原則不外二者一日節

图表9：

国民革命军总司令部政治部组织系统表（1926年底）

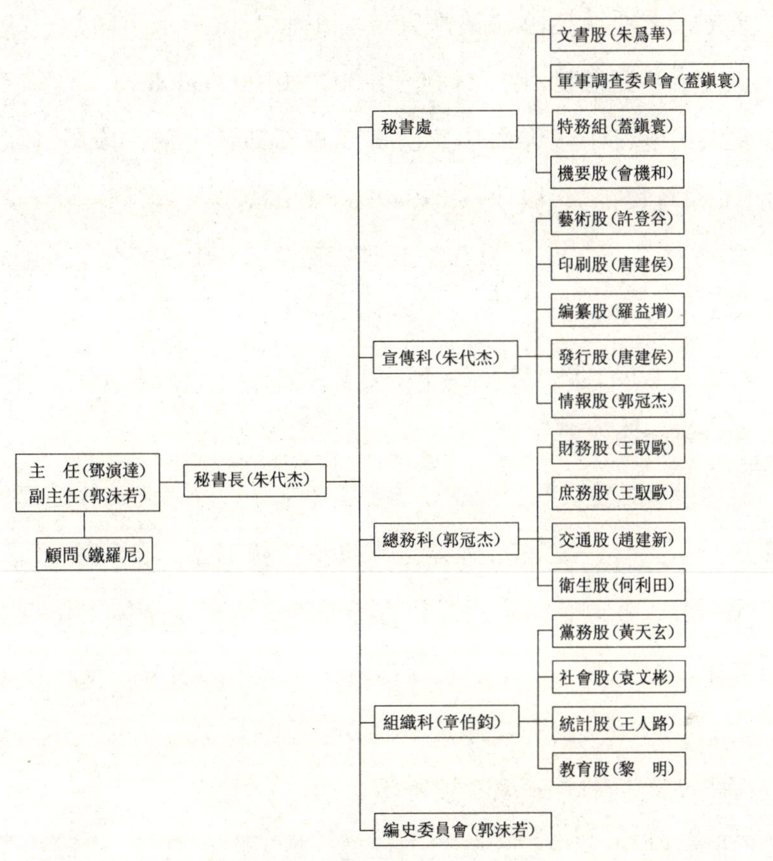

资料来源：《前敌总政治部职员一览表》，广州《民国日报》，1926.12.11；《总政治部扩大组织》，广州《民国日报》，1926.12.21。

/陈佑慎//持驳壳枪的传教者，p.132

其中，邓演达挂中将军阶，郭沫若挂少将军阶，朱代杰、郭冠杰、章伯钧等人挂上校军阶。

/陈佑慎//持驳壳枪的传教者，p.131

蒋中正电邓演达总政治部宣传科朱代杰撤革不录用该部移设总部行营，1926.11.22，“蒋中正总统档案”，档号：002010100003007。

蒋中正电邓演达总政治部宣传科朱代杰撤革永不录用，1926.11.22，“蒋中正总统档案”，档号：002010100003008。

邓演达电蒋中正为朱代杰已遵令撤军即行离部，1926.12.25，“蒋中正总统档案”，档号：002080200013051。

/陈佑慎//邓演达与国民革命军政工制度

邓演达电蒋中正　十五年十二月廿五日到（1926年12月25日）

司令蒋钧鉴：密

养两电奉悉达。奉公无状，未能事事躬亲，又因与钧座远离，未能事事禀承意旨，致咎尤丛集，劳钧座意抚躬亲，自问实深感愧。朱代杰一员，已遵令撤革，即行离部。其宣传科及全体工作目前尚十分紧张，似不能一刻停顿，应如何移并集中必须有一定之计划以期大效。可否待面禀一切并请示总方略，然后决定，并乞示遵。职演达 呈 梗（23日——编者）寄印

/邓演达//电蒋中正为朱代杰已遵令撤军即行离部，“国史馆”，“蒋中正总统档案”，一般资料—民国十五年（十三），典藏号：002-080200-00013-051

邓演达一个月后才回复蒋总司令撤革令，字里行间流露着消极抵触情绪，后即赴南昌辞职。

1926年底，总政治部的宣传工作，似乎也有微妙的转向。“拥护

蒋总司令”口号，改成了“拥护中央的领导”。所谓“中央”，当指的是武汉临时联席会议代表的武汉政权。因此，蒋介石的怒火，首先就转向了邓演达，惟仍克制地致函称：“近来总政治部出版品，谅兄事多不及检点。”蒋乃要求将宣传科长朱代杰（共产党员）撤革，“永不录用”，并“将总政治部移设总部行营所在之处，而将宣传科全科先移南昌办理”。

/陈佑慎//持驳壳枪的传教者，p. 209

一九二六年，蒋介石进入南昌后不久，便开始同帝国主义和奉系军阀勾结，以“在宣传上抹杀蒋的功劳，且对一军有攻击之处”为借口，撤了随总部一起行动的总政治部秘书长朱代杰（中共党员）的职务，要邓演达将总政治部由武汉移至南昌。

/王渔等//林伯渠传

同年四月十二日蒋介石发动反革命政变，进行清党。在蒋介石势力支配下的地方也跟着清党屠杀。同时，派武装封闭上海总政治部办事处，捕杀工作同志。蒋介石以总司令名义布告称：“政治部主任邓演达等，援用私人，充塞部曲。其宣传训练等工作，显图破坏国民革命之战线，分散国民革命之力量。以致军事之进步愈速，内部之纠纷愈多。若不严加制止，整个的国民革命军，将因受蛊惑而分离，因分离而崩溃……国民革命军之总政治部，几为少数跨党分子及投机少年所占……为实现三民主义计，乃不得不将淆惑军心、背叛主义、违反军纪、分散国民军事力量、破坏革命战线之总政治部，下令封闭，并按治其首从……”

/杨逸棠//第一次国共合作见闻片断

邓演达在总政治部依仗的人才，主要以李民治、朱代杰、李合林为主，皆共产党人。三人若有其一离开，“政治部只好垮台”。

/郭沫若//革命春秋，p. 98

因为这个时候（1927 年 1 月），邓演达对总座已抱不满。原来总政治部重要位置，都用共产党的党员，其中以朱代杰为最有力。他是秘书处长，同时又兼代宣传科长，总政治部的事差不多由他一手包办。他们暗中当然为共产党进行所谓秘密工作。总司令查得真相，遂于去年十二月底撤去其本兼各职，邓演达对总司令不满意就从此始。因朱代杰是邓的灵魂，邓以为免朱各职就是免他自己的先声，就是对他的示威。于是本年本月初旬亲往南昌辞职。

/周佛海//逃出赤都武汉，武汉国民政府史料，p. 94

父亲和邓演达是莫逆之交，他们在北伐军政治部的工作是国共合作的典范，邓演达因蒋介石撤朱代杰职而辞职，是为证。邓演达根据周恩来的推荐，吸收了共产党人朱代杰、章伯钧、李合林、李一氓等到总政治部工作。朱代杰等共产党人在总政治部有力的政治工作对北伐军战胜北洋军阀发挥了重要作用。

一篇是凭直觉的判断和记忆中的资料写的。现在可以补充一点材料。司马璐编著的《一九二七年的国共分家》一书中说：“北伐军初克武汉时，邓演达与蒋介石合作，邓在武汉的地位也受到蒋介石的支持，邓最红的时代身兼北伐军总政治部主任、北伐军总司令部武汉行营主任、武汉军校代理校长（校长是蒋介石）、国民党中央农民部部长、湖北省政府主席等。由于邓演达的兼职过多，重用共产党员，后来国民党与共产党摩擦扩大，邓演达不免偏袒他的共党部属。据周佛海记述：邓演达对蒋介石的不满，因一九二六年底蒋将总政治部的秘书处长兼宣传科长朱代杰免职，其实朱被称为邓的灵魂。”

/司马璐//一九二七年的国共分家，p. 80

蒋于1927年1月3日宣布召开中央政治会议，决定中央党部和国民政府暂转南昌。邓演达在会上据理力争，陈述迁都武汉的理由，反对暂驻南昌。但蒋终于在南昌成立中央党部临时办公处，与武汉联席会议抗衡。

为说服武汉联席会议成员移驻南昌，蒋介石于12日来到武汉。邓演达作为湖北省主要负责人和总司令下属始终陪同在侧。15日，蒋介石设宴招待武汉各界代表，会上许多代表受邓演达鼓励，当面质问蒋“总司令为何不同意迁都武汉？”而蒋在16日视察总政治部时，也露骨地警告政治部的共产党员，并指责部办报纸《革命军日报》言论和报道，使人惊心动魄。回到南昌，他打电报给邓，指明宣传科长朱代杰是共产党员，要立即撤职，《革命军日报》进行“虚妄宣传”，应予纠正改组。邓经与联席会议和共产党商议，最后只得让步，同意蒋的要求。

/马烈//从《蒋介石年谱初稿》看邓演达与蒋介石的关系

住南昌的三个军的党代表李富春、朱克靖、林祖涵，还有新认识的总司令部的秘书处长李仲公，加上郭沫若，还有我，每个星期总有那么一两次，上南昌有名的菜馆“小有天”相聚晚餐。由他们五个人轮流出钱请客，我白吃。在晚餐上，也谈全国新闻或南昌内幕。

……

李仲公，贵州人。他的兄弟李侠公是共产党员，还在苏联留学。他好像在北方住得很久，爱唱京戏。在小有天聚餐时，李仲公有时情绪很好，还清唱几句谭鑫培。同时他也告诉我们一些总司令部的内部动向。不知为什么，有谁在蒋介石那里告了朱代杰（总政治部秘书长）的状，蒋介石就打电报到武汉逮捕他。李仲公很快地向我们透漏了这个消息，我们又很快地通知了武汉，所以朱代杰能够迅速离职，后来党就送他到苏联留学去了。李仲公大概在蒋介石那里不大得意。1949 年全国解放以后，他一直任国务院参事。

/李一氓//模糊的荧屏，p. 74

李仲公（1890～1978），对父亲有救命之恩。父亲去苏联后，和他弟弟李侠公一起在莫斯科东方大学仗义执言，推动党内民主。

政治部成立的时候，主任问题，虽然解决了，但部下的干部人选，颇成问题，尤其是宣传与组织两科的科长。关于宣传科长人选，邓演达的意思是要留原来军事委员会政治训练部的秘书张其雄。但张其雄已被 cp 派往第八军做副主任（初任秘书），不能到差，于是向周恩来要人，周恩来本想派李求实去，但邓演达觉得李求实的赤态太显，而李求实那时是 cy 两广区委宣传，事实亦不能到差。又提到陈启修，但事实上陈亦不能来，盖陈启修那时任广州民国日报总编辑。后来几经磋商，始决定郭沫若。组织科长的人选，也是几费周商。邓演达最初的意思，要青年军人联合会的周逸群来担任，但那时周已到湖北去秘密工作，最后找到了朱代杰代理。朱代杰是共党也。

//邓演达调取先锋朱代杰，

《政海人物秘闻》，1947 年，第 33 期，p. 15

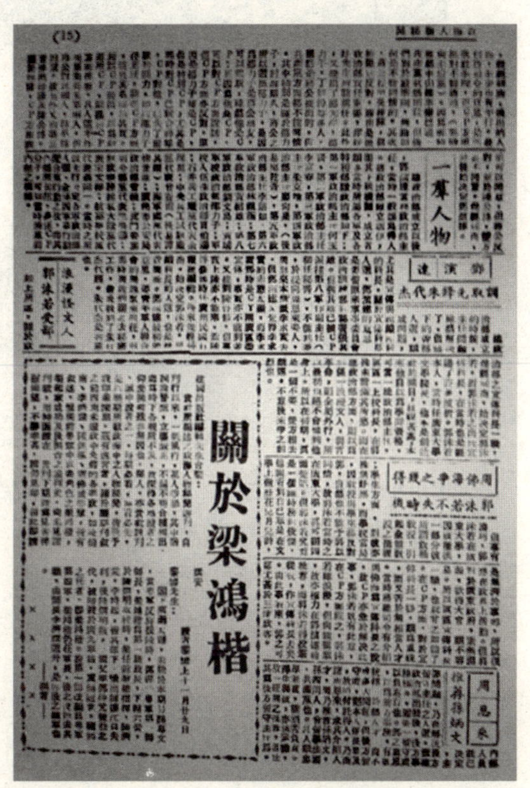
(15)

一羣人物

鄧演達

調取先鋒朱代杰

浪漫性文人

郭沫若受罰

郭沫若不失時機

關於梁鴻楷

周恩來

拉蔣孫炳文

“调取先锋”，可能是指朱代杰已任总政治部秘书处处长。

1947 年，北伐已过去二十一年，还有人在历数政治部那“一群人物”：邓演达、周恩来、孙炳文、朱代杰、郭沫若、周佛海……足以证明邓演达对后世的影响；这一群人物，不论红黑白灰都将载入史册。

以上诸文献充分证明，父亲在北伐时期所作出的卓越贡献。蒋介石之所以连发两道金牌，必欲除之而后快，恰恰说明了父亲主持的宣传工作，击中了蒋总司令的要害。遭蒋介石通缉后，父亲被中共中央派往苏联学习。

2016年4月，李杰群应邀出席广东邓演达研究会年会，见到邓演达妹妹的女儿张芯和众多老中青邓演达研究者。邓演达研究后继有人矣！

2016年4月6日，左起：广州社会主义学院教师李源、农工党史学会副会长樊振、李杰群、邓演达外甥女张芯、广州社会主义学院教授崔珏在广东佛山邓演达研讨会。

2016 年 4 月 6 日，广东邓演达研究会副会长蔡国强、广东邓演达研究会会长黄济福、李杰群在广东佛山邓演达研讨会。

2016 年 4 月 7 日，广东邓演达研究会会长刘启德、李杰群在广东佛山邓演达研讨会。

附图　蒋介石手谕两则

蒋中正电饬邓演达朱代杰撤革不录用，
“国史馆”，典藏号：002－010100－00003－007

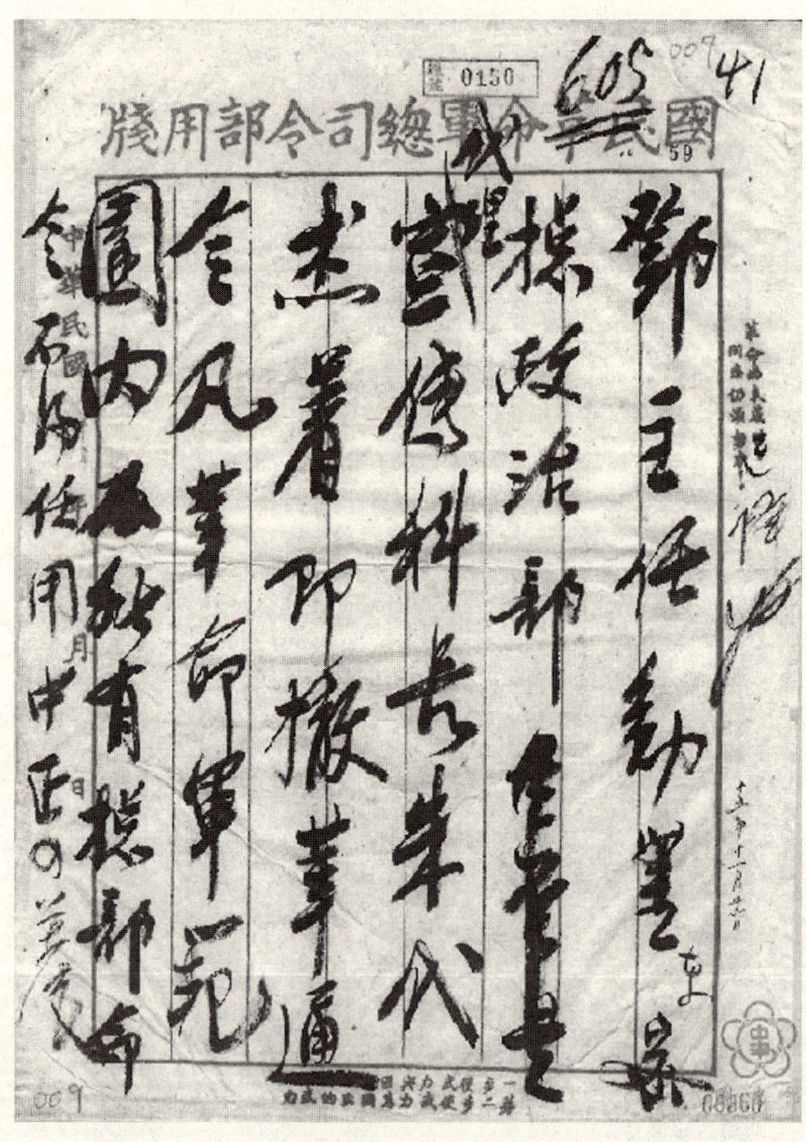
國民革命軍總司令部用箋

鄧主任勳鑒：據政治部宣傳科長朱代杰著即撤革，今凡革命軍範圍內絕對有據部命令不得任用。中正

蒋中正电邓演达朱代杰撤革永不录用，

“国史馆”，典藏号：002－010100－00003－008

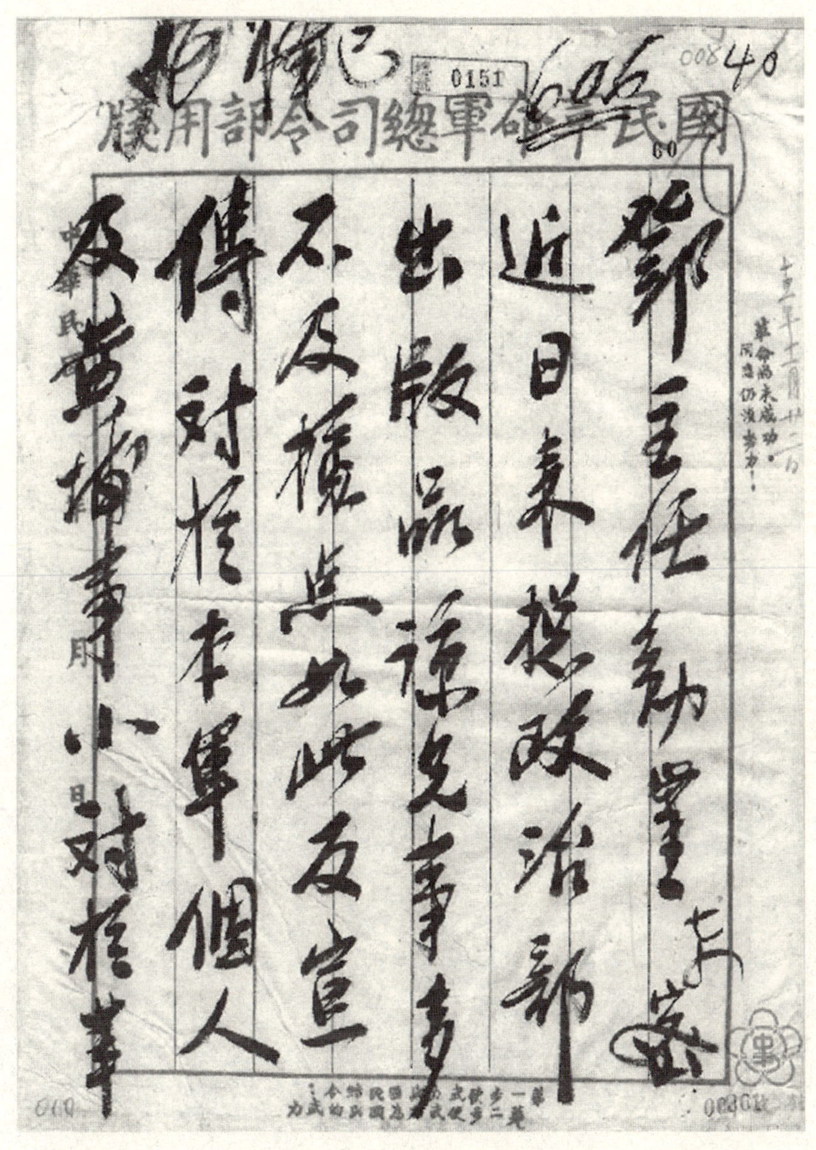

國民革命軍總司令部用箋

鄧主任勳鑒：

近日來總政治部出版品除先事考不及檢點，如此反宣傳對於本軍個人及黃埔事小，對於革

革命尚未成功，同志仍須努力！

第一步使武力與國民相結合，第二步使武力為國民的武力

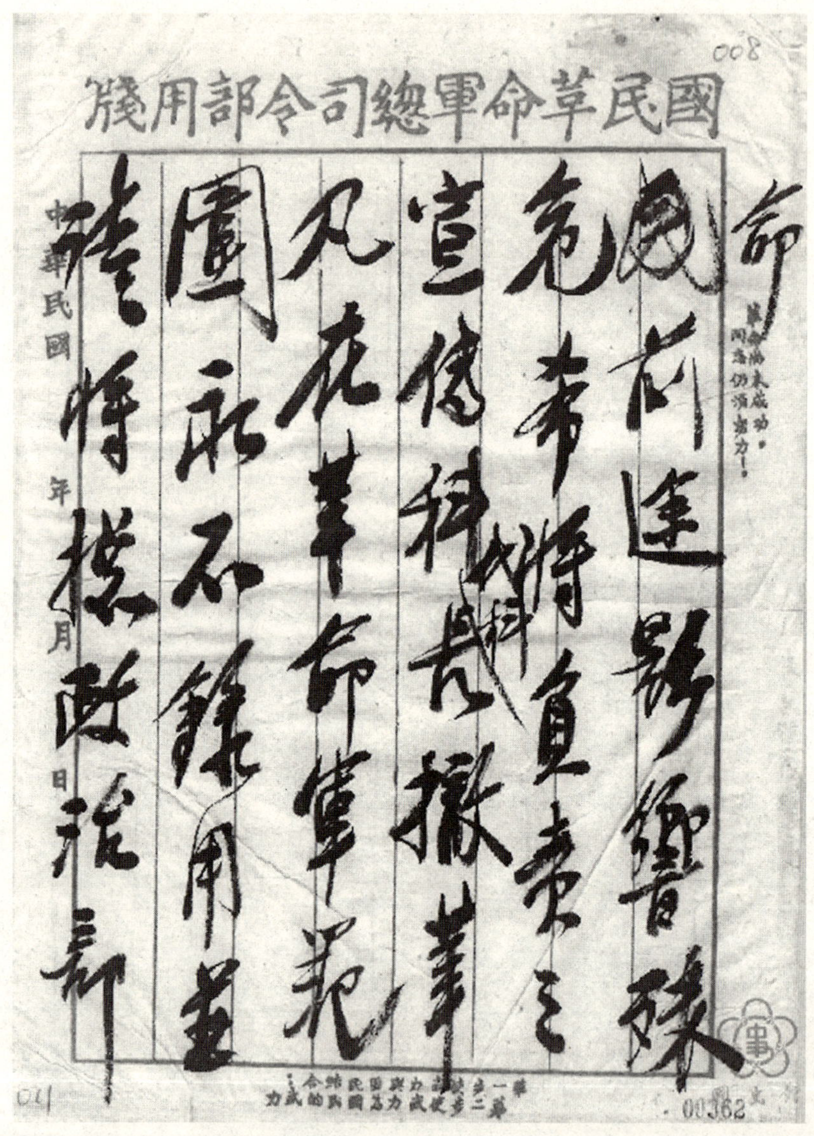
008

國民革命軍總司令部用箋

革命尚未成功，同志仍須努力！

中華民國　年　月　日

第一步使武力與國民結合
第二步使武力成為國民的武力

021

00362

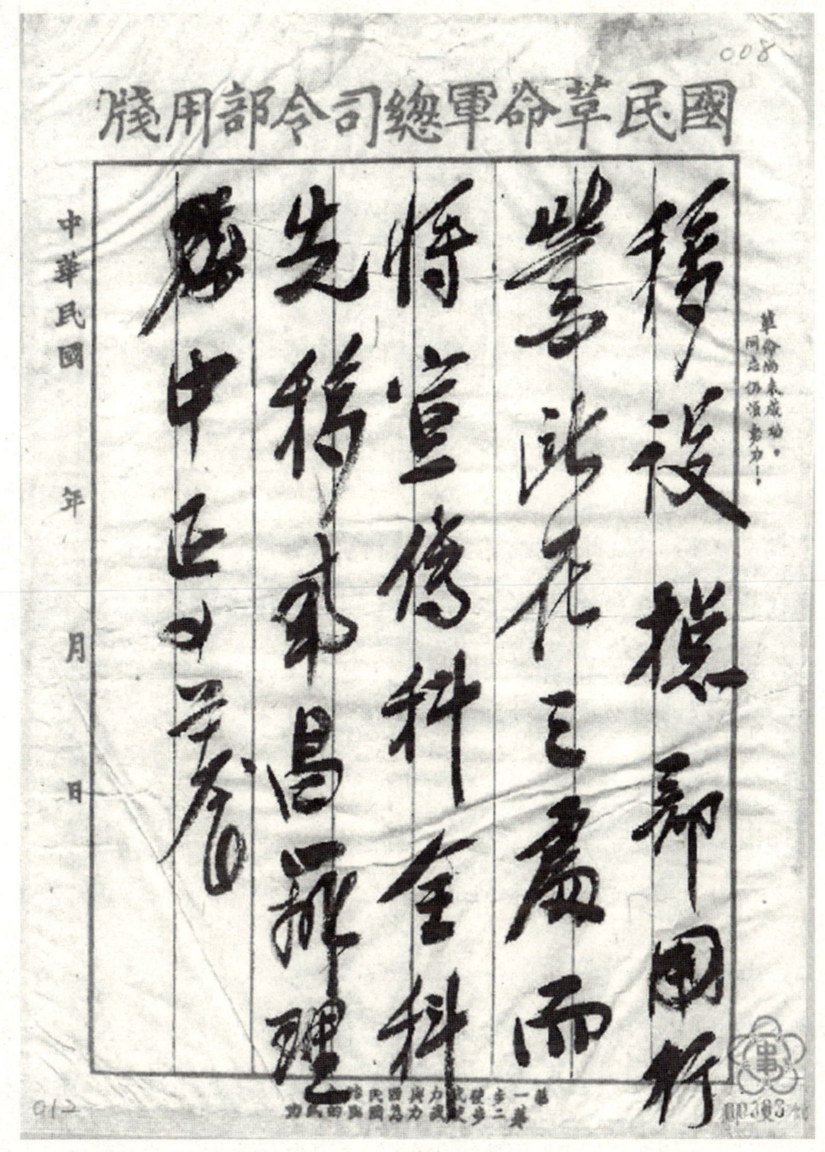

國民革命軍總司令部用牋

革命尚未成功，同志仍須努力！

[illegible][illegible]模範團行
營設[illegible][illegible]處而
將宣傳科全科
先移武昌辦理
蔣中正手啓

中華民國　年　月　日

莫斯科

◎ (1927～1930)

12 月中旬，汪泽凯找我和孟丙昌到他的住所，告诉我们，接到中央通知要派两个人到莫斯科东方共产主义大学去学习，省委决定要我们两人去。当时还有张景曾在。他说，东大是苏联的党校，也是为中国党培养革命干部的学校，将来我们要作为职业革命家，一生以革命为职业，献身于革命。汪泽凯询问我们的意见。我们表示同意，并表示到了那里一定要好好学习，将来好好地为党工作。他和张景曾还谈了一些东大的情况。以后谈了具体走的问题说，一、现在时局很紧张，几天内就得走，不能回老家；二、党组织没有钱，路费及到上海买点防寒衣服用的钱，得自己想办法，孟丙昌只有几元钱，要我向家里要钱，不能少于六十元。我征得父亲同意后，汪泽凯告诉我们上海秘密联络站后，再搬行李，到上海要小心，一路上兵荒马乱，还要我们携带河南省委给中央的报告，我们又没有出过远门，更要特别注意等。

由于时局紧张，开封城内谣传要抓人，我有几天不敢回家，也不敢在宿舍中睡觉，当我突然于晚上回家时，父亲和继母有点惊讶。我向父亲叙述了要到苏联去的情况，并说需要八十元钱，包括路费，购买衣服及在上海一段时间的费用，说这是最后一次向家里要钱，希望父亲给我，并说，开封局势也紧张，不如走了好些，将来怎样，以后再说。我走后，家里还有三弟在老人家面前。

/马员生//旅苏纪事，p. 51

上文中河南省委书记张景曾的外孙韩伟（韩乐乐）是我高中同班同学。根据乐乐同学提供的资料：张景曾（1898～1937），曾用名张湛明，号向舆，绰号张和尚，河北省蠡县蔺岗村人，毕业于保定直隶第二师范。1922年加入中国社会主义青年团。1923年10月由邓中夏、瞿秋白介绍加入中国共产党，并被中共中央派往莫斯科东方大学学习。1925年回国，历任中共信阳地方执委会委员，中共豫区执行委员会代理书记，中共豫北特委委员，河南省委书记。1929年5月与危拱之同志被中央再次派往苏联学习，6月中山大学开始清党，因批评王明宗派集团和米夫迫害多数中国留学生，被开除党籍。1930年2月，被派往米基奇车辆车厢制造厂及斯大林汽车制造厂工作劳动。1932年2被派往蒙古做工会工作。1934年初返苏，派赴列宁格勒阿斯·叶努基泽列宁东方学院任教。王明、米夫等指使苏内务部驻蒙古工作人员张溪山（江西省泰和县人，又名曾秀夫，后官至立陶宛内务部要职，1987 年死于苏联）写信诬告其是托派、日本特务，据此，1937 年 9 月 13 日，遭苏联当局逮捕，12 月 8 日被判死刑，12 月 10 日执行。1989 年 4 月 21 日，苏联最高苏维埃主席团为其平反。（小群）

十、从西伯利亚到莫斯科

（1927 年 1 月下旬）我们上车后，瓦特玛又带来了两个去东大的同志，他们住在较高级的旅馆，比我们到海参崴的时间稍晚一些。大概因为是“官”，高级一点，穿着西装，每人一个大皮箱。由于我们四个人都不懂俄语，瓦特玛在我们铺位附近，找到了一个也是到莫斯科去的老红军，介绍给我们认识，让他路上关照我们，并在到莫斯科时通知东方大学派人接我们。

和我们一起去东大的，一个叫朱代杰，四川人，南洋大学毕业，是五卅运动的积极参加者，后到广东，在北伐时任国民革命军总政治部宣传科长，是仅次于主任邓演达、副主任郭沫若的第三号人物。另一个叫孟振寰，是宣传科下面的一个股长，奉天人。这两个人都是政治工作人员，比起我们两个学生来，当然“高级”多了。

/马员生//旅苏纪事，p. 63

约·维·斯大林同志东方劳动者共产主义大学

预备生证　№339

姓名格里博耶多夫　朱代杰（俄语拼音）

1927 年 2 月 8 日　Уоплном．Ком－ны

大学医生的意见。签字、盖章、日期

1927 年 2 月 9 日

录取为预备生：

192　年　　　　　　　　大学书记：

副 书 记：

本证在录取后两周内有效

Комуниверситет Трудящихся Востока им. т. Сталина

Кандидатская карточка № 339

Фамилия и имя ______

______ 192__ г. Уполном. Ком-ны ______

Отметка врача Ун-та, подпись, печать, дата:

Зачислить кандидатом:

Секретарь У-та ______

______ 192__ г.

Завканц ______

Карточка действительна 2 недели со дня зачисления

全世界无产者联合起来！

共产国际　　　　　　　　　　　　　　莫斯科　　192　年

执行委员会

东方劳动者共产主义大学

国际部

东方书记处现将下列中国同志派往贵校国际部就学：

1. 格里博耶多夫（朱代杰）1925 年加入中国共产党

2. 奥列霍夫（孟振寰）1925 年加入中国共产党

3. 别杜霍夫（马员生）1925 年加入中国共产党

4. 谢尔菲（孟丙昌）1925 年加入中国共产党

彼得罗夫（手写体）

彼得罗夫（打印体）

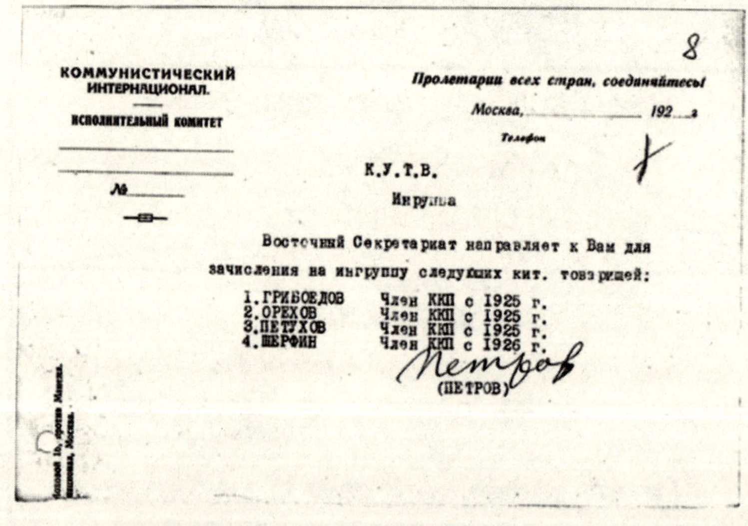

8

КОММУНИСТИЧЕСКИЙ ИНТЕРНАЦИОНАЛ.

ИСПОЛНИТЕЛЬНЫЙ КОМИТЕТ

№

Пролетарии всех стран, соединяйтесь!

Москва, ______ *192* _ *г.*

Телефон

К.У.Т.В.

Ингруппа

Восточный Секретариат направляет к Вам для зачисления на ингруппу следующих кит. товарищей:

1. ГРИБОЕДОВ Член КПП с 1925 г.
2. ОРЕХОВ Член КПП с 1925 г.
3. ПЕТУХОВ Член КПП с 1925 г.
4. ШЕРФИН Член КПП с 1926 г.

Петров

(ПЕТРОВ)

//俄罗斯国立社会政治史档案馆，495 卷，225 宗，607 目

（2）大革命后的留苏学生。

民国16年（1927年）4月，大革命失败后，中共中央决定党的工作转入地下的同时，派遣大批青年干部撤退到苏联去，以培养青年干部。10月，中共组织的青年干部一行200多人从上海启程赴苏。此后，在南昌起义、广州起义失败后，又陆续数批赴苏学习。大革命失败后，由上海启程赴苏的党的高级干部有刘伯承、吴玉章、叶剑英、林伯渠、徐特立等。

1927～1928年主要留苏学生情况表节录（原表共4页）

吴玉章	男	中山大学	1928	南昌起义人员	革命委员会委员兼秘书长
徐特立	男	中山大学	1928	南昌起义人员	革命元老
陈　明	男	东方大学	1928	北伐军	军官
朱代杰	男	东方大学	1928	国民革命军	国民革命军总政治部职员
姜震中	男	中山大学	1928	中共旅欧组织	旅法勤工俭学学生
吴福海	男	中山大学	1928.3	江苏省委上海手工业机器工会	工人
方维夏	男	中山大学	1928.6	南昌起义领导者	中共元老
杨之华	女	中山大学	1928.6	上海	中共中央委员、中央妇委书记
许权中	男	中山大学	1928.7	西北军	高级军官
董必武	男	中山大学	1928.8	南昌起义人员	高级干部
叶剑英	男	中山大学	1928.12	广州起义干部	第四军军官教导团团长

//上海市地方志

在离开海参崴的第十三天下午，终于到达了盼望已久的莫斯科，从而结束了这次长途旅行。单调的大地，树木和白雪，冷酷的天气，车内外极大的温差，咫尺的卧铺，闷塞的车厢空气，干燥的饭食，语言不通等辛苦的旅途环境，总算是告一个段落了。

眼看快要下车了，旅客看到了莫斯科周围的建筑物，不禁同声叫着“莫斯科”！

下车后，车站里并不冷，红军老战士带领我们暂时找了个地方休息，他便去打电话帮我们和东方大学联系。他还要办手续转车到白俄罗斯的明斯克，还得往西走。他口虽如此说，但还是一直陪着我们。

直到来了两位中国同志，他便向来人交代几句才和我们告别，我们都很感谢他。来的这俩位同志，一个是罗世文，四川人，即《红岩》小说中的四川省委书记，后来牺牲了。朱代杰和他谈了几句话，才知道是同乡。另一个姓徐，也是南方人，我们简单谈了几句。他们两人都能说俄语了，即刻带着我们坐电车，经过莫斯科的大街，我们观看了热闹的市容，亲眼见到心中向往的红色都城，真有说不尽的兴奋。

他们二人领我们到学校办事处，帮助办了手续。从此开始了莫斯科东方大学的生活。从离开开封到莫斯科，路途包括停留的时间，前后几乎用了两个月的时间。我记得到东大时间是1927年2月6日，因为次日我参加了印象很深的“二七”纪念日大会。

/马员生//旅苏纪事，p. 66

父亲是1927年2月6日到达莫斯科东方大学的，马员生的记忆与俄档案相同。纯属巧合，整整八十年后，2007 年 2 月 7 日，我也来到莫斯科游学。有签证和俄罗斯边防出入境检查章为证。只是旅途时间大大缩短，飞行时间只有八小时了。（小群）

当我们到校时，同年级的学员已到齐了，我们最后来的几个人，是插班进去的。一年级有四十几个人，分为两班。此外还有早期到达留下来作翻译和工作的十来个人员，以及几个工人同志。另外，我在海参崴见到的 1926 年届学业结束的人中，也有因程度低而继续留下来学习的。我们年级的学习人员，大概有以下几种人：

1. 国民革命军中的政治工作人员，包括党代表，较高级的如朱代杰、李侠公（原一军党代表，和何应钦在一起的，其兄李仲公曾是蒋介石秘书）。李侠公资格较老，是 1926 年冬和谭平山一起参加共产国际第六次扩大会议后留在苏联的。鲁易、卢汉、徐坚等，都是师党代表，还有较低级的政治工作人员，如孟振寰。

2. 国民革命军军官，如张际春和独立团叶挺下边三个营长中的两个，都是湖南人，屡立战功，参加北伐一直到打下武昌。

3. 党的组织工作人员，如彭桂生（曾在中央北方局内工作）、江常师、王平一、邹进贤、杨子烈等。

4. 教职员，如童庸生（是吴玉章的学生，又是他的入党介绍人）、张安仁等。

5. 较多的是中学生，除我、孟丙昌外，有李杰生、陈聚奎、谢德盘、某女生、陈郁、李露仙、谭某某等。

6. 还有一个内蒙古人，叫福鼎，以及少数从法国来的原勤工俭学的学生：一个广东工人梁鹏万，还有一个非党员，系张景曾的亲兄，叫张振亚。他是冯玉祥的副官，国民党员，是共产党的同情者，也是李德全当时在莫斯科的服务员，他对李的思想帮助颇多。

/马员生//旅苏纪事，p. 68

位于普希金广场北面的东方大学，现为消息报社（小群摄于 2014 年 6 月 5 日）

东大学潮始末

（1927 年—1928 年 3 月）

学潮的远因 1927 年末，东大学生有两个年级，合计约八、九十人，其中有三分之一是 1926 年下半年来的，大部分是 1927 年来的。只有原来留在那里的十来个工人及工作人员和翻译是 1926 年以前来的，还有十几个人是从法国来的。这些早来的人中，有支部负责人吴胡景（1925 年来）、黄士嘉、刘明严（从法国来），翻译刘毙、曾涌泉、施益生（从法国来）。还有几个和他们关系较密切的人。军事班约二百人，都是 1927 年六、七月间来的。新到的人，对早来的人学到的那一套工作方法很不习惯，而且他们对中国革命的实际斗争情况记忆犹新，战斗性也比较强。因而这两部分人在思想上逐步形成了对立状态，此其一。

第二，中国革命由于犯了机会主义的错误而连续遭到了失败，引起了党员对中国党的领导人以往的领导方法和工作作风产生怀疑和不满，这也牵涉到中国班党支部局的领导方法和原旅莫支部的领导作风。

第三，在军事班，俄国人领导的官僚主义及不切实际的军事教学，使学生甚为不满，开学才两、三个月，就发展到学生集体去共产国际请愿，表示了对学校领导的不满。

学潮的近因 1927 年末，东大中国班党支部照例向学生作了党务工作及教务工作的年度总结报告。学生们提了不少关于党的工作、教务工作和工作作风等方面的意见，党支部领导不仅不作检查和承认错误，以改正缺点，而且反过来大扣帽子，说这些意见是小资产阶级情绪、不相信党的领导、革命失败后的动摇心情、自由主义、失去革命信心、害怕白色恐怖等等。而党支部的领导人及支持他们的一些人，却恰正是根本没见过中国革命斗争而且也是小资产阶级的人。中国班党支部局为了对群众进行压制，除扣大帽子外，还借口一个青年工人发了几句牢骚而大肆批评，又拿我的墙报投稿借题大做文章。

墙报事件 广州起义失败后，党支部领导的墙报要我投稿。我当即写了一篇题目是《中国革命失败怎么办?》的短文，主导思想是说革命失败了，我们在莫斯科学习的，应该好好总结经验，学习俄国革命的经验，按照列宁提出的“学习，学习，再学习”的口号去做。当时，墙报没有发表这篇稿，理由是有失败主义和取消派的情绪。对此我曾作了口头反驳。后来，群众开始对党支部的工作提出批评意见时，党支部却让墙报上出了一期扩大号，将我的短文发表出来，作为典型批判的对象，还写了几篇批判文章，专门由我的指导员写了一篇很长的文章，引经据典，说这是代表失败主义的取消派意见等。他说中国只是暂时遭受了挫折或暂时失败，而不能说“失败了”。指导员傅雷叶还专门找我谈话。这种小题大作的做法，目的在于转移群众的视线，并以我为代表进行政治上的打击。我和班上的人曾作文反驳，但学潮已起，没有发表。

工作组进入学校 由于中国班党支部及东大党委不能平息群众的意见，而且矛盾愈演愈烈。每次开会以至上课和课余时间，大家都在议论。支部委员李侠公，退出了支委会和群众一起揭发问题，支部负责人吴胡景、黄士嘉也无法在群众中露面进行工作，完全失去了威信。这时学潮已成事实。上述情况反映到联共中央宣传部，于是派负责人员施坦为组长，及其他大学工作人员和区委委员，组成工作组，到东大负责解决学潮问题。

工作组到东大后，当即向群众宣布，将听取群众意见，可以个人谈，也可以写书面意见。于是我们纷纷给工作组写了意见书，也有个人去谈的。写去的意见书，有个人的，也有少数是集体写的，我和朱代杰去中大找人帮助翻译成俄文，班里也有能翻的就自己译。军事班也积极地提出意见。综合当时的意见，大概可以归纳为以下几点：

（1）中国党犯了右倾机会主义路线的错误，其根子有一部分在旅莫支部，中国班党支部还是那一套；

（2）家长式的压制民主的工作作风，乱给人扣帽子，没有批评及自我批评；

（3）教务工作、党的工作脱离实际，脱离中国革命实际，不让看报纸和谈中国革命问题；

（4）蒙蔽上级东大党委，不反映群众意见和实际情况，以及存在的问题；

（5）党支部领导成员，从未接触过中国实际革命斗争，在此养尊处优，应该回国参加斗争。

第一次中国学生大会　经过一段时间后，工作组为了进一步了解情况，决定召开东大中国学生全体大会，并通知可以自由发言，表达不同意见，看来他们是想亲眼看一下群众的情绪。我们就商量积极准备发言，经过我们几个人研究，由我第一个发言，揭露支部借我的短文想打击群众的阴谋，还决定由李侠公、童庸生分别就几个重点问题讲一讲，军事班和一年级也都有人准备发言。

大会由联共中央宣传部工作组长施坦主持，设立了主席团并安排了翻译。我首先报名发言，当时心情比较激动，颇受群众的欢迎。我只讲了由于我的短文而引起的波折。以后发言的愈来愈多，报名的也不断，群众都很兴奋。这个会一直开了一个下午。在发言的人中，没有一个是支持党支部或者为支部辩护的。后来施坦宣布，没有机会发言的人，还可以继续找工作组谈，工作组经过一些了解，根据大家的反映意见，将在一段时间以后，作适当的结论和采取必要的措施，让大家多等待几天。第一次大会就此宣告结束。

参加这次大会的全体中国学生，包括各个班和军事班，以及工作人员、支部负责人、翻译等，一共有三百多人，把俱乐部的会场坐得满满的，会议自始至终都很紧张，这是过去的一切集会所没有过的。

第二次全体中国学生大会　过了几天，工作组召开了东大第二次全体中国学生大会，由施坦主持。他开始作了一些说明，以后便一字一句地宣读了决议性的解决东大学潮方案及措施。他态度严肃，并附带作了一些解释，大概意思是中国班党支部在东大党委领导下，执行的路线是正确的，但在工作中有许多错误和缺点，因而会后应当改进。但没有提到是否撤换支部领导的问题。他的宣读经过翻译以后，施坦宣布等待两三分钟，让大家考虑一下，然后再予以表决。大家听了以后，全场哗然，大为不满。主席团看到会场情况，也感到不妙，便让大家安静一下，准备表决。这时李侠公从座位上站起来，即席向大家讲了几句话，说大家不同意工作组的方案，表决时可以表示，但由于工作组是中央派来的，不能反对，否则就是反对中央。因此，不赞成时，只能投怀疑或不同意票。大家静下来了，施坦开始宣布表决。先问，赞成的，会场上举手的寥寥无几，东一个，西一个的，不过二、三十人。次问反对的，有几个人举手，但马上放了下来。后问怀疑的，全场哗的一声，几乎都把手举了起来。当时施坦和主席团的成员，顿时神色大变，便说不用数票，并宣布，既然大家对工作组方案不同意，工作组将重新研究，提出新方案。大会终于以否决了工作组的方案而宣告结束。

最后一次分别召开的中国学生大会　又过了几天，大概在二月中旬，工作组第三次召开了大会。但这次是分别召开的。一部分是东大本班的两个年级及其他人员约有一百多人参加，仍由工作组长施坦主持。他在会上宣读了工作组解决学潮的修改方案，精神仍然是那样，只是在有关中国班支部的缺点和错误方面多说了一些。宣读时又作了解释，宣读后不再讨论和表决，而是通知性质的。以后即宣布学潮的处理，即按这个方案以结束这件事。我们也只有无可奈何地不了了之。以后听说，次日又召开了军事班的全体会议，只是在宣读方案中，多了一条，即宣布开除本班学生五人，我、朱代杰、李侠公、童庸生、鲁易和军事班的一个上海工人。他们也未听清开除的理由是什么。我们知道以后，觉得很奇怪，为什么对我们既不通知，也不在会上宣布呢？是不是因为怕会引起公愤呢？过了两天，也不见什么动静。于是我们主动去问支部负责人，他们说决议中有这样的事，但也没说明原因，也没说我们应该怎么办。我们五个人商量一下，决定找中国党代表团向忠发、李震瀛。

被开除的五个人的情况是，李侠公的资历较老、地位也高，是支部委员。起先支部负责人吴胡景、黄士嘉很拉拢他，很快就让他参加了支部局。但在风潮前夕，他脱离了支部局，站在群众一边，支部局认为不能再让他在东大了。朱代杰的情况和李侠公差不多，但他不愿作支部工作，被认为是不合作的人，在这次学潮中又是出谋划策的。鲁易地位虽不如前两人，但还是资历较老，也是出谋划策的。所以，支部不能容许这两个人。童庸生党龄较老，这次是出头露面的人。我年纪最小，但由于墙报事件，又在大会上首先出面，而且和军事班通过曾鉴泉的联系，成为两方面的挂钩人，所以也为支部所不能容。因此在支部看来，我们五个人不能继续留在学校，否则中国班党支部就难以继续工作。尽管找不到公开原因，也只有通过工作组设法让我们走开。另一个军事班的工人，据说是过去在班里经常闹事，耍脾气，所以也被“消除”。

秘密

副本　　　　№3077

弗利金（ВЛИККИ）：

根据您同大学书记杜布罗夫斯基（Дубровинским）同志的电话会谈，现把对别杜霍夫（Петухов）和格里博耶多夫（Грибоедов）同志的处理发送给您。

总务主任

ВЛИККИ

Согласно Ваших переговоров по телефону с секретарем Университета тов Дубровинским направляются в Ваше распоряжение студенты тт Петухов и Грибоедов

Зав общ отд

命令

从今年3月22日起，把二年级大学生别杜霍夫和格里博耶多夫从大学开除。

1928年3月24日

签名

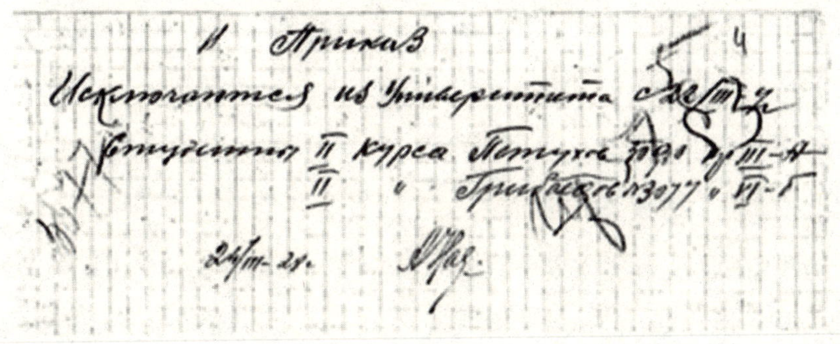

Приказ

24/III-28.

//俄罗斯国立政治史档案馆，495卷，225宗，607目

以上两则俄档案证明马员生（别杜霍夫）和朱代杰（格里博耶多夫）1928年3月22日被东大开除。

离开东大及转学经过 我们中的朱代杰、李侠公，在国内就和向忠发熟识。于是由他俩带领，我们五个一起去见中国党代表团。我们说明来意，主要是，既然学校不能容我们，请代表团给我们办回国手续，我们将回国在白色恐怖中参加革命斗争工作。向忠发说，他完全了解学潮的前后情况，我们必须离开东大，过错不在我们，工作组没有办法才这样干，目前不能让我们回国。他让我们等一下，他将和东方部商量，让我们转学，在苏联再学习一段时间。并让我们暂回学校，不会有什么事。

又过了几天，中大翻译郭少棠来东大，带我和朱代杰到共产国际东方部去说，米夫找我们俩谈话。米夫当时是中山大学校长兼东方部远东部长。郭少棠是中大翻译，是米夫让他来的。他和朱代杰原来相识。见到米夫后，由郭少棠作翻译。米夫说，经过和中国党代表团商量，并和有关部门联系，我们五个人将继续留在苏联学习，我和朱代杰到列宁学院，李侠公等三人将到列宁格勒政治军事学院，已和该学校领导谈好。我和朱代杰现在由郭少棠带领可直接到列宁学院去，其他三人，过两天即可到列宁格勒去。米夫询问我们的意见，希望我们继续好好学习。

我们两人由郭少棠带领到了列宁学院，见到校长基尔山诺娃。她说，她已知道我们的情况，和米夫谈过了，可以即刻办理入学手续。学校中还有几个中国同志，以后会认识并了解情况的。校内有英、俄、法、德四个班。朱代杰入英文班，我虽然还有点困难，也只好入俄文班了。她说，问题不大，年纪轻，补习一下就可以了。郭少棠帮助我们办了入学手续，次日便带着数量不多的全部行李，进了列宁学院。东大同志们听到这个消息都很高兴，认为学潮并未失败，只是工作组不愿使联共基层党组织受影响，而中国班支部今后必须改组。以后李侠公等三人，也离开东大到列宁格勒，从此结束了第一阶段的莫斯科东大生活，转入了列宁学院。这已是1928 年3 月了。

/马员生//旅苏纪事，p. 78 – 82

看来父亲在上海交大不只是搞学运，学习也很好，所以能够直接上英文班听课。

H. 赤都中国同志分析与东、孙两校问题：

（4）东大现状——东大本来是个国际性的学习机关，1924 年后人数增加，校长卜罗为多氏调走后，新校长苏梅斯林氏来校，不懂中国学生心理。组织上中国同志工人同志多，甚至还不识字，在东大支部下又分到各民族小组……一方面中国负责同志（如武和劲、黄士加等）又太不注重事实……结果东大的中国学生充满了愤怒之气！

/向忠发 李震瀛//1927 年 12 月 2 日参加十月革命节给中共中央政治局的报告，中央档案馆，档号：265/2

（8）叶挺一个月前忽由东京来莫……邓择生在柏林正活动第三党，我们和国际颇怀疑他，但因他在国内党的生活过的太少，暂使彼在南俄作短期休养，或者将来命其学习，你们的意见可速告知！

依此口气，邓演达似在党内？

（13）东、孙两大的状况，上两次信已详细分析过，就是东大的组织不好，教务不好，分班不好等，弄得同志们消极气愤。

/苏兆征 向忠发//1928 年 3 月 31 日给中共中央的信，中央档案馆，档号：265：1

中国党代表团也认为东大问题严重，中国学生非常愤怒。父亲他们公开提意见，推动党内民主，却被工作组开除出东大。

朱代杰传

中央档案馆摘抄材料专用纸　265/2

参加十月革命节的代表李震江（瀛）（俞）：

给中共中央政治局的报告。　1927.12.2.

全总工委转中央政治局：

……

H. 莫斯科中国同志分析与东、中、两校问题、

(4). 东大现状——东大本来是个国际性的学习机关，1924年后人数增加，校长卜罗为多氏调走后，新校长苏梅斯基氏来校，不懂中国学生心理。组织上中国同志工人同志多，甚至还不识字，在东大支部下又分到各民族小组……一方面中国负责同志（如武和卿、黄士加等）又太少，注重事实，……结果东大的中国学生充满了愤怒之气！

1页

中央档案馆摘抄材料专用纸 265：1

苏兆征
向忠发 给中共中央的信。

1928.3.31.

中央政治局：

（8）．叶挺一个月前忽由东京来莫……

邓泽生在柏林正活动第三党。

我们和国际均不以领他，但因他在国内党的生活过的太少，暂使彼在南俄作短期的修养，或者收来俞（?）学习，你们的意见可速告知！

（11）．国际第九次扩大会见国际叶里岁惠论以中共中央委员身份表中共书译的……

（12）．最近的四位同志见国内错误的处分而派遣回国的，即一武和动。

1页

中央档案馆摘抄材料专用纸　265:1

黄士加、刘明严、钟锡钧，他们的
错误是蒙蔽群众，取其手腕。
种种不容于群众的方法，请你们做工作
时特别注意。

(3) 东、中、两大的状况，上两次信已
详细分析过，就是东大的组织不好
领导不好，今难不好得异同志们消
极气愤。中大领导虽好，但成了
学派，形成派别趋向，最近发现之江
浙同乡会、储金互助会组织、阴
谋即其例也。我们现在对第三党、反对派
小组织皆须领导群众公开斗争，彻底
澄清的办法。

2页

列宁学院简况 列宁学院是共产国际的党校性质，为提高各国共产党干部的理论水平的二年训练班。它的全名为共产国际直属国际列宁主义学习班。学校的校长名义上是当时的共产国际主席布哈林，实际上管理学校的是副校长基尔山诺娃。她是当时联共中央监察委员会主席雅罗斯拉夫斯基的妻子，是个老党员，虽不是中央委员，但同中央组织部、宣传部都有密切的关系，学校配备的几个主要教员，都是比较有名并有著作的，如讲政治经济学的达尔，史学家西喀尔，讲哲学、唯物史观的鲁达什，都是共产国际运动中的名人，能用英、法、俄、德四国语言讲课。

列宁学院创办于1926年，第一届学生人数较少，1927年届学生较多，我和朱代杰是插班进去的。学期预定二年。每届分四个班，用英、法、俄、德四种语言直接教授，不用翻译。各国党员基本上可以分别用这四种语文学习，有些党员文字水平差一些，经过一段时间的锻炼和补习，也就跟上了。该校的学员都是各国党的教育干部，有的是中央委员一级的。朱代杰入的英文班，学员包括英、美、加拿大，英联邦及殖民地各国党派来的，还有中国人。我入的俄文班，学员有波兰、爱沙尼亚、拉脱维亚、立陶宛、罗马尼亚、保加利亚、南斯拉夫、芬兰等国的，也有中国人。德文班，是德国、捷克、匈牙利、奥地利等国的。法文班，是法国、意大利、比利时、西班牙等国的。

学习课程是社会科学、联共党史、世界革命史、政治经济学、唯物史观、党的建设等。以自学为主，辅导及讨论为附。有很好的读书室、图书馆。宿舍很不错，每室三、四人，桌椅、台灯都齐全，学习和休息条件还是很好的。此外，食堂吃的也不错，生活条件比苏联的党校、东大和中大都高，学习水平、要求和条件也强得多。因为是以一般西欧人的水平为标准的。我到校后，感到很满意，决心认真把学习搞好。

中国学员的情况　我是第二届的学生，那时第一届学生尚未毕业，以后第三届（即1928年届）学生又到了，所以，从1926年末到的至1928年后半年到的，三届共十几个人，大家都见到了，其成员有：

1. 董必武　1928年夏从日本到莫斯科，入第三届英文班，直到1931年结业后才回国。和他同时到达莫斯科的还有钱介盘。与董老同时在莫斯科的还有吴玉章、林祖涵（林伯渠），但他们都入中大学习，没有进列宁学院，可能是由于外文没有过关。他们曾到列宁学院来过好几次。

2. 刘仁静　1926年或1927年初到莫斯科。可能也由于历史及其他原因，在1927年联共党内讨论时，形成反对派观点，后成为中国学生中反对派的头头。他和董必武都是中国党最早的党员，和王若飞、张国焘观点不一致，但都有来往。他是第一届英文班的学员，1929年回国。

3. 朱代杰　和我同时到达莫斯科，曾同入东大又同入列宁学院，政治观点接近我，曾和袁溥之结婚。袁于1929年先回国，朱代杰于1930年回国。在东大时，刘伯承、邓演达到莫斯科时都和他见过面。在中大的学生中，他也有不少相识，除袁溥之外，和沈联春等人关系密切。

邓演达、刘伯承在莫斯科都和父亲见过面！

4. 阮仲一　原北大学生，和刘仁静相识，在中国时曾一度当过鲍罗廷的翻译。他是第二届英文班学员，1927 年到莫斯科，以老党员自居，政治观点不很清楚，但总的还是“在野派”观点，和我也接近。他和中国党内一些老党员比较熟识，但关系并不密切。

5. 彭泽湘　湖南人，曾任唐生智军队的党代表。在蒋介石叛变后，武汉政府北伐时唐生智为总司令，彭为政治部主任。他颇像一个官僚。1927 年秋，国民党第二次叛变后，他到莫斯科才入了俄文班，和王若飞很接近，和其他中国党领导人也熟识，当时也是处于“在野派”的观点。

6. 王若飞　1928 年 9 月中共第六次代表大会后，由于被认为和陈独秀的关系以及对中国革命问题的不同估价而留在莫斯科，才到列宁学院学习。他在 1925 年前曾在东大学习过一段。现在对中共的新领导及共产国际有些意见，处于“在野派”不得意的状态。政治上接近于反对派的观点。他不住在学校内，另外给他安排了住所。

7. 黄平　1928 年下半年到莫斯科，1927 年末广州起义时曾当了三天的外交人民委员，到校后，很能自吹，入第三届英文班，政治观点和瞿秋白接近，关系也密切。

8. 杨善坤　1928 年下半年到莫斯科，原北大学生，中华全国学生会负责人。入第三届英文班。政治观点及关系，和瞿秋白很密切。

9. 周达民　1925 年到莫，入中大，系当权派之一，因在国内即通俄文，到后即作翻译。斯大林到中大讲有关中国革命问题时，就是由他翻译的。后来在 1927 年，他被陈绍禹（王明）等排挤，加以“江浙同乡会”名义，被迫离开中大。他们和王明之间系派别斗争，同是标榜拥护苏共中央及共产国际的，在列宁学院是积极分子。

10. 俞秀松　是入党较早的党员，浙江人，1925 年到莫斯科，和周达民情况基本相同，于1927年被排挤出中大，进第二届俄文班。但因俄文不好，未能赶上周达民；却以老党员自居。政治观点也是积极拥护联共及共产国际的。和中大学生有联系，但和中共领导没什么关系。

11. 董庆湘　1925年到莫斯科入中大，和周、俞关系密切，浙江人，于1928年被排挤，入列宁学院第三届俄文班。在国内时，曾好文学，投过一些稿，颇有点自命不凡；以拥护共产国际自居。

12－13. 潘家衷、庄东晓　夫妇俩，原为学生，任翻译，1928年下半年到列宁学院，入第三届俄文班，各方面都很幼稚，很支持瞿秋白，是由瞿秋白介绍到列宁学院的。拥护共产国际，支持瞿秋白颇积极。

连我在内，前后共十四人。这些人当时的政治观点是各有不同的。

/马员生//旅苏纪事，p. 83－86

位于伏洛夫斯基街的列宁学院旧址（小群摄于2014年6月5日，父亲48周年忌日）

第六次共产国际大会　共产国际第六次全世界大会于1928年7月17日在莫斯科中心的工会大厦召开。世界各国的共产党都派了代表参加。在各国党的地位排列顺序上，联共占第一位，德国党占第二位，中国虽然革命失败了，人数也不如有些国家的党员多，但仍居第三位。以下才是法国、意大利、英国…… 中国党在国际大会上第一次特别受到各国党的重视。列宁学院的学员中，有少数以代表身份参加了大会，大多数以列席资格经常都有票参加大会。此外，还有其他国际组织的代表参加大会。

国际六大的开幕式很隆重。因为有莫斯科各级党组织的代表参加，会场挤满了人。布哈林主持开幕式，并在第一天作了国际形势及共产国际纲领的报告。以后是各国共产党代表的发言。比较引人注目的是德国党的领导人台尔曼。中国党代表瞿秋白、张国焘也发了言。但是，对一般发言，听的人并不多，也不那么注意，在会场外闲坐、行走和看展览的大有人在。

/马员生//旅苏纪事，p. 88

我中学的一篇俄语课文，应该是斯大林国际六大闭幕式发言，因为我在家里大声朗读时，父亲走过来："我当时就在现场。"我兴奋地问："斯大林怎么样?"父亲："说话吞音，根本听不清楚。"（小群）

1927年1月袁溥之在上海从中央组织部接转了关系，带着湖北、湖南等地的近50名学员，从上海经海参崴穿越西伯利亚到了莫斯科，成了中山大学的学生。

在莫斯科中山大学学习时袁溥之的爱心被一个名叫朱代杰的中国

留学生拨动了。朱代杰在“五卅”运动中是上海学生会干部，1925年加入中国共产党。大革命时，党调他到广州进北伐军政治部工作，北伐军攻占武汉后蒋介石不准有很多共产党员在军队工作，党组织又把他从总政治部调出来，派往莫斯科东方大学学习。就这样，两人在中央组织部转接关系时相识了。

1928年8月袁溥之同朱代杰结婚了。他俩在苏联女教师伊林娜乡间别墅的隔壁租了一间房，举行了简单的婚礼。恰好，她的入党介绍人董必武、钱介盘（冼星海岳父）同志从日本来到莫斯科，闻讯参加了她的婚礼，还特地送了一束鲜花致贺。

/洪蔚 少颖//省长夫人的传奇人生与婚姻

中国党代表团　留在莫斯科常到列宁学院的代表有瞿秋白、张国焘，还有邓中夏、于飞。邓中夏过了不久也回国去了。当时他和于飞都是接近瞿秋白的。和瞿、张住在共产国际工作人员的旅馆里，还有他们的爱人杨之华和杨子烈。瞿秋白是积极宣传、支持六大决议的，他很强调中共党内过去机会主义错误的严重性，但对盲动主义的危害，却不那么强调。他在莫斯科时也很积极，对中国学生的事，也很关心并插了手。

张国焘在莫斯科是不太积极的，对于中国学生的事情也不太关心，没有插手。他和各种不同观点的人，都有一些联系，但并不密切。他对下棋颇有嗜好，在那里学会了国际象棋，以后有围棋时，更是常到列宁学院来观阵。在晚上他和朱代杰和我玩得很热闹。董老也是积极参加，只看不下，为我当参谋。

/马员生//旅苏纪事，p. 92

张国焘经常和父亲下棋!

看到这里，忽然想起：我的象棋是父亲教的。(小群)

我的象棋也是父亲教的，记得我经常缠着他下棋，但是他只下一盘，而且从不让我悔棋。(小明)

见到鲍罗廷 1928年秋天的一天晚上，阮仲一、朱代杰和我曾到鲍罗廷的住宅，见到了这位曾赫赫有名、号称能左右国民党政府的政治顾问。他当时只是一个住在莫斯科的平民，任英文《莫斯科工人》报的编辑。阮仲一和朱代杰在国内原来就认识他，我和他则是第一次见面。

/马员生//旅苏纪事，p. 93

父亲和鲍罗廷是黄埔军校的老同事。

到列宁格勒参观、实习和工业考察 从1929年6月初起，根据学校的安排，二年级是分成小组到各地去作专题考察、参观和实习。我和朱代杰决定到列宁格勒去作工业考察，这是主要目的，因为想对苏联革命后工业发展的情况作一个全面了解。另外还有两个附带的目的，一是参观一下列宁格勒的风景名胜及革命圣地，二是会见转学到列宁格勒的曾和我们一起被从东大排挤出去的三个同志。

学校给我们很大的帮助，其中最主要的是给我们写了一封联共中央宣传部给所到地区党组织的介绍信，其中除简单地说明了列宁学院的任务、学员的情况和考察的目的外，就是要地区党组织积极帮助我们，创造条件。这封介绍信给了我们很大帮助，使列宁格勒州委重视我们，安排了全面的参观、考察、看资料，到各个轻、重工业部门，在生活方面也很照顾，并对有些保密部门也让我们有机会看到。

莫斯科到列宁格勒只要坐一夜火车就到了。据说这是最直的交通线。在第一次建造铁路时，还在旧俄时代，请沙皇提意见，他用红笔划了一条直线。在修路时，只是有个别地方因地理情况略有偏差，其余部分都是遵从皇帝的“御笔”修建的。

列宁格勒简况　列宁格勒当时是苏联第二首都，是旧俄彼得大帝开始修建的新城市，所谓俄国观看欧洲的窗户。它地处涅瓦河入波罗的海和波的尼亚湾的河口，地基是由无数个桩柱构成的。原名彼得堡，是德国城市的名称，因为那时从大彼得起都是效法德国的。第一次世界大战开始，俄国是反对德国的，所以改名为彼得格勒，格勒是俄国城市的古名。十月革命后仍沿用此名，1924 年列宁逝世后，才改成现名以纪念列宁。现在是第一个工业城市，全市河流纵横交错，因此有大小桥八百多座。建筑很整齐，名胜也很多。我们参观时，正是西方未暗而东方已像白昼一般的“白夜”，这就是几无黑夜的季节。

我们到达后，先到苏共州委及市委所在地——斯莫尔尼宫，那里是革命圣地，十月革命时布尔什维克的暴动指挥部就设在那里，当时列宁的办公室还一直留作纪念馆。那是一个大楼房，原来是一个女子学校。我们在那里见到州委宣传部长乌喀洛夫，他看了苏共中央介绍信，便积极地给我们进行了各种安排：为我们联络了工作的单位——列宁格勒经济委员会；让我们住在季诺维也夫大学的宿舍以及解决有关供应问题。

斯莫尔尼宫列宁办公室，父亲和马员生伯伯曾经在这里见到州委领导。(小群摄于 2007 年 5 月 7 日)

州经济委员会及实习参观安排 州国民经济委员会给我们派了一名女经济工程师，陪同我们参观、实习，并负责同各企业单位联系，遇到市公共汽车电车交通不方便时，还派小汽车送我们去。各种工业发展情况的资料、谈话、介绍也在这里进行。

经过州国民经济委员会的安排，我们参观了很多企业，其中属于重工业的有“十月革命”热电站、远离列宁格勒百余里的、列宁直接关怀倡议兴建的沃尔霍夫水电站、列宁格勒电气中心站，最大的金工厂（出过很多有名人物，如加里宁就是这个厂的工人）、波罗的海造船厂。在造船厂参加了两只三千吨船的下水典礼，在船上看来相当大，下水后，在岸上一看并不大。参观列宁格勒的海港时，让我们坐着小汽艇里外看了一遍。还参观了一个化工厂。在轻工业方面，参观了完全现代化的面包厂、造纸厂，属于国家机密的纸币制造厂，苏联合作社，以及几个较小的工厂。还到达列宁格勒各区及私人商店经营区去参观。当时由于新经济政策尚未完全取消，所以还允许私人开商店，虽然绝大部分的货物都是国家工厂制造的。

此行对父亲日后的国民经济建设工作具有重要意义。

此外，还经州委介绍参观了列宁格勒及附近的名胜、纪念馆等，其中有沙俄的皇宫及临时政府所在地冬宫；俄皇避暑地夏宫（虽然列宁格勒在夏天并不太“暑”），原名俄皇村，已改名普希金村，以纪念俄国大诗人；红军野营集中地的红村；海军根据地；十月革命放信号的喀朗施塔得村，在这里可以看到芬兰的波的尼亚湾；据说是世界第二大教堂的建筑；其它如各种雕刻、塑像、特别是大彼得骑马的塑像；大戏院，我们还在那里看了一次名剧《钦差大臣》。

大彼得骑马的雕像，即著名的“青铜骑士”，1782 年揭幕。（小群摄于 2007 年 5 月 4 日）

父亲带全家进城去看《第十二夜》、《无事生非》、《伪君子》、《悭吝人》、《女店主》、《一仆二主》等世界名剧。

还带我们步行到苏联展览馆电影院去看《奥涅金》、《黑桃皇后》、《海军上将乌沙科夫》、《静静的顿河》、《没有说完的故事》、《基辅姑娘》等苏联电影，因为那时候铁道学院到展览馆没有公共汽车。

1959 年小英考上一零一中学，父亲带全家去吃莫斯科餐厅，那是我们第一次去老莫。1961、1962 年，我和小雄也相继考上了一零一，小明小学毕业赶上“文革”，一零一梦破灭。那是一所干部子弟学校，我们因为出身问题——父亲历史复杂，说不清楚而受歧视。我从要求入团开始就背上了沉重的家庭包袱，对父亲有埋怨，这次作传，逐渐明白了父亲的良苦用心，他的众多老友的子弟都在一零一上学，他希望我们通过和同学的接触，能够了解一些历史。

初中同学清楚记得，周日回校，我带的晚饭是母亲自己烤的面包和香肠，很个别的，她们一般带馒头窝头在宿舍炉子上烤片吃。那应该是初一的事情，后来因为要求入团就不会再那么“资产阶级”了；我一点不记得此事，但是母亲找铁匠师傅打造烤箱，自己烤面包蛋糕，是记忆犹新的。

同学还说，别看我吃的好，秋裤却是破的。这个我记得，父亲一人挣钱，养活一家六口，母亲原本讲究打扮的，后来也只能顾全家人的嘴了。我们三个都上中学后，开学时妈妈特紧张，因为一下拿不出那么多学费，我们就轮流求学校网开一面，第二个月再补交。我插队，夏天只有一件浅蓝色的确良短袖衬衫，农民都很诧异：大教授的女儿怎么可能连换洗衣服都没有？（小群）

父亲喜欢吃敲敲蛋，捏点儿盐撒上；

父亲喜欢吃抹上黄油再烤的面包片，也撒盐；

父亲喜欢把整块的黄油抹在碗里，上面浇一层水，再撒点盐，这样夏天也坏不了；

困难时期，妈妈用罐头盒蒸混合面给我吃，我不吃，蹭到爸爸的碗边上，他就给我一口米饭吃，我就走了；

我小的时候哥哥姐姐都有零花钱，我有时也能争取到一点，我就和姐姐到交大商店去买糖米花，然后顺着铁路边吃边往家走，不巧碰到爸爸，忐忑间，他却取笑说："你们总要花几个子。"

父亲平时很少说话，很少生气，只有一次我太讨厌了，他骂我："混鸡子！"（小明）

到军事政治学院去　列宁格勒军事政治学院是一所高级军政学校，学员是军队的军事、政治现役工作人员；有不少是国内战争有过功绩的人；所以学习、待遇条件都不错。我们在那里见到了李侠公、鲁易及童庸生。我们带了中共六大文件，向他们谈了我们听到的有关大会情况和代表团的情况，也同他们谈了我们对有关中国革命问题的一些看法和意见，和他们交换了一些意见。他们当时还是按共产国际及苏共中央的精神一字一句地说的。我们先后去了几次，他们的生活、学习条件，也都是很好的，穿着军装，在有些方面比我们的条件还要好一些。

在那里见到了从中山大学转去的我的老友韩沉波。我向他谈了些情况后，他谈到了当时在军事政治学校中有争论的问题，即军队中实行一长制的问题，这是联共中央提出的，引起了部分政治工作人员的反对。原来国内战争时期，党代表的权大于军事长官，现在军事长官，特别是高一级的大部分是党员了，所以为了统一指挥，要实行一长制。当时正在酝酿，但是以后还是实行了。

我们在那里还遇到了蒋介石的儿子蒋经国，他也是和韩沅波一起转到那里去的。

七月末，我们结束了在列宁格勒的生产实习，写了一份书面报告，才回到莫斯科。

/马员生//旅苏纪事，p. 107 – 110

列宁学院开始清党 1929 年十二月根据苏共中央决议，莫斯科各区开始清党，列宁学院也开始了。清党委员会由共产国际监察委员会主席（芬兰人）任主任，还有莫斯科区委派人参加。清党过程是先由委员会动员，向全体党员、非党员宣布清党方法，各人都可对任何人揭发问题。揭发问题，不拘形式、内容，公开、秘密都可以，经过清委会调查核实，再找本人谈话，然后由本人在大会上交代，让大家提意见，最后由清党委员会作出结论及处理意见。

在列宁学院内曾揭发出一个俄国党员过去历史不清楚，并有弄虚作假的行为及投机倒把的经济问题。还揭发出一个波兰党员是曾参加过侵略苏联的白党小军官。

这时中山大学也开始了清党。在 1930 年一月间，朱代杰从中大女生沈联春那里得到消息说，中大学生基巴索夫（应该是赵言轻的俄文名字—编者注）自杀了，据说是反对派。我听到这个消息很惊讶，联想到基巴索夫在两个月前的思想及情绪，我们谈话的经过，估计可能是因为学校当局对他施加压力，他思想矛盾很大，大概感到无法找到出路而自杀了。我的心情很沉重，并向朱代杰讲了这些情况。

朱代杰于1928年和袁溥之结婚，沈联春原来是袁溥之的朋友，因此他们三人常在一起。1929年袁溥之先回国了，但沈和朱代杰仍常来往。

隔了不久，还是从沈联春那里传来，由朱代杰转告我说，在中大学生中有些人被捕了，据说是反对派，有人告发了，但也有不是反对派而被捕的，被捕人中有黎光剂等。我当时认为他是被人告发的，因为黎光剂是新生，未在大会上露过面。当时我怀疑是李平，因为基巴索夫自杀了，显然是不能经受学校当局的压力，而李平是老反对派，学校当局可能知道他，现在不是负责人，改选后可能有些意见，又有个人主义、政治水平低，在学校施加压力后，可能告发．这只是猜想，究竟如何，不得而知。我当时的心情是不好的。

马员生的怀疑是对的，苏联档案解密后证实确是李平告发的！

沈联春后被发往西伯利亚劳动，染上伤寒，病亡时才二十岁！

我和朱代杰谈了我的想法，并在这方面也要作准备，但过了几天，并无动静。

大概在二月下旬，共产国际监察委员会通过学校打电话找我谈话，问我关于和中大学生反对派的关系。我简单承认了和个别人有联系，并在政治问题上有反对派的观点。监察委员会让我写一个材料，我写了个申明，大致叙述了反对派观点形成的经过和同哪些人有过关系，交给了监察委员会。

此后，我在学校内继续学习，与一般的中国同志虽然没有断绝关系，但联系比较少了，和朱代杰还是一样。当时我承认了错误，一方面是反对共产国际的路线，接受反对派的观点是错误的，这是政治方面；另一方面承认派别活动也是错误的，这是组织路线方面。虽然在思想上的认识当时并没有通，但由于当时的情况，事已如此，承认错误，交代问题比较好些，关于政治观点将来再说，派别活动不愿再参加了。当时政治观点也不可能想通，因为客观上发生的许许多多的事，没有什么说服力能使我的观点改变。

/马员生//旅苏纪事，p. 121 – 123

1930 年 3 月 28 日，中山大学找我去谈话，就秘密被捕了……直到 1930 年 9 月中旬，才被判流放三年，放我回列宁学院去收拾行李，在楼上宿舍遇见了董必武。……他说，其他的人都走了，回国了，朱代杰也回国了。

/马员生//旅苏纪事，p. 142

马员生是和父亲一起到东方大学，一起闹学潮，一起转到列宁学院的。后苏联肃反，被无辜判刑劳改，直到 1955 年斯大林死后，才得以平反回国。不知道他回国后是否和父亲见过面，因为他们都和董老（董必武）有联系。下面是与他同病相怜的鲁也参为他的《旅苏纪事》写的前言：

这篇前言本应由作者自己写的。可惜马员生同志 1977 年 7 月 1 日在黑龙江省富拉尔基市的街边步行时，被突然从后面猛冲过来的自行车撞倒，后脑严重受伤，经抢救无效，不幸身亡。时年七十三岁。

马员生同志是我国第一次国内革命战争时期 1924 ~ 1926 年间河南开封等地革命学生运动的参加者和组织者。1925 年参加中国共产党。1926 年被派往莫斯科东方劳动者共产主义大学学习，学习成绩优良，后被转送到列宁学院学习。列宁学院是供当时世界各国共产党领导干部学习的高级学校，直属共产国际领导。他和董必武、王若飞同志在该校学习。他和董老比较接近。他的学习才能深受董老赞许。当他在生活上遇到困难时，董老曾积极热情地给予帮助。

1927 年 8 月 15 日，武汉国民党国民政府公开与共产党分裂，对共产党人和革命群众进行屠杀。因此，中共中央决定从革命第一线撤下一批中下级党员干部，送往莫斯科受训。我也是这批人员中之一，也进了东方大学中国班。由于革命形势的发展和学员人数的突然增加，以及中国革命形势的迫切要求，中国班的党组织旅莫支部的领导不能适应形势的变化而正常地开展工作，引起学生的不满。当时的学生大都是从革命前线来的，非常关心中国革命的命运和前途，要求共产国际派水平较高的同志来做报告，“总结中国革命的教训和今后的任务；要求学校当局提高教学质量，改变一些形式主义的教学方法等”。支部不但不设法满足同学们的合理要求，反而采取高压手段，乱扣帽子。这些做法在学生中引起公愤，以至产生军事班自发排队去共产国际请愿，政治系发生了公开辩论的学潮。最后只有把部分学生转入他校和促成东大中国班和中山大学合并而告终。

我和马员生同志是 1927 年冬在东大的一次党员会议上相识的。

他转入列宁学院以后，联共第十五代表大会宣布反对派为非法，并写入了决议。马员生同志根据决议和组织原则，向国际监察委员会坦白交代反对派的思想问题，承认了错误，并声明决不重犯。他从青年起，就立志为中国革命奋斗终生，到莫斯科是为了多学本领，学习更多的马列主义真理。作为一个青年学生，在理论学习中产生一些不同的看法和理解，甚至接受一些错误思想，这是不足为怪的。他认识了错误，并保证不再重犯，一般就应允许他改正错误。苏共党员在十五大以后凡是承认反对派错误的，一般恢复了党籍和工作。可是，在当时苏联肃反扩大化的影响下，马员生同志作为一个中国学生却因承认政治思想认识上的错误而于 1930 年、1937 年和 1949 年先后三次被捕，由莫斯科的特别委员会缺席判刑，发送边远地区劳改和流放，时间长达二十五年，这是难以想象的。在当时的情况下，既不能上诉，也不许申辩。马员生同志无论在何等艰苦的环境里，从不动摇，始终热爱祖国，保持革命的乐观主义，坚信马克思主义，坚信中国革命胜利的前途。经过不懈的努力和客观形势的变化，1955 年获得了苏联最高苏维埃的指令："取消案件，彻底平反，恢复名誉。"

1955 年马员生同志和我在中共中央的关怀下，平安地回到祖国的怀抱，并恢复了党籍。回国后，他一直在东北黑龙江富拉尔基重型机械厂担任技术处处长职务，领导成百的工程师、技师等科技人员，指导该厂的技术工作，积极投入社会主义工业化的建设事业。

这本《旅苏纪事》是马员生同志在十年动乱期间，花了将近两、三年的心血写成的，1973 年脱稿，经过十年以后，1983 年 3 月，我从他的后代——马瑞联同志那里得到这部手稿，没想到，他把当年的经历记得那样系统、完整和详细，这是十分难得的。作者根据个人的革命实践，本着实事求是的精神，回忆从少年懂事时起直到1955年回国的经历。内容有：中国农村、家庭背景；参加革命运动经过；第一次革命战争时期的各种事件和社会问题；出国经过；学生生活；工人生活、牢狱生活、流放生活、劳改生活、自由民主生活；苏联社会见闻；回国奔波及实现回国等等。几乎把四十余年所见所闻，大体上都记载下来了。这是一本比较完整的回忆录，它从各个不同侧面记录了现代历史的一些真实情况，为有关读者提供了许多有价值的参考资料。

记得1977年马员生同志遇难前一星期，我们曾在北京见过面，他兴致勃勃地对我说："中国将沿着真正的马列主义道路前进，我们的前途是无限光明的。"他现在如果知道祖国的十亿各族人民在党的十一届三中全会的路线指引下，同心同德，向四个现代化迈进，他所想象的"无限光明"正在成为现实；同时他的《旅苏纪事》有幸为读者提供可靠的参考材料而受到启发，我想，马员生同志定会含笑于九泉之下的。

我的这个前言，也算是对老战友马员生同志的悼念吧。

鲁也参1983年4月于北京

下面是马员生自己写的"序"：

鲁迅在他的杂文集《坟·题记》中，说明所以命名为"坟"时，曾经有这样的几句话："在我自己，还有一点小意义，就是这算是生活的一部分的痕迹。所以明知道过去已经过去，神魂是无法追蹑的，但总不能那么决绝，还想将糟粕收敛起来，造成一座小小的新坟，一面是埋藏，一面也是留恋。至于不远的踏成平地，那是不想管，也无从管了。”

在《坟·写在“坟”后面》中，他又说：“人生多苦辛，而人们有时却极容易得到安慰……当呼吸还在时，只要是自己的，我有时却也喜欢将陈迹收存起来，明知不值一文，总不能绝无眷恋，集杂文而名之曰坟……只是在自己，却还不能毅然将它毁灭，还想借此暂时看看死去生活的余痕。”

写这个“纪事”的原因之一，也如鲁迅所说的，只是为了埋藏自己的五十年，虽然这五十年对别人来说分文不值，对自己也是一个“小坟”。第二是在“文化大革命”中有过两年多的“隔离反省”，认真地回忆了过去，又有三年多的空闲时间，为了不使时间空过去，或者为了空过时间，才将这些无聊的回忆，又无聊地记下来。

毛主席曾说过，我们的队伍中有些是“幸存者”，我也属于这类人，但各人情况不完全相同。在动荡年代人真是太容易死了。许多因素会使人死去，有许多因素使人“危在旦夕”，但也有偶然的因素使人“转危为安”。这样才有“幸存者”。我完全没有想到，自己的一生竟然能经历过这么多，这么长的厄运；而在长期的厄运中更未想到还能回国，还能活到六十多岁，而且现在还相对地“健在”，还要再活几年。这也就有几毫克的分量，使自己在无聊中将无聊的事记留下来。现在我的记忆力已在递减，并以几何级数的速度逐步衰减，再不记下来，恐怕连这最简单的往事也无法记留了。

我在自己长期的厄运中，也曾不只一次地想“自己结果自己”，因为有时想起那样活着太没有意思了。但有时又想着，如果自己死了，别人给自己贴的标签，将永远遗留下去，也许有更坏的，也无法去分辩了，未免太对不起自己了。为了等待一个水落石出，弄清是非，只有留下来才行。这也给我一点信心和勇气，这是能够得以幸存下来的原因之一。

既然是“纪事”，主要就是记事实，也有些思想活动，包括错事和谬误的思想。自我记述，既不愿把自己说成是什么人物，也不能说成“坏家伙”。但自己可以肯定地说一句，几十年来未做过坏事，也未想做过。扪心自问也好，深夜自思也好，还觉得对得起自己。错事呢？那就难免了，正如一般“凡人”一样。所以想尽可能如实地记下来。

遗漏的事也可能有，因为时间久了；但大的，主要的是不会漏的。有的人名、地名、时间，难免会稍有出入，但误差不会太大。

“纪事”中有一些即兴的诗句，这也是本人的爱好，多少反映了当时的思想活动，也算是说明历史陈迹的补遗吧！

马员生 1973 年春

/马员生//旅苏纪事，p. 1 – 3

从提意见到学潮，从学潮到江浙派，从江浙派到反对派，从反对派到托派。这一时期的史实与事实，结论与反思，极为宝贵。因为，这一代人的命运具有寓言性。

我们万分感谢马员生伯伯留下这些价值连城的文字，不，是无价之宝！

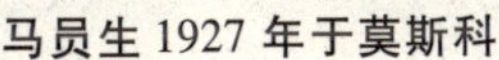
马员生 1927 年于莫斯科

东大学潮的五位群众领袖除父亲朱代杰外：马员生见上文；鲁易回国后 1932 年在洪湖苏区被俘牺牲；童庸生 1932 年 1 月回国，同年 3 月与罗世文在从上海乘船返回四川的途中失踪；李侠公 1930 年 10 月回国，被捕，出狱后脱党，第二次国共合作任中央设计委员，1949 年 10 月任政务院参事，1950 年 7 月回贵州省任职，1994 年去世。

1927 年，我在莫斯科东方大学学习期间，因为学潮问题，认识了在列宁学院的刘仁静。当时，他支持东大同学的"反官僚主义"（反"旅莫支部"的官僚作风）活动，颇有正义感，我们就成了朋友。他比我大 7 岁，见多识广，因支持东大同学，被学校当局上报共产国际，成了被打击的"反对派"。学潮的结果是"各打五十板"——"旅莫支部"被撤销，负责人武和景（即武胡景）等被遣送回国；改善了学习环境（增加俄文教师、在图书馆允准学习马列原著、对中国同学平等讲解……）等。同时也惩罚领头闹学潮上访的人，开革五名同学：两人改送列宁学院学习，三人远遣列宁格勒的军政学校。调到列宁学院的两名同学朱代杰和马员生都与我友好，我就时常去列宁学院访谈，由此也与刘仁静熟知了。

据朱代杰介绍说：刘仁静是个雄辩家，他谈锋甚健，洞察事理，每有争论必滔滔不绝，从不服输。他是党的一大13个代表中较年轻的，当时只有19岁，但初生牛犊不怕虎，敢于和李汉俊争辩。又知道，刘仁静在北京大学受教于李大钊，钻研马克思主义，曾与自由主义、国粹派和改良主义、无政府主义的辩士黄警魂等人论战，引"马克思说"为据，批判了谬论，因此在北大获得"小马克思"诨号。他还是"五四"游行的带头人之一。

/陆立之//我所知道的刘仁静

东大的中国班级有二三百人，最早一期的老前辈刘少奇、任弼时、罗亦农等回国了；第二期的张际春、李富春、吴季严、李侠公、朱代杰等还在学习；我与蔡泽民等属第三期。

/陆立之//谁主沉浮，p. 70

学潮的带头人是支部委员李侠公，他看不惯"旅莫支部"的武和景等人的工作作风，反戈一击，站在群众一边，结合朱代杰、童庸生、鲁易、马员生等人掀起了反官僚主义学潮。……开除了五个：参加北伐，曾是军级党代表的朱代杰；鲁易，师级党代表；童庸生，教师；马员生，学生。

/陆立之//谁主沉浮，p. 72

对原定开除五人决定作废，改为调离。朱代杰、马员生调列宁学院学习，李侠公、童庸生、鲁易三人调列宁格勒的军政学校学习。

/陆立之//谁主沉浮，p. 73

米夫、王明一伙制定了一石两鸟的策略：既取消“旅莫支部”，将武和景、侯玉兰遣送回国，由王明、博古一伙人接收权力，并将它移植于中山大学。同时，借此将东大的中国班裁撤并入孙大，顺便驱逐了学潮的带头人李侠公、朱代杰等人。

/陆立之//谁主沉浮，p. 94

关于陆立之，林昙的博客上有介绍：

百岁老人陆立之

最近，我到安徽滁州走访了百岁老人陆立之。

陆老今年，即2009年9月3日将达百岁，他的夫人王师正90岁，今年还是他们夫妇结婚60周年钻石婚纪念。

陆老曾受领导于周恩来、徐梅坤、参加过五卅、“四一二”运动，留学前苏联，与蒋经国等同学，曾被王明中央开除，后接受周恩来的指示在敌后做策反工作，是淮海战役初张克侠起义的联络人（张曾给他出过证明）。

陆老是陈洁如养女婿陆久之的胞弟，一大代表刘仁静是其妹婿，与历史诸多著名人物皆有来往，三遭灾祸（王明、饶漱石、江青），是那段历史活着的见证人。

陆老目前虽为滁州市政协委员，但国家所发生活费仅有每月600元零7毛，夫人与之相同。他们因自1950年起，夫妻两人轮流入狱21年，出狱后已经过了生育年龄，所以，膝下无子女。国家目前是按1975年恢复统战政策时三项措施中，第三项：转业安置原国民党县团级以上军政人员的方法被安置于安徽滁洲的。

陆老被安置到滁洲时已经66岁，所以没有单位。他们的亲友都远在上海、北京等地，无法照顾他们。以至于虽有当地政协协助安排的一名保姆定时照顾（他们付200元，政协帮助保姆办理了一个低保名额），但90岁的老夫人还要自己动手做早晚饭，洗衣服。老人们的衣服基本是老夫人自己动手做的，生活颇为艰难。

两位老人自尊心很强，不愿意接受朋友的接济，目前又面临住房随时可能被拆迁需要补差费用的窘境，心内十分不安。两位老人曾上书统战部长要求适当照顾，统战部批示地方妥为解决，但地方上却没有相应的政策能与老人的情况相适应，所以，无从解决。大约是这样的情况目前还健在的人数已经很少，所以难有相应政策出台。

老人所写《谁主沉浮——沧桑九十年实录》一书，记录了诸多老人亲历的历史事实，书虽由文史出版社出版，但仅发行1000册，根本没有稿费。

我于这里单开一陆老专栏，将陆续转载他所写文字，以供后人研究参考。

我也衷心祝愿老人幸福长寿。

也但愿国家能早日出台相关政策，解救两位老人的困难生活。

//林昙博客

刘仁静和夫人陆慎之

刘仁静、陆立之 1983 年在北京

李侠公在苏联学习时怎样反旅莫支部，他是否加入托派：

“旅莫支部”这个名词，我是1927年冬到达莫斯科后才听说的。究竟该支部是哪些人负责，以及支部工作怎样作法，我都不清楚。

我到达莫斯科东方大学后，该校专为中国革命的需要附设的军事班（都是1927年“四·一二”蒋介石叛变后在江浙一带呆不下去的中共工人同志，约500人左右）。发生过风潮，时在1927年年底。大约在1928年3、4月间，东方大学政治班中国学生发生所谓反旅莫支部的斗争，即反对当时东方大学中国党支部负责者武和景等的斗争，听说武和景等是旅莫支部的……

据我当时所得的消息是，他们不满意当时的教育情况，认为党支部负责者和苏联当局没有注意并压抑了他们，在校争吵、争辩。在斗争过程中，党支部和反对的两方面都有人找我谈话。反对党支部的，有些是我以前在国内认识的，如鲁易、罗汉、张际春、贺兴洋、朱代杰、李侠公、丁郁以及和我同到莫斯科的同班同学季达材等。他们说学校教育怎样不对，党支部怎样不对……

党支部方面（我原来都不认识）武和景（自渝注：王凡西回忆录中称武扶经）、法云庭、朱秀英、吴先清等说反对方面的人如何不对。反对党支部的人，虽然以前认识的多，但因初到，对他们提出的问题不了解，所以我最后表态仍是站在党支部方面。

在斗争过程中，鲁易、罗汉、张际春、贺兴洋、朱代杰、李侠公似乎表现都是积极的，在墙报上常看到朱代杰、李侠公等写的文章（具体内容已忘记）。这次斗争，直到中共第六次代表大会后，李侠公等送到列宁格勒军事政治学院，朱代杰送到列宁学院，东方大学中国班和原中山大学合并，改为共产主义中国大学时才算结局（大约已是1928年秋。）李侠公到列宁格勒后的情况便不清楚了。

//谢宣渠文档·关于李侠公的情况

父亲去列宁学院是3月；六大是6月－7月。上述时间有误。

东方大学的中国学生于一九二八年年初都陆续编入孙大，因为国民党的学生都被送回国，孙大也就成为中国共产党党校，故东大的学生也都编入孙大上课，可是，原在东大的一班老学生，如罗汉、鲁易、朱代杰、严明杰（福建人，回国后投入戴笠部下）、吴季严、张际春（黄埔一期学生，后转入莫斯科陆大，与刘伯承等同期受训，中共取得大陆政权后，任重庆卫戍司令）等人仍留在东大，到了一九二八年三月间，这批东大的老学生或回国（如罗汉），或送到列宁学院，或送到陆大。其余新来的学生一概转入孙大上课。

一九二八年是莫斯科中国学生最不安定的一个时期，在党内有斯大林与托洛斯基对中国问题之争，这一问题也反映到孙大列宁学院，以及东大的学生之中。陈绍禹一派代表斯大林的正统派，他们是以二十八个布尔什维克而著名，其余的则为中立派和以刘仁静为首的托洛斯基派。由于学生中发生了分化，除了陈绍禹一派在一九二九年以后多留在莫斯科之外，其余的学生，一部分送回中国，一部分被送往西伯利亚参加苏联的生产工作。被送往西伯利亚的同学，多半是认为思想有问题的。如刘仁寿（刘仁静的胞弟）、綦树功（东北人，与我们同时派往东大任翻译工作），这些人后来既没有回国，而且下落不明。

原在东大的学生，或回国（张际春、罗汉、鲁易、严明杰、吴季俨）或转学到列宁学院（朱代杰），其余的全部转入孙大，我们由孙大派到东大任翻译工作的四个人，綦树功以托洛斯基派的关系被派往西伯利亚，云泽（乌兰夫）、薛萼果返回中国，我随东大同学仍回孙大。

/高理文//乱世余生

《传记文学》对高理文的介绍：

高理文先生，名素明，理文其字也，一九〇七年生于湖北。早岁参加中共，后赴俄留学，与蒋经国在俄同学，归国后追随蒋经国，在新赣南工作，后随蒋在上海“打老虎”，来台湾任职中央信托局，现定居美国。作者一生惊险曲折，所经历诸事亦颇富史料价值，承王琰如女士转介本刊发表，以飨读者。

（1926年9月前后）我入学（苏联国际列宁学院）时才发现蔡和森也在这里学习。不久蔡和森奉调回国，列宁学院又只剩我一个中国学生了。后来，随着形势的变化、学院的扩大，又陆续由国内以及中山大学等处调来几个中国学生。他们是吴玉章、董必武、朱大（代）杰、彭泽湘、阮仲一、周达明、马员生等人。

/刘仁静 曹仲彬//刘仁静谈会见托洛茨基的经过

格伯乌秘密检查了蒋经国等人的来往信件真找出了不少证据。

3月底，格伯乌的米利斯就对“江浙同乡会”的调查提出了书面报告，并在共产国际东方部召开的会议上宣布，声称有111－130名中国学生参与了“江浙同乡会”的活动，他们已经收到了130份各种揭发检举的材料。当然，他们认为，这多数中国学生还是教育问题，关键是8名首要分子必须严惩。他们是：

1. 蒋经国（中央总书记）、2. 朱务善、3. 朱代杰、4. 卢贻松、5. 刘仁寿、6. 黄仲美、7. 周策、8. 陈启科。

/邱路//蒋经国险遭枪毙

4. 江浙同乡会的组织成分

自然关于这一问题，KPU的材料以及群众中的意见有不尽可以作为根据的。为将这一小组织硬要与国内党的生活牵连到一起且作出不正确结论，将凡是在政治上表示过错误意见（如刘仁静等）或是组织上有过错误（如孙大党的生活中站在第二条路线的或是参加东大风潮的）的人都算作江浙同乡会分子或其他嫌疑人，这是不能使中共代表团同意的。

我们现在提到他的分子，只能依据实际的材料指出：蒋经国、陆贻松（卢贻松）、朱茂榛、周策、刘仁寿、胡士杰、刘宜山、张师、尤赤、郭景惇、甘青山、黄仲美十二人是有直接证据参加互助会的秘密组织的，俞秀松则犯有重大嫌疑的，曾肇时、薛萼果（在东大翻译室会谈的事便是指他的地方，薛当日回答是在他那里烧鸡吃）、陈启科（李沛泽所见会谈地方是在陈启科处）、董亦湘、西门中华、潘锡朋是犯有嫌疑的，其他的自然还有，因为无直接证据或间接嫌疑故无法指出。又KPU所举的积极分子二十二人与我们所指的有些出入，我们曾要求KPU将他们积极的事证举出，但未能答复。

//1928年8月15日驻共产国际中共代表团书记关于处理江浙同乡会事件的意见和提案给联共中央政治局的报告，中央档案馆，档号：310：28：2

从上条可分析出，父亲参加了东大风潮，但未被中共代表团算作江浙同乡会分子，所以，3 月底格伯乌拿出的八名首要分子，父亲位居第三，但8月15 报告最后的十二人名单中没有出现朱代杰。但仍被定性为“组织上有过错误”，因此，东大学潮五大领袖此后均被抛弃。

中央档案馆摘抄材料专用纸 310:28:2

驻共产国际中共代表团书记关于处理江浙同乡会事件的意见和报告给联共中央政治局的报告

1928.8.15

、、、、、

4. 江浙同乡会的组织成分

所有关于这一问题KPU的材料以及对江中的意见有不尽可以作为根据的。为此这一小组织不应要与团内党的政治路线联在一起作出不正确结论。将凡是在政治上表示过错误意见（如刘仁静等）或是组织上有过错误（如一切大党的政治中说在第二条路线的或是参加东大风潮的）的人都算作江浙同乡会分子或其他嫌疑人，这是不能

1 页

中央档案馆摘抄材料专用纸 310:28:2

使中共代表团同意的。

我们认为在根据他们分子，只能依据实际的材料指出蒋经国、陈以松、朱茂榛、周策、刘仁寿、胡士杰、刘宜山、张师、尤赤、郭景淳、甘青山、黄仲美十二人是有直接证据参加互助会的秘密组织的，而参加的犯有重大嫌疑的，当这时，薛萼菜（在东大翻译室会谈的了便是指他的地方，薛的当日回答是在他那里烧鸡吃）陈启科（李伟俸所见会谈地方是在陈启科处）、董亦湘、西门中华、卢锡明是犯有嫌疑的，只他们自己否认，因为无直接证据或间接嫌疑，故无法指出。又KP.U.所查的积极分子二十人与我们所指的有些出入，我们曾要求他们将他们积极分子证据书，但未能答复。

2页

Yuansheng（马员生）was the first to become interested in Liu's propaganda. Ma . . .

*//www. muse. uq. edu. au/journals/twentiethcentury_china/. . . /*33. 2. *pantov.*

因东方大学的学潮和所谓的“江浙同乡会”伤害并影响了父亲的一生，所以下面摘录杨奎松先生的文章（原文四万多字），以大致了解该运动的情况。

杨奎松先生是研究中共党史的专家，他的论文，是在研读了大量苏联解密档案后完成的，正好与马员生的《旅苏纪事》互见互证。

这是发生在二十年代大革命失败前后的一次引人注目的历史事件，它伤害了很多人，包括一些很有才华的、已经很有名气的共产党人。这是中国共产党有史以来所发生的第一次“政治运动”——大揭发、大批判、大检举、大鸣、大放、大字报、大辩论，它几乎可以被视做后来历次政治运动的一个缩影。然而，它更多的却是中国人自己的创造。

时至今日，知道这件事的人已经寥寥无几了。因为，它当年不是发生在中国，而是发生在俄国，发生在留学莫斯科的近千名中国学生的中间。我们今天重新提起它，不仅仅是因为它同样造成了严重的政治伤害，同样在中共历史上留下了难以消除的沉重阴影，而是因为我们过去对这一事件的了解，差不多都是来自于当年少数亲历人支零破碎、心态各异的回忆，因此我们关于这一事件的知识，始终也只能是道听途说、影影绰绰，甚至是相互矛盾的。如今，当我们有机会进入前苏共中央党务档案馆，逐件查阅俄国人保存下来的有关这一事件的大量文献档案的时候，我们终于可以说，我们已经基本上弄清楚了这一事件的来龙去脉。……

1927 年十一月底，在一年一度的支部工作年度总结大会上，许多学生尖锐批评党务和教务方面的工作脱离实际，指责支部领导人员从未接触过中国的实际革命斗争，拿着高工资养尊处优，至今奉行的仍是旅莫支部那一套，可支部委员会却反过来批评部分学生中存在严重的失败主义情绪和自由主义倾向。总结大会的风波还未平息，12 月中国广州公社暴动失败，东大年轻学员马员生向学校墙报投稿，题目是《中国革命失败了，我们怎么办?》。在这篇短文中，马员生宣称："马克斯在巴黎公社失败后，因在巴黎伦敦图书馆仔细研读，才完成马克斯主义。列宁在一九〇五年俄国革命失败后，也是在巴黎图书馆学习了一遍，因此才完成了列宁主义。所以我们应在国内同志前赴后继牺牲头颅的时候，硬着头皮读一点书。"支部委员会立即抓住此文大做文章，专门组织了一期墙报，公开称马员生的观点为"取消主义"。此举再度引发了中国学生之间的意见冲突，以李侠公、朱代杰、鲁易、童庸生等曾担任过国民革命军高级党代表等重要职务的一些学生迅速站出来，严厉批评支部委员会，并明确提出了反对旅莫支部残余的口号。……

结果，苏共中央、共产国际东方部和中共代表团联合组织了一个特别委员会，并派工作组到东方大学，调查处理此一事件。因东方大学校方坚持不承认自己工作上的错误，致使委员会的决议未能实行。最后苏共中央解散了特别委员会，直接派人处理此事，其解决办法是："（一）撤换教务主任，以后注意供给各项材料；（二）党的路线并无所谓机会主义，但在工作上确有缺点和错误，因此党的负责人武胡景、黄士嘉、刘明俨、宗锡钧同志均须调开东大；（三）群众领袖如鲁易、李侠公、马员生、朱代杰、童庸生五位同志亦犯有错误，因此也须调开东大。但结果只是在表面上执行了这桩决议，事实上则完全不似一种处罚，直然是一种奖励。鲁、李、童三同志都送在（往）党的最高学校——中央军事政治学校，马、朱两同志亦升入列宁学院。”“至于党的负责同志四人，本决定离开东大便送回中国，但……他们还留在苏联。”……

“江浙同乡会”事件究竟是怎样发生的？关于这一点，有必要看一看刚刚在中共六大上当选为总书记的向忠发 1928 年 7 月 14 日向中共代表团所作的报告。……

由上述情况可以看出，与诸多回忆和著作中所说的不同，第一，所谓“江浙同乡会”事件并非有人蓄意“制造”，关于“江浙同乡会”或“储金互助会”的传闻多半久已有之，但在向忠发调查中国学生派别情况之前，此事仅仅是传闻而已。第二，把有关“江浙同乡会”或“储金互助会”的传闻当成重大政治事件，极力鼓动共产国际东方部追查者，实为向忠发，既非米夫，也非陈绍禹（即王明）。不仅如此，既然米夫迟至 1928 年 1 月底尚不了解有关“江浙同乡会”的问题，可知作为米夫“亲信”的陈绍禹，也并非那个向向忠发介绍或者“制造”此传闻的“中国同志”。事实上，这位“中国同志”的名字叫郑家康，周恩来后来曾提到过他的名字，并指出他当时正在苏联格伯乌（苏联国家政治保卫局）工作，专门负责华人方面的情报侦察工作，而他的妻子安娥正好又是中大学生。这也就是为什么他能够最先了解这些情况，并把问题讲得那样严重。

一周之后，当米夫专门请米利斯前来共产国际东方部向共产国际有关部门和中共代表团报告调查结果时，米利斯的报告又有变化。他宣布，根据他们目前掌握的情报，至少有一百十一至一百三十个中国学生参与了“江浙同乡会”的活动，而他们搜集到的各种材料也已经有一百三十份之多。而当向忠发索要这些人员的名单时，米利斯却一口回绝了，声称这并非一个简单的问题，还有许多工作要做，多数人只是教育问题。最后，米利斯只提供了据说是证据确凿的八个首要分子的名单。这就是：

1、蒋经国（中央总书记） 2、朱务善 3、朱代杰 4、卢贻松 5、刘仁寿 6、黄仲美 7、周策 8、陈启科

……

但是，在苏共中央监委以及格伯乌等各苏联有关部门已经根本上否定了这一事件之后，中共代表团自己要想单方面地继续追查下去，或是坚持对上百名受嫌疑的学生进行处罚，显而易见是不大可能的。何况，通过雅罗斯列夫斯基的报告和联席会议的讨论，周恩来等人也清楚地意识到，前此向忠发等人和格伯乌用来为所谓“江浙同乡会”及其嫌疑者定案的种种证据，确实很难完全成立。自己无论如何不能指望，苏共中央政治局会支持自己建立在过去那些“证据”基础上所得出来的结论。因此，中共代表团不能不在两方面作出重要的妥协。……

当然，还是得庆幸受到“江浙同乡会”事件牵连的这些中国学生赶上了一个好时候。这个时候斯大林还没有变得像后来那样多疑，苏联也尚未开始搞肃反，对反对派也还未大开杀戒，因此，苏共领导人看上去比中共领导人还要清醒许多，从而使得这次被怀疑和处分的

那些中国学生，包括俞秀松等，一时多半都得到了解脱。但既然没有人宣布“江浙同乡会”事实上并不存在，中共代表团既然拒绝为一切嫌疑分子解除嫌疑恢复名誉，陈绍禹一派整人者仍可以而且必须要利用这根大棒子打人，在其视力范围所及的那些被嫌疑者也就永远也脱不了干系。一旦有个风吹草动，或新的运动来临，他们必将首当其冲。

/杨奎松//中共历史上最早的政治运动——“江浙同乡会”事件始末

杨奎松文章中提到的被卷入“江浙同乡会”的共产党人大多厄运缠身，下面简单介绍一下左权和俞秀松：

1942年5月25日，抗战中的八路军首长、人称“朱彭左”之一的八路军副总参谋长左权将军，在山西辽县（后易名为左权县）麻田反“扫荡”战斗中与日军激战，突围时不幸遭炮击壮烈殉国。

左权将军是八年抗战中牺牲的中共最高级别的将领，他的英名永世长存。然而，仔细推敲左权将军的壮烈殉国，似乎有些蹊跷。他的战友回忆：左权是在部队突围中牺牲的，可是他在敌人炮火的猛烈轰击下，一再叮嘱战友卧倒，自己却依然继续前进，旁边也没有一个卫兵，结果他被日军的炮弹击中头部，壮烈牺牲。事后，彭德怀将军也不解地发问：当时日军向麻田十字岭我方发射了三枚炮弹，作为训练有素的高级指挥官，左权应该完全能辨别出炮弹飞行的声音和角度，但是他没有躲避。这是为什么？难道左权将军是想不惜以自己的死来说明什么吗？

在左权牺牲之前的1941年11月，他有一封致中共中央和毛泽东的申诉书，那是他流着泪写的，信中倾诉了那后来令他决然以死相向的不平。他说："我在1932年曾受过党的留党察看处分一次，那是因为在肃反当中被反革命托派的陷害及调阅工作时遗落托陈取消派文件一份……这是个错误，也是个疏忽，愿受应有的处分。唯被托派陷害一事，痛感为我党的生活中最大的耻辱，实不甘心。但当时中央书记处他们未发觉，虽是曾一再向党声明，亦无法为党相信……迄今已经10年了，不白之冤仍未洗去，我实无时不处于极端的痛苦过程之中。回溯我1925年2月在广州入党，那年冬即赴莫斯科。1930年6月回国，同年9月入苏区，直到现在已将近17年了……总以为真金不怕火炼，党有工作给我做，在斗争中工作中表白这不白之冤，自有水落石出之一日，以此安慰自己。现在我觉得不应该再忍受下去了，故向党提出要求，请将我的问题做结论，洗涤这一不白之冤，取消对我留党察看的处分。我再以布尔什维克的真诚坦白向党声明：我没有参加过小组织活动，我与反革命托派无论在政治上组织上均无任何相同之点，无任何组织关系。我可以向党担保，我是一个好的中国共产党员，希中央讨论答复。"

/散木//左权之死与"托派"嫌疑

向忠发、王明早已不在中央，为什么他们制造的冤案阴魂不散！

俞秀松（1899～1939），浙江诸暨人，1920年8月加入共产党。是上海党小组最年轻的发起人，中国社会主义青年团的创建人，他曾送刘少奇、任弼时等一批批团员赴苏留学。

1925年，中共中央选派103人赴苏留学，由俞秀松率领。陈独秀命俞为临时委员会书记。当时斯大林为支援中国革命，开办莫斯科中山大学，为中国培养干部。

当时，既非党员又非团员的王明和俞秀松同班。1926 年，王明成为米夫的翻译。

1927 年之后，学校变得不平静。当时托洛茨基认为，斯大林应该为中国大革命失败负责。中山大学的托派开始去红场，举行反对斯大林的游行。

中共代表团不少人在学校教务处帮忙。王明利用和米夫的关系，借机反对中共代表团。俞秀松受中共旅莫支部委托，几次找王明谈话。王明则向米夫汇报，称俞秀松等几名浙江人组织“江浙同乡会”，称这是一个封建的反党组织。学校调查后，认为指控不实。

1935 年，亲共的新疆督办盛世才，希望苏联支援建设。盛是中华民国陆军上将，控制着新疆的政治和军事。苏共为此派出 25 人，支援新疆，俞秀松为组长。临行前，斯大林接见了俞秀松。

俞秀松到新疆后，出任“省立一中”校长和新疆学院院长，并担任反帝联合会（简称反帝总会）秘书长。盛世才还将其妹盛世同，嫁给俞秀松。

俞秀松在新疆威望日益增高。盛世才岳父邱宗凌在伊犁河任警备部司令时，违法乱纪、谋财害命。俞秀松查办此案。邱宗凌遂被撤职。

1937 年，苏联派的干部渐渐得不到盛世才的信任。那年 11 月 14 日，已是共产国际常委的王明回延安，途经新疆，告诉盛世才，援疆 25 人皆为托派。

回延安后，王明等又在《解放》杂志、苏联《真理报》、巴黎

《救国时报》上称俞秀松等为托洛茨基匪徒。1938 年，苏联进行肃反，将俞秀松押回莫斯科，于次年枪毙。

1962 年 5 月 15 日，俞秀松被政府追认为烈士。

1983 年 8 月，《人民日报》、《中国青年报》发表纪念文章，评价了俞秀松烈士生前在建党、建团，培养中共高级干部，推进中国革命中所作出的贡献，恢复了俞秀松在党内和共青团内的历史地位。

俞秀松至今仍被埋在莫斯科，由于是和许多政治犯集体火化，尸骨无法查证。坟地处有块俄文墓碑，写着：这里埋葬着无辜蒙难者及受政治迫害而枪决的牺牲者们的遗骨，1930 年—1942 年，永垂不朽。

/周亦楣 闫宏//俞秀松：革命年代被吞噬的勇者

与中国的托派比较，托洛茨基本人更具悲剧性。我们对托派没有研究，下面节录几段马长虹的文章。

斯大林为首的官僚机器否决了托洛茨基在经济建设道路、党内民主、国际共产主义运动、中国革命问题等等领域的理论和提案，并发动了持续数年的、一连串的批判托洛茨基的运动，最终于 1926 年褫夺了托洛茨基政治局委员的职务，并将其逐出中央委员会。托洛茨基在党的最高委员会上作最后陈词时警告各派说：斯大林的目的就是要消灭所有的反对派；而且，他在一片嘲笑叫骂声中，预言将有一系列血腥清洗，说其中不仅他自己的支持者，而且多数布哈林分子甚至斯大林分子都将遭到灭顶之灾；他相信斯大林的胜利是短命的，而斯大林体制将会突然垮台，彻底崩溃，因为眼前的胜利过分依赖暴力。很不幸，历史让托洛茨基成为了先知：斯大林30年代的“大清洗”，将他的所有对手和盟友，通通送上了断头台；1991年，苏联解体。而预言了这一切的托洛茨基1927年11月14日被开除出党，罪名是“挑起反革命示威游行和实际上煽动叛乱”。1929年1月20日，托洛茨基被“驱逐出苏联国境”。1940年8月20日，托洛茨基在墨西哥被刺客用冰镐暗杀。

关于对托洛茨基的评价问题，国内外都是颇有一番曲折。

在斯大林统治时期和斯大林以后的苏联以及后来建立的社会主义国家中，托洛茨基一直被当成反革命来丑化。在革命的旗号下，斯大林对托洛茨基的歪曲无所不用其极，托洛茨基的著作被严厉禁止，阅读、传播托洛茨基著作者按反革命论处，被判处死刑、流放，最轻的也要监禁几年。这种情况一直延续到上世纪80年代末，苏联开始为30年代“大清洗”中的冤案平反。就在托洛茨基即将迎来公正评价之时，苏联解体了。因此，苏联未能就托洛茨基平反做出一个正式的“官方结论”，可谓是不了了之。

/马长虹//中共对托洛茨基评价的转变

关于父亲是不是托派，有许多版本：

东方大学同情或加入苏联托派的有：马员生、孟炳昶、王文元、吴季严、彭桂生、江尚师、赵济、朱代杰、严明杰、段子亮、刘胤、罗汉、濮德志、陆梦衣、王平一、李平、徐乃达等。

/唐宝林//中国托派史

唐宝林所说不妥，同情或加入，性质截然不同；另外，李平等是中山大学的。

这一时期中国留学生托洛茨基反对派的人数有所增加，截至1929年末，中大托派成员人数已达到80人，另有几十名同情者。除此之外，莫斯科其他院校也有若干托派小组织活动，其中人数最多的是莫斯科步兵学校，为10－15人，由鲁也参领导；列宁学院的托派成员为马员生和朱代杰，他们都通过由贾重周和李平领导的“秘书处”与中大的托派组织保持联系。……

调查委员会开始锁定名单上的重点成员，进行单独讯问，施加压力。在这场考验意志的较量中，莫斯科中山大学托派领导层重要成员赵言轻首先败阵。1930年1月21日，赵言轻（俄文名：基巴索夫）向中山大学党支部自首并提交一份“自白书”。在“自白书”中，赵言轻列出莫斯科中山大学托洛茨基反对派成员60人（其中包括王凡西、刘胤、赵济、肖长宾等已经回国的托派成员）以及列宁学院的托派成员马员生、步兵学校托派分子鲁也参和李晓声等人。1930年1月28日，赵言轻完成所有的供述后在寝室自缢身亡。

为什么要乱咬出60个人而后再自杀呢？

赵言轻的供述及自杀在中山大学引起非常大的反响，成为中国留学生托洛茨基反对派彻底崩溃的开始。此后不久，中国留学生托洛茨基反对派“最高委员会”另一名成员李平自首，他向调查委员会提供了一份更为准确的名单，共88人，包括托派骨干分子、活跃分子、同情者以及受托洛茨基思想影响的学员。至此，已经秘密活动两年半的中山大学托洛茨基反对派组织完全“浮出水面”。1930 年 2 月 8 日和 10 日，“格别乌”开始根据赵言轻和李平提供的名单分批抓捕中国留学生托洛茨基反对派成员。第一批共逮捕 25 人，包括安福、卞福林、万志凌、谭伯龄、范文惠、季达才、王文怀、贾重周、胡鹏举、邱济成、张崇德、赵一帆、方绍原、刘贺声、江淮安、荣力、李一凡、唐有章、江翼谋、鲁也参、李晓声、李石勒等。此后不久，王靖涛、黄菊、马员生、潘树人、邱庆臣、李子白、刘寒冰等 11 人被捕。1930 年 7 月 20 日，由索里茨（А・А・Сольц）、安加雷蒂斯、特利里塞尔（М・А・Три-лиссер）、别尔津和阿尔图佐夫（А・Х・Артузов）和基萨诺娃组成的特别委员会对中国留学生托派分子判决如下：

邱庆臣、李子白、赵一帆、方绍原、范文惠、刘寒冰、胡鹏举、刘贺声、马员生 9 人判处 5 年劳改；江淮安、张崇德、荣力、李石勒 4 人判处 3 年劳改；

安福、谭伯龄、王靖涛、李一凡、唐有章、江翼谋等人分别被判处 1－3 年劳改；

部分托派成员被下放到工厂：万志凌、黄菊等人到伊万诺沃（Г・Иваново）、季达才到下诺夫哥罗德（Г・НижнийНовгород）的工厂进行强制性劳动。

李平因为“认识错误比较深刻并揭发中国劳动者共产主义大学、列宁学院以及其他军事院校的托派组织”而免于刑事处罚。

至此，中国留学生中的托洛茨基反对派组织完全瓦解。……

对留苏教育的影响。由于中国留学生托洛茨基反对派的活动而导致了苏共对中国留学生采取行动，整肃托派成员，这次清洗由于苏联当局的官僚主义以及中国留学生内部矛盾斗争而导致扩大化，其结果是中国留学生最集中的莫斯科中山大学在校的党员学生有60余人被捕，70－80人被开除党籍，其余的多数党员分别受到不同程度的党内纪律处分，团员则几乎全部被开除团籍，侥幸没有被牵连的中国留学生也心有余悸，无心学习，莫斯科中山大学的党团组织全部被摧毁，中国留学生管理工作几乎陷于瘫痪。

1929年12月16日，联共（布）中央书记处召开会议，以基萨诺娃为首的中山大学调查委员会提议停办中山大学，他们所提出的理由之一就是清党后的中山大学只剩下300余人，其中70%的学生患有神经性疾病和肺病，中山大学已经失去独立存在的意义。1930年2月25日，联共（布）中央政治局会议做出决定，关闭中山大学。由此标志着20世纪20年代留学苏联运动的结束，而中国留学生托洛茨基反对派的活动正是导致这一结果的主要原因之一。

/张泽宇//中国留苏学员托洛茨基反对派始末

按张泽宇的说法，父亲在1929年末，为列宁学院的托派成员；但1930年1月21日，赵言轻向中山大学党支部自首并提交的“自白书”中，列宁学院的托派成员只有马员生，没有朱代杰。

1926年我在上海团中央工作时，曾向党中央和总书记陈独秀表示，感觉工作任务重、关系复杂、自己能力不够，有些难以胜任。于是，陈独秀就考虑派我到莫斯科学习，增强我的工作能力和本领。……到9月前后，党中央正式通知我赴苏学习。和我一同赴苏学习的人都是党培养的对象，大约20人左右，属于党的干部，我记得的有两个人，一个叫顾顺章，另一个叫罗汉（又名罗雪岑）；青年学生较多，如陈赓、秦邦宪（博古）、张安仁（仲实）、鲁易，李伯钊等等。我们先坐船从上海到海参崴，再由海参崴乘火车赴莫斯科。到达后只有我一人进入国际列宁学院，其他人分别进入中山大学、军事学院等院校。

国际列宁学院，坐落在莫斯科市内离普希金广场不远的厨子街（后改名为伏洛夫斯基街），是专为培养各国党的高级干部而设立的。学院规模不大，全院学生约百余人，只有一幢不大的楼房。不过后来又在校旁空地上进行扩建，一年多后，建成了一幢五层大楼，我们许多人都搬进了新大楼。

这个学院的院长叫基尔莎诺娃，苏联人，是当时联共中央监察委员会主席雅罗斯拉夫斯基的夫人。记得当时学院开设的课程有：《列宁主义》、《俄共党史》、《西欧工人运动史》、《政治经济学》、《哲学》、《俄语》等。

我入学时才发现蔡和森也在这里学习。不久蔡和森奉调回国，列宁学院又只剩我一个中国学生了。后来，随着形势的变化、学院的扩大，又陆续由国内以及中山大学等处调来几个中国学生。他们是吴玉章、董必武、朱大（代）杰、彭泽湘、阮仲一、周达明、马员生等人。

国际列宁学院，学习组织得较正规，平常以自学为主，讲授为辅；而各种小组讨论、问题解答、专题讲座之类的形式也应有尽有，有时还邀请联共中央领导同志来讲课。可惜学院未抓联系实际这个根本环节，没有提出如何把列宁主义结合于本国实际。国际列宁学院的学习，实际上只有死啃书本，学些一般的历史和经济常识，显得死气沉沉。现在回想我在这段学习中的收获，只能说最大的收获是学会俄文。

国际列宁学院是一个专门提高思想认识和加强党性的学校，列宁学院并没有托派组织。在党校中学习两年多后，我思想有很大转变，倾向托派，这是很值得深思的。问题当然首先是出在我自己的思想上，但是也必须看到还有一定的内因。……

/刘仁静 曹仲彬//刘仁静谈会见托洛茨基的经过

按刘仁静说，列宁学院没有托派组织，他本人在苏联也没有加入该组织。如是，马员生的托派存疑。

北平的托派组织最早是“我们的话”派建立华北区，1929 年建立了北平托派支部。统一大会后，“我们的话”派北平支部就归属于中国共产党左派反对派。北平支部的托派大多数人是大学师生。

统一大会后建立北方区委员会，统辖北平、天津及其他一些零星的托派。北方区委员会设在北平，北平的人最多，北方区的托派成员前后有：汪泽楷、任旭、杜畏之、郭秀、王集纵、喻守一、彭桂秋、江常师、朱克清、么心一、方一智、耿坚白、朱雯芳、史逸民、沈祖荫、李衡甫、石宝湖、李子仪、刘汝昭、杨秀怡（女）、宋文芳（女）、马继纲、赵颜珠、齐邦固、宋达文、吴淑芳、郭维墀、张衍恕、朱代杰、黎琴南、安明波、崔宝之、刘家良、施颂德、王树本、扈焕之等。

/刘平梅//中国托派党史

父亲在苏联未被定为托派，经历了苏联清党的狂风暴雨，回国后怎么可能再度涉险？

托派问题是个旧案、悬案、不解之案。与之有牵连的人已经所剩无几，翘首以望于“决议”及结论的后人们则未曾死心。其实，个人档案事小，党史中的这一页体大。

李杰群 2014 年 5 月 27 日于莫斯科大季米特洛夫街 15 号俄罗斯国立社会政治史档案馆门前

俄罗斯档案及中文译本

莫斯科东方大学学生调查表

俄罗斯国立社会政治史档案馆，495 卷，225 宗，607 目

Коммунистический Университет Трудящихся Востока

имени тов. И.В.Сталина

АНКЕТА ДЛЯ СТУДЕНТА КУТВ

全世界无产者联合起来！

约·维·斯大林同志

东方劳动者共产主义大学

东方大学学生调查表

入学年份＿＿＿＿＿＿＿＿学号№　3087

何组织派遣＿＿＿＿＿＿＿＿＿＿＿＿＿＿

问题	作答
1. 名	格里博耶多夫
2. 姓	
3. 性别	
4. 出生年月日	1902
5. 民族	中国
6. 母语	汉语
7. 掌握何种语言	a）熟练表达 b）熟练阅读 } 英语 c）熟练书写
8. 出生地	四川
9. 社会面貌	学者
10. 社会出身（指父母的社会状况和之前的身份、阶层）	商人
11. 主要职业	
12. 入学前从事什么工作，指在哪里工作，做什么	广东军政治干部
13. 父母职业	a）十月革命前　　b）现在
14. 家庭状况，列出所扶养的家庭成员	妻子

续表

问题	作答
15. 受过何种教育：文化程度，几年级，何时、何地、以何种语言毕业，若未毕业，注明学习时长	a）普通教育：高等 b）党组织教育
16. 服役情况	a）在旧军队中服役并任什么职务 b）在红军中服役并任什么职务 c）是否参加过白军或类似军队，任什么职务及多长时间 d）是否参加过游击队，何地，何人领导，多长时间 e）现在服役情况 登记　　　证件号码：
17. 党籍	a）中国共产党成员从1925 年起，证件号码 b）______列宁共产主义青年团从______年起，证件号码 c）预备党员
18. 参加过何种其他政党，何时、何地、多长时间	1925 年起加入国民党
19. 何地、何时、遭受过来自哪方面的何种镇压	
20. 担任过何种党、团和军事政治工作，何时、多长时间、什么职务，并指出曾参加过哪些代表大会和代表会议	1925 年事件中任上海学生会主席 广东国民革命军第 6 军参谋部政治领导人 北伐军第 6 军宣传科科长

续表

问题	作答
21. 经选举或任命担任过何种苏联工作，何时、多长时间、担任何职	
22. 是否为工会成员，何时、多长时间	
23. 工会运动中的工作，说明其过程和规模（工会中央、省分部、工厂工会委员会等主席）	
24. 是否参加过合作化路线方面的工作，何时、多长时间、任何职	
25. 经济管理机构的工作，注明何地、何时、多长时间、任何职	
26. 学生的详细住址和家庭住址	中国四川成都半边街卅号
27. 填表时间	1927 年 2 月 9 日

签名　格里博耶多夫 朱代杰

中文翻译：华东师范大学崔海智博士

河北·上海·山西

◎ （1930～1936）

1930 年回国后与党失去联系，在河北邢台中学教书。

//北方交通大学志，p. 860

1930 年，王明的同伙再算老账，以“托派”嫌疑的罪名开除了朱代杰的党籍并将他遣送回国。到河北永年中学教书。

//路漫漫——袁溥之自传·留学莫斯科

以上两条，第二条是第一条的证明。

父亲回国到上海，邓演达曾派人与父亲接头并送活动经费，谁知此人贪财携款逃之夭夭，害得父亲在公园喝凉水充饥躺在长椅上过夜白白等了三天。（小群据小英口述整理）

父亲对我说，1930年他回国后，同与他接头的同志谈了对当时李立三、罗章龙左倾路线的看法，认为搞城市暴动，牺牲工人太多，革命力量损失过大。那个同志就不再和他见面了，因为是单线联系，就与党失去了联系。后被定为脱党。因为当时已经学了中共党史，能听懂一点。具体哪月回国不详，据马员生《旅苏纪事》，应为4月至9月间。（小群）

1980年我们曾经与罗章龙写信、面谈。罗章龙的回信如下：

杰群同志：

您好！

您的来信转展误时，今才作复，抱歉之至！

这封信您如果能收到，请回一信，以便约时晤谈。

复颂

学祉！

罗老处的工作人员

向明启

1980.10.22

通讯处：北京前门西大街四号楼二－二〇四信箱向明收

杰群同志：

您好！

您的来信积压误时，今才作复，抱歉之至！

这封信您如能收到，请回一信，以便及时联系。

复颂

学祉！

罗老处的工作人员

向明啟

19.80.10.22

通讯处：北京前门西大街四号楼二一二〇信箱向明收

北京市

北京师范学院中文系77级二班

李杰群同志

向寄

收信人地址：

收信人姓名：

寄信人地址姓名：

河北·上海·山西（1930～1936）

杰群同志：

你好！

函悉，请于本月三十日（星期四）上午九时驾临一叙！

地址为四号楼二门二楼二〇四室，坐 9 路公共汽车，到供电局站下车即到。

致以

敬礼！

向明

1980. 10. 27

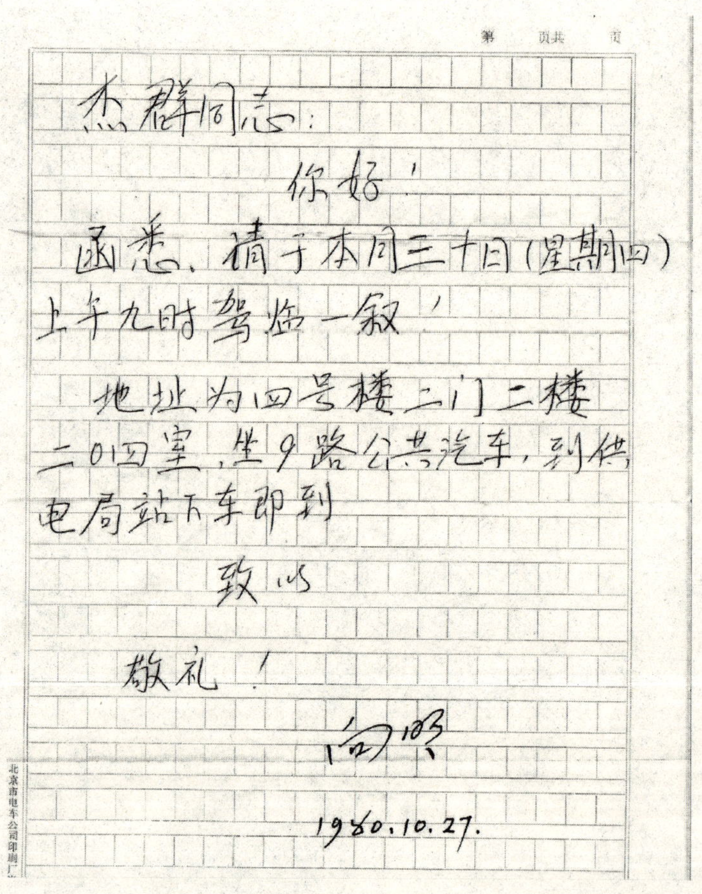

第　页共　页

杰群同志：

你好！

函悉，请于本月三十日（星期四）上午九时驾临一叙！

地址为四号楼二门二楼二〇四室，坐9路公共汽车，到供电局站下车即到

致以

敬礼！

向明

1980.10.27.

北京市电车公司印刷厂

和罗老的谈话内容大致是，他记得父亲这个人。对左倾路线，没说什么，可能当时刚刚被解放，还不敢发表意见。还说他不打算写回忆录。第二封信是他的亲笔，向明是他当时的化名。

父亲在苏联遭王明迫害；回国又被左倾路线抛弃；他最好的两个朋友恽代英和邓演达都在1931年被国民党反动派杀害。可以想见，他当时是怎样的心境。

折归后不久，陈诚偕朱代杰、谢仁钊同来，谈颇久。（朱代杰是北伐时政治部的旧同事，触犯了蒋的怒鳞被迫去职，在苏联学习了几年，但不知怎样，学成了托派嫌疑者回来。）

/郭沫若//洪波曲，p. 134

郭沫若记父亲的文字有两条致命：一是托派；一是陈诚。从1949到1966年的历次运动中，民间均以郭的《洪波曲》为据，让父亲在“汉奸托派”和“与大特务头子陈诚的关系”这两大问题前面无法过关，最后总是中组部出面叫停。

其实，北伐时期父亲在党内，郭在党外，可是郭的口气却似相反。解放后至“文革”前，父亲与郭在四川饭店内部餐厅由董必武或朱德召集的饭局上多次见面，父亲对他未置一词。

这次作传，与交大的老人提起父亲，第一反应即《洪波曲》，怪哉！同为《沫若自传》，既知《洪波曲》，会不知《革命春秋·北伐途次》？

1933年8月，袁溥之终于经“铺保”走出了监狱。

袁溥之一时无法与党组织取得联系，她惦记起分别5年的丈夫朱代杰了。还在1930年，王明的同伙再算老账，以“托派”嫌疑的罪名开除了朱代杰的党籍并遣送回国。朱代杰不得不回到河北永年中学教书。

袁溥之风尘仆仆地来到河北永年县朱代杰处。可是，此时朱代杰的意志却消沉了，讲吃讲穿，在一系列政治问题上与她相悖起来。她终于明白，他此时需要的是一个照料他的贤妻，而不是一个共同奋斗的伴侣了。他对她说：“革命高潮时你是个好伴侣，但现在你不会做菜，不爱打扮，我们住在一起就很不理想了。”

袁溥之愕然。她要革命，她觉得再也根本无法同他共同生活了。20天后，她借口水土不服向学校请假去北京治病，学校的师生尚不知她和朱代杰已经离婚了。董必武后来知道此事时，写了一首长诗赠她，其中说：“子与朱绝交，不欲再挂齿，公私甚分明，情义应如此。”

/洪蔚 少颖//省长夫人的传奇人生与婚姻

1928年8月，袁溥之在莫斯科同东方大学的中国留学生朱代杰结了婚。董必武和钱介盘刚好从日本到莫斯科，特地赶来参加了婚礼，并送了束鲜花致贺。同年12月，袁溥之从中山大学毕业，朱代杰还在列宁学院学习，袁溥之此时已经怀孕，如果她要求留在莫斯科是有理由的，朱代杰也向她提出这个要求。但袁溥之急于回国参加革命，到医院作了人工流产，手术十来天后就启程回国了，临行前，因为保密，也没有向丈夫告别。

/汤礼春//革命洪流中的袁溥之

袁溥之和陈郁 1974 年春节于三元里矿泉旅社合影

袁溥之于 1994 年 11 月 4 日在广州病逝，享年九十一岁。曾任广东省教育厅副厅长、高教局副局长，是广东省前省委书记、省长陈郁的夫人。记得母亲说过，抗战时期，一次在一个礼堂开大会，袁溥之和父亲迎面碰到，她立刻扭头走开了。

1990年，我们在《知音》杂志上看到写袁溥之的文章，就给广东省委写信，没回；又给《知音》写，回了。下面是这两信的内容：

袁老前辈：

我是朱代杰的女儿。

偶然在《知音》上看到您的消息，并得知父亲的点滴光荣历史，甚感惊奇。愿借此机会向您——大福大寿的老前辈致以问候。

父亲1944年同母亲李冠群结婚，生有三男一女。现在父母已离世20余年了。

父亲为祖国的统一大业鞠躬尽瘁死而后已。为此，母亲和我们一直受到周恩来、朱德、董必武的关照，“文革”期间幸免于难，并享受特殊待遇。

目前，我们兄弟四人都在北京工作，也都有了孩子，生活很幸福。子孙后代是不会忘记前辈们的。欢迎您来家中做客。

老骥伏枥，烈士暮年，前程似锦。

朱代杰之女　李杰群　1991.1.8

李杰群同志：您好！

我刚从北京学习回来，收到《知音》转交您写来的信内容皆知。

《省长夫人的传奇人生与婚姻》是我去采访的，少颖同志编写的。前年，我趁到广东学习的机会，经过多方面打听，才找到袁老的住址。袁老曾在大革命时期任中共湖北省委妇委书记兼国民党湖北省党部妇女部长，是湖北省妇运先驱者之一。1922年，轰动一时的湖北女师学潮的七名女生中，她是目前唯一健在的老大姐。

本来，我访问袁老的目的是想了解一下当时湖北几个妇女组织之间的关系和湖北妇运一些情况，但在访问中，发现到这位老大姐的人生经历十分坎坷、曲折，这样，萌发了我要写她的欲望。

袁老对您父亲印象尚好，您父亲当年是苏联东方大学的学生，很有才华，因反王明，遭到打击报复，回国，他们因在有些问题上看法不同而离异。袁老对您父亲以后从事的工作和去世的时间，一清二楚，说明她对您父亲一直是关注的。“文革”期间，您家要比她家幸运，她有几位亲人因遭迫害，含冤而死，她本人因妹夫吴晗的牵连，弄得党籍、工作籍全没了，早年，为了革命，连孩子都顾不上养，晚年丧夫，孤身一人，现已进入耄耋之年，只有一位湖北籍五十多岁的农村妇女伴陪着她，照料她的生活。

事隔2年，还不知她现在情况如何，当时，去她家是由别人引去的，具体地址我不大清楚，你托我转信，实在无能为力，真抱歉。如果您们有心去看望她并不难，她和您父亲一样，都是可亲可敬的，为中国人民解放事业作出贡献的人，我们不会忘记的。

此致

敬礼！

湖北省妇联宣传部　洪蔚　1991.5.25

省长夫人的传奇人生与婚姻

●洪蔚 ●少颖

在莫斯科结成的第一次婚姻

屡次被学校开除的女学生

幸运地躲过死刑 又解脱无望的婚姻

苦恼常青不枯的第二次婚姻

1962年陈郁、袁溥之（左一）与周恩来、邓颖超同志在一起

部长，解放后又先后担任燃料工业部部长、煤炭工业部部长、广东省委书记、广东省省长、广东省革委会副主任；袁溥之则跟随着陈郁变动着工作，先后担任过勃利县委组织部长、鸡西煤矿工人学校校长、东北总工会执行委员兼妇女部长、东北人民政府工业部干部学校校长、中央燃料工业部及煤炭工业部人事司副司长、教育司副司长、广东省高教局副局长、党组成员等职。他俩风雨同舟数十年如一日，直到陈郁溘然长逝，互相之间竟然没有发生过任何冲突。

患难与共的生死之情

1966年文化大革命爆发，袁溥之的灾难又一次来临。《海瑞罢官》成了这场风暴的导火线，而《海瑞罢官》的作者恰恰是她的妹夫吴晗！

袁溥之深信吴晗一直是追随党、追随着毛主席，她以为批一阵子就结束了。哪知大谬不然，非但吴晗、袁震夫妇成了反革命，被迫害致死，而且灾难也落到了她的头上。

1968年，年已64岁的她被送到英德干校劳动改造，一年后竟被“清除出党”。袁溥之痛苦莫言：有谁还能理解我啊！

陈郁理解她。1969年10月，袁溥之被召回广州接受监督教育，她给陈郁打电话说：“老陈，在这种情况下，我只有住在教育厅比较合适了。”哪知，陈郁二话没说就派警卫员将她接回了家中。那时，她已没有了党籍、工作、工资，连往常十分亲近的朋友见了她都绕道而行了。然而，陈郁却信任她一点不嫌弃她，这给了她多么大的慰藉和鼓舞。她明白，尽管当时经周总理推荐，他担任广东省革委会副主任，但他却没有任何具体分工——他的处境也十分艰难啊！

陈郁在艰难的日子里拼着老命工作，健康状况终于日益恶化。1974年2月11日，医生要送他到从化温泉疗养，却找不到他的人——他竟跑去与煤炭部门的同志谈着工作。2月14日夜里一点，在温泉，他在神志不清时仍要与石油部来的同志开座谈会，黎明前却从床上跌到了地上。周总理得知后，连忙从北京派了张孝骞、关蔚然两位医学专家前来抢救。1974年3月21日3点，寂夜深沉，细雨纷飞，久经考验的工人阶级战士陈郁与世长辞，弥留之际，他竟还断断续续地说：“广东有石油……要找石油……广东找不到石油，总理要批评的……”周总理沉痛地打来电话，指示把他的骨灰安放在广州：“让广东人民世世代代学习他，怀念他！”

最悲痛的还是几十年间相濡以沫的袁溥之了，追悼会在广州军区礼堂举行，中共中央、国务院和毛主席、周总理、朱委员长等老一辈革命家都送了花圈，可是他的夫人却没有正式参加追悼会的资格。陈郁的秘书王景泰替她做了一个小小的花圈，用它倾诉着她与陈郁数十年患难与共的生死之情。

陈郁在动乱的年代逝世了，他没能看到今天中国的巨大变化，也遗憾地没能看到他的夫人错案的昭雪。1979年2月，中共广东省委正式给袁溥之平反，恢复党籍，恢复名誉，并任命其年已75岁的她为广东省高教局顾问。在有生之年里，她和同志们一道，调查、编写了《回忆陈郁同志》一书，寄托了对陈郁的哀思。

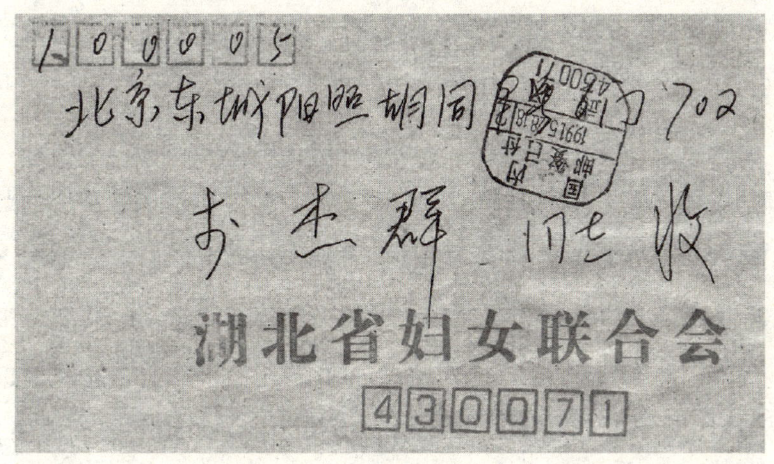

袁溥之的妹妹袁震之的丈夫是吴晗，我也可以叫他姨夫吧？造化弄人，我大学毕业竟然分配到吴晗为第一任校长的北京广播电视大学！最近，电大还为老校长立了铜像。难道我的工作单位，父亲早在1928年就预先安排了？(小群)

1934年，福建陈铭枢、蒋光鼐等反蒋，组织福建人民政府，此时朱代杰约我同去福建。朱是留苏的，曾在西北大学教过书，我便与他同行。

/周潮声//我的历史回忆

父亲在西北大学教过书。

周潮声留在上海补习，准备考学校。1931年暑假，段雪笙和荀克嘉二人先离开上海到北京，随后，周潮声也到北京。

周潮声到北京。与荀克嘉、段雪笙一起住在西单口袋胡同4号，离中国大学很近。段雪笙劝周潮声学教育，今后回赤水把家乡的教育事业振兴起来。周潮声考进了中国大学教育专修科。刚进大学不久，“九一八”事变爆发了，华北沸腾了，抗日救亡运动风起云涌。这个时期，同乡同学周林、雍文涛、余正邦、陈沂（佘万伦）、陈曾固等所属的革命组织经常在中国大学宿舍聚会，开展革命活动。是他们引导周潮声参加革命活动的，1933 年由陈曾固介绍加入中国共产党。1934 年，朱代杰约周潮声同去福建，不料至上海，蒋介石用军事压力，迫使福建人民政府解散。正处于何去何从之时，段雪笙到了上海，劝周潮声说：“第一要革命，第二要找职业，有职业才有生活来源。在上海无法找到职业，还是回老家搞点钱到外面学习外语，将来从事翻译工作吧。”

/李丞丕//赤水·1949，p. 23

关于“福建事变”：

1933 年 11 月 20 日，第十九路军将领陈铭枢、蔡廷锴等，联合黄琪翔领导的临委会及其他左派力量，在福州南校场（五一广场）召开“中国全国人民临时代表大会”，黄琪翔为大会主席团主席。宣告成立中华共和国人民革命政府（即福建人民政府），脱离国民党，与蒋介石决裂。福建事变领导人明确提出“联共、反蒋、抗日”，并同红军签订了“反日反蒋初步协定”，为后来中共领导的抗日民族统一战线提供了宝贵的历史经验。

//中国农工民主党党史教育教材

福建事变使蒋介石十分恼怒。他调集大批军队进行围剿。在蒋军压境时，黄琪翔与蔡廷锴亲至前线，力图挽救。但由于种种原因，福建事变很快失败。

福建人民政府是在中国人民抗日反蒋爱国运动的浪潮中出现的具有反帝反封建的资产阶级民主革命性质的抗日反蒋政府。它顺应了历史潮流，呼喊出了当时各界民众的共同呼声，表现出强烈的爱国主义精神和民族正气，具有鲜明的时代色彩。解放后，毛泽东主席、周恩来总理对福建事变作出了高度评价，认为没有当年的"人民政府"，就没有现在的"人民政府"。黄琪翔积极参与了这一事变，力主联共反蒋抗日，为促进全民族抗战作出了应有的贡献。

//黄琪翔与福建事变

福建事变与邓演达建立的农工党干系极大，父亲赴福建，应和农工党有关，惜档案资料阙如。

1935 年夏，正当红军北上抗日离开江西根据地不久，南昌飞机场发生了大火案，飞机和油库等付之一炬。本来飞机场的负责者是亲德派徐培根，此人是机械化的军事理论家，平日在蒋介石面前是很跑红的。不料突然发生了这场大火，损失巨大，一时谣言纷起，有的说是共产党谍报干的，有的说是日本汉奸们干的，有的说是购买飞机贪污分赃不均干的，甚至还有的说是复兴社与政学系之间的争权夺利干出来的。蒋介石暴跳如雷，下令邓文仪一周内破案。可是一周两周、一个月两月地拖延下去，抓了不少的人，谁也不知道起火的原因，疑案仍破不了。蒋介石一怒之下，便将邓文仪撤职，凡邓手下的特务成员，一律交戴笠接收并入特务处，戴笠为了避开飞机案，免得见罪于复兴社的大头，虽私心欢喜，却并不亲自出马，而是派黄埔三期老大哥柯建安作代表去接收。邓系中的第二把手张毅夫（即张严佛）率领该调查科百余人到南京归并报到。戴笠为了安抚人心，声言一视同仁，慷慨地任命张毅夫作了一个短期过渡的书记长。戴笠自鸣得意的是通过接收抓到一批留苏留日的所谓学有专长者。例如这批人中有出卖陈独秀的谢少册（即改名的谢力公），著书立说的程一鸣，日本通顾子载等等。戴笠接收的邓系人物中，被陈诚弄入私囊的有朱代杰、李毓九等一批知名人士，戴笠对陈无可奈何，常常背后诟骂，发泄发泄而已。

/吴学华//蒋介石手下的八大特务头子·中国的希姆莱——戴笠

李毓九：农工党一大干部会议二十五位干事之一，为蒋介石“八大研究秘书”之一，抗战胜利后任长沙市市长，1948 年 5 月任湖南省建设厅厅长，是该党一大二十五位干事中唯一随蒋赴台者。

邓文仪简介：

邓文仪（1906 ~ 1998），黄埔军校第一期学生，曾任军校区队长。1925 年被派往苏联莫斯科中山大学学习。1928 年至 1934 年任蒋介石侍从秘书。抗战期间，任军事委员会战时工作训练团政治部主任、政治总教官，中央军校成都本校政治部中将主任，第三战区政治部主任等职。晚年积极筹建台湾“中华黄埔四海同心会”，主张和平统一中国。1990 年，由于祖国蓬勃发展的大好形势和党中央领导的关注，终于打破了台湾的“不接触、不来往、不谈判”的三不政策，邓文仪先生由台北第一次秘密来到北京，并受到在莫斯科中山大学同学邓小平同志以及原黄埔军校同学徐向前元帅在人民大会堂内历史性的首次接见。

//百度百科

1938 年 5 月 5 日，朱代杰履历

姓名 朱代杰　别号 思平　年龄 36　籍贯 四川成都

出身 上海南洋大学机械工程学士 苏联列宁学院卒业

经历 曾任国民革命军总政治部秘书处长兼宣传科长，太原法学院经济系主任，现任政治部设计委员

住址 汉口青年会 311 号

介绍人 黄琪翔

其余五人为：何义均、何联奎、张含清、张宗良、胡越。

//“国史馆”，“陈诚副总统文物”，武汉卫戍总司令陈诚呈委员长蒋中正奉令查报杨锐灵朱代杰李铁铮等八员之履历住址缮表请鉴核，典藏号：008－010202－00001－004

此履历证明父亲到上海后，福建事变失败，于是又去了太原法学院任经济系主任。去山西任教，应该是投奔挚友冀朝鼎的父亲，山西大学校长法学家冀贡泉先生。另外请注意介绍人为黄琪翔。

本章史料阙如，幸好台北“国史馆”存有这则档案。

武汉·重庆

◎ （1937～1939）

1937年上海、南京沦陷后，李（侠公）来到武汉。我当时住在一个私人诊所里，通过我父的联系同李晤谈。开始我们是积极作回党的准备，我拟和叶挺到新四军工作，后来未能成为事实。李和朱代杰在军委会政治部陈诚处任设计委员，我听说朱代杰是黄琪翔介绍的。李是怎样的关系，我不清楚。可能是以前在黄埔军校或第一师的关系。因为那时陈、李都在该两处工作。

//解密的档案·谢宣渠文档·关于李侠公的情况

上页，"国史馆"档案载："介绍人　黄琪翔"，证明谢说属实。

听母亲说，黄琪翔曾经为父亲的某段经历写过证明。那时，每段经历都必须有两个证明人签字。从这条得知：东大学潮领袖李侠公1937年不在党内了。

关于“设计委员会”：

“八一三”淞沪抗日之战结束后，接着京畿陷落，政府西移武汉。当时为了适应情势的需要，军事委员会明令撤销第六部，另行成立政治部，除特任甫由淞沪战场抵达武汉的前敌总指挥兼第九集团军总司令陈诚为上将部长外，并为表示国共两党真诚团结，以及与国民党以外各党派忠诚合作起见，又简派中共巨头周恩来、第三党要员黄琪翔两人为中将副部长。同时，在政治部内又设立了一个专事罗致全国著名学者、专家、社会贤达、民主人士的“设计委员会”，总共礼聘了二百二十四位同少将委员，一时群贤毕至，少长咸集，除了男委员，还有女委员。

/士心//我和周恩来夫妇的两年交道

一九三七年秋全面抗日战争开始，军委会政治训练处袁企止（守谦）处长出示蒋委员长亲笔手令，要在北方的石家庄与南方的苏州创办“阵中日报”，企公要我全部负责，我只愿负责一地，选择了苏州。企公问我何时可以出报，我说：“最好是九一八。”当天是九月十二日，只有五天筹备，赤手空拳，什么都没有，那时年轻，只知打仗是何等急迫之事，也不知什么是难，越难越要闯，当天下午组成四个人的班底，第二天一早乘火车出发，本来只有六小时车程，因日机不停轰炸，晚八时才到苏州，只剩下四天。

阵中日报的筹备工作最重要的一项，是购买舍老所指定的英制吉士特速印机。这时所有需要外汇进口货，都集中在香港办理，由宋子文弟子安（子良？）驻港控制。原则上集中外汇进口军需物资，如武器、弹药、汽油、药品等，像我们要求的与打仗不相干的油印机，根本不在宋考虑之列。我最初请求购一千部，后减为四百部，计画三百部配给师，（因为国军的员额严重不足，师才是作战单位），一百部配给军部、总司令部、长官部以及游击部队。在最精干的政治部总务厅朱代杰厅长不断催请之下，好不容易运到了二十部，而广州旋即失守，内陆通路截断，已再无进口之望。

这二十部速印机，总政治部认为好，留下几部。

/张佛千//追思成舍我先生，成舍我先生纪念文丛编辑委员会：《成舍我先生纪念文丛～百岁诞辰专辑》

父亲的工作效率可见一斑。

吸取了北伐作宣传和留苏搞学潮的教训，父亲再次出山后转而务实，作总务厅长了。

此条说明：淞沪会战时，父亲已出任政治部总务厅长。

七、政治部

1938年1月将原大本营第六部、军事委员会政训处、训练总监部政训处合并成立为政治部；1月任命陈诚为部长，2月正式成立。同时任命周恩来、黄琪翔为副部长，是年7月黄琪翔调任军训部副部长，张厉生接任副部长。

政治部设有秘书长，1938年1月以张厉生任之；7月张他调，遗缺由第一厅厅长贺衷寒兼任。总务厅，朱代杰任厅长，掌经理人员训练、考核调查登记和经费预算等事项。第一厅，1938年1月任命贺衷寒为厅长，下设3个科和人事行政研究会，掌法规方案编审、政工人员任免铨叙事项，关于干部选拔、通信联络及人事登记事项，关于全部政工人员考绩考核、奖惩抚恤事项，关于人事行政研究事项；第二厅，1938年2月任命康泽为厅长，下设3个科和训练研究会，掌关于训练和政工方面设计事项，关于训练方面指导与考核事项，关于训练方面编审事项，关于训练方面的研究事项等；第三厅，1938年2月任命郭沫若为厅长，下设3个科，其中第二科设美术工厂和国际问题研究委员会、艺术问题研究委员会等，掌关于各种宣传之设计指导事项，关于对国内国外及敌伪各种宣传品之编审事项，关于慰劳征募、印刷发行、设计考核及文化服务事项，关于敌情及国际问题研究事项，关于戏剧、电影、音乐、歌咏、绘画等研究事项，其中第二科美术工厂，掌关于国际宣传画报编辑、木刻制作及有关抗战建国之照片摄影搜集事项。

//抗战时期国民党各战区划分

关于国民政府军事委员会政治部，梳理如下：

1937年7月，抗战全面爆发，国民政府军事委员会成为中国战时最高领导机构，是事实上的战时政府，军委会政治部部长为陈诚，家父朱代杰时任政治部下设总务厅厅长（本章第三条即证实1937年"九一八"前已经履职）。1938年2月，军委会改制，重新组建的政治部，体现各党派大团结一致对外。

政治部设部长一人、副部长两人。部长：陈诚（国民党）、副部长：周恩来（共产党）、黄琪翔（农工党）。舆论认为：陈诚是邓演达再世。

下设四个厅：一厅厅长贺衷寒（国民党）、二厅厅长康泽（国民党)、三厅厅长郭沫若（亲共)、四厅（总务厅改为四厅）厅长朱代杰（农工党)。

四厅多是农工党员，如总务处长庄明远，调查组组长丘学训等。

农工党的创始人是邓演达。

邓演达，就读并任教于保定军校，与叶挺、严重是同班同学，陈诚是他们的学生。1924 年，他们四人均到黄埔军校任教。

1926 年北伐时期，邓演达任国民革命军总司令部政治部主任。政治部其他成员：郭沫若（副主任)、朱代杰（秘书处长兼宣传科长)、章伯钧（组织科长)、郭冠杰（总务科长)、孙炳文（留守处主任)、季方（组织科长)、江董琴（党务科长)、李一氓（秘书）等，多数是共产党或国民党左派。

1927 年“四·一二”后，邓演达与蒋介石分道扬镳，于 1930 年，在上海创建中国国民党临时行动委员会（农工党前身)，公开反对蒋介石，1931 年底，被捕遇害。临委会的成员和北伐军政治部是一脉相承的，邓演达牺牲后，他们继承其遗志，前仆后继。大多参加了 1933 年底反蒋抗日的福建事变，有的付出了生命。

卢沟桥的炮火，促成第二次国共合作，农工党亦参与其中，组成抗日民族统一战线。家父在政治部四厅聚集了农工党精英，为邓演达追随者在抗战政府谋得一席之地，为抗战后勤保障做出重大贡献。

先是，择定武昌昙华林文华大学旧址办公，陈氏为了执行各党派大团结一致对外的国策，在政治部的庞大组合中，将各党派的重要人物，都兼收并蓄，极尽罗致之能事，如亲共的郭沫若、洪深、阳汉笙、田汉、第三党的郭冠杰、丘学训、丘哲、朱代杰、庄明远等。其他如孙宝刚、罗隆基、龚德柏及青年党的刘尚一等等，政治部的指导、设计两个委员会里，更是五色什陈，洋洋大观，极一时之盛。

//【广斫鉴·南府政要·陈诚】陈诚副总统二三事

军事委员会政治部 设计委员会 设计委员

王造时	朱代杰	李超英	范苑明	范寿康	袁同畴	梁　栋
张孤山	张志让	董冰如	雷　震	郑彦棻	刘恺钟	颜　如
徐剑虹	王亚南	何公敢	李永新	阮毅成	段承铎	郁达夫
陈百村	张崧山	许宝驹	董维键	华文宪	刘蘅静	阎宝航
郭斌佳	吴　岐	尹葆宇	何联奎	李维果	余森之	洪　深
梁鼎铭	陈宗经	张含清	程其保	杨公达	苏雪林	刘炳藜
卫惠林	粟豁蒙	涂公遂	丘　哲	何义均	李侠公	胡梦华
洪瑞钊	鹿地亘	陶希圣	张宗良	黄文山	邹韬奋	赵明高
刘经泮	万　烁	张岱岑	杨锐灵	成舍我	杜泳坡	池田幸子
范　扬	徐悲鸿	麦朝枢	张铁生	张伯谨	杨　麟	邹静陶
肖一山	刘清杨	邓颖超	冯菊坡	李安璋	陈淡霜	阳翰笙
丘学训						

//1938 年 9 月，军事委员会政治部设计委员会设计委员，中国第二历史档案馆，档号：七七二 2094

1937 年由董必武推荐以农工民主党身份参加抗日民族统一战线。

//北方交通大学志，p. 860

中央编·中国各民主党派、工商联

委员

黄琪翔 章伯钧 彭泽湘 彭泽民 丘 哲
郭冠杰 张云川 李士豪 李伯球 陈卓凡
杨逸棠 郭翘然 杜冰坡
（据何世琨回忆，还有季方 罗任一 何世琨
杨清源 连璃琦 庄明远）

中华民族解放行动委员会临时执行委员会
（1938年3月—1947年2月）

第三次全国干部会议
（1938年3月1日）

选举

临时执行委员会

总联络人 章伯钧

委员

黄琪翔 章伯钧 彭泽湘 彭泽民 丘 哲
郭冠杰 张云川 李士豪 李伯球 陈卓凡
杨逸棠 郭翘然 杜冰坡 何世琨 季 方
罗任一 杨清源 连瑞琦 庄明远 王一帆
陈其瑗 王寄一 朱代杰 邹静陶 唐午园

中华民族解放行动委员会（中国农工民主党）中央执行委员会
（1947年2月—1949年11月）

第一次执监委联席会议
（1947年2月15日）

选举

中央执行委员会

主 席 章伯钧

常务委员

章伯钧 丘 哲 罗任一 李伯球 王一帆
张云川 王深林 郭则沉 李士豪

中央监察委员会

主 席 彭泽民

执监联席会议

秘书长 丘 哲

中国农工民主党中央执监委员会
（1949年11月—1951年11月）

第五次全国干部会议
（1949年11月14日）

推举

中央执行委员会

主 席 章伯钧

中央监察委员会

主 席 彭泽民

执监联席会议

秘书长 黄琪翔

五届一次中央执行委员会监察委员会会议
（1949年12月17日）

推举

中央工作委员会

主任委员 章伯钧

副主任委员 黄琪翔

秘书处长 何仲珉

委员

章伯钧 彭泽民 黄琪翔 季 方 郭翘然
郭则沉 严信民 王深林 李士豪 何仲珉

第六届中央委员会
（1951年12月—1958年12月）

六届一中全会
（1951年12月5日）

选举

中央委员会

主 席 章伯钧

副主席 彭泽民

中央执行局

委员

章伯钧 彭泽民 黄琪翔 季 方 刘 春
徐彬如 郭冠杰 李伯球 王深林 郭则沉
严信民 何世琨 张云川 王人旋 李士豪

中央执行局第一次会议
（1951年12月12日）

//中华人民共和国职官志（增订本）p. 359，

中国社会出版社，1996 年 7 月

中华民族解放行动委员会中央临时执行委员会领导人名单

（1938年3月第三次全国干部会议选出）

总联络人：章伯钧

委 员：

黄琪翔　章伯钧　彭泽民　彭泽湘　丘　哲　郭冠杰　张云川

李士豪　李伯球　陈卓凡　杨逸棠　郭翘然　杜冰坡　季　方

罗任一　何世琨　杨清源　连瑞琦　庄明远　王一帆　陈其瑗

王寄一　朱代杰　邹静陶　唐午园

//中国农工民主党，历任领导

1938年3月1日，中华民族解放行动委员会在汉口召开第二次临时代表会议（第二次干部会议）参加的有章伯钧、彭泽湘、张云川、何世琨、李士豪、王一帆、郭翘然、丘哲、朱代杰、万灿等二十余人。邀请周恩来、叶剑英、秦邦宪与会。会议由章伯钧、彭泽湘主持，会期一天。会议通过了《中华民族解放行动委员会抗日战争时期的政治主张》，共有十五项，强调全国上下，不分党派，共同抗战，扫除官僚主义，实行民主，建立民意机关，保障人民自由权力，取消保甲制度，各民族一律平等，没有再提反对蒋介石和实行土地改革的主张。

/刘小平//中国参政党会事纂记（一九二三年——二〇〇三年）

第二次临时代表会议结束，“解放行动委员会”的中央机关设在汉口华中里62号。一九三八年四月，创办了中央机关报（四开）《前进日报》，由彭泽湘负责，实际工作负责人有方荣欣，汪盈科等。报纸的主要内容是宣扬抗战与民主，强调“要民主才能团结，要团结才能胜利。”重要政论文章，由章伯钧、彭泽湘、朱代杰、邹静陶四人轮流撰写。武汉撤退之前，《前进日报》迁至广州。到后未及复刊，广州即告沦陷，该报从此停刊。

//东海樊振樊氏图书馆、邓演达

文献馆藏《中国农工民主党简史》，p. 37

樊振先生，农工党史学会副会长，是70后的年轻学者，自甘寂寞，潜心钻研，著有《邓演达年谱会集》、《中国农工民主党历史研究》等。经年累月自费购得邓演达有关史料，建邓演达文献馆。邓演达研究后继有人，甚感欣慰！

邓演达文献馆藏朱代杰著作如下：

《“七七”两周年对敌寇的透视》，《扫荡报抗战二周年纪念特辑》，1939 年，p. 91 – 97

《由新县制的认识到新县制的实行》，《新湖北季刊》，1941 年，第 1 卷，第 1 期，p. 70 – 74

《义务劳动与交通》，《新福建》，1945 年，第 7 卷，第 6 期，p. 31

《福建经济发展的途径（附表)》，《新中华》，1946 年，第 4 卷，p. 20 – 66

《福建经济建设应循的途径》，《中央银行月报》，1947 年，第 2 卷，第 11 期，p. 17 – 209

《邓演达调取先锋朱代杰》，《政海人物秘闻杂志》，1947 年，第 33 期，p. 15 – 16

《古田溪第一段水方发电工程计划》，《福建善救月刊》，1947年，第5期，p. 68－61

《福建经济建设应循的途径》，《中央银行月报》，1947年，第11期，p. 17－24

《现阶段福建经济建设的检讨（附表）》，《银行季刊》，1947年，第1卷，第2期，p. 39－48

《福建古田溪水力发电工程计划》，《动力工程季刊》，1948年，第1卷，第2期，p. 80－100

农工党东海县副主委陈建林、副主委樊振、李杰群、主委邢卫锋、总支部委员魏忠田，2016年6月9日于农工党连云港市东海县办公室。

樊振、农工党连云港市委党史研究室张玉祥、李杰群丈夫郝春荣、李杰群、樊振夫人周加侠、魏忠田、农工党连云港市委党史研究室副主任李小鹏，2016 年 6 月 10 日于东海樊氏图书馆、邓演达文献馆。

一九三八年三月一日，第二次临时代表会会议（后改称第三次全国干部会议）在汉口旋宫饭店召开。出席会议的有章伯钧、彭泽湘、张云川、何世坤、李士豪、王一帆。李伯球、丘哲等三十余人。会上通过了《抗日战争时期的政治主张》和《抗战时期人民自卫武装组织条例》；调整了中央领导机构的人选：除第一次临时代表会议选出的十九名临时执行委员全部保留外，增选王一帆、陈其媛、王寄一、朱代杰、邹静陶、唐午园六名临时执行委员，由二十五人组成中央临时执行委员会；决定中央负责人均暂时不定职称，推定章伯钧为总联络人（黄琪翔总书记被蒋介石指名加入国民党，担任了国民政府军事委员会政治部副部长，不便公开身份和公开主持党务）；决定全国地方组织分为后方组织和沦陷区组织两个方面，后方组织应配合全国抗战，积极加强活动；沦陷区组织凡能保留的，应尽力保留下来，坚持工作。

//农工民主党，抗日战争时期（下）

黄琪翔、章伯钧等农工党人，1957 年均划为右派。

1938 年，刚从山西大学经济系毕业的 24 岁青年郭大风，满怀一腔热血，面对日军的节节进犯，挺身前线，立志抗日。在老师朱代杰的引荐下，他来到武汉。当时，武汉正在全力做好防御准备。他们乘卡车到达崇阳县老鸦村——当时的第九战区司令部。而当时的第九战区前线指挥部就在阅马场一带。

一周后，郭大风见到了第九战区司令长官陈诚。当时，同去的还有 5 名留日回国学生。很快他被任命为战区办公厅少校秘书。

/杨磊 李杰//机要秘书回忆：陈诚见我时日机在头顶盘旋

山西大学经济系疑为太原法学院经济系。

1938 年 9 月 15 日，郭沫若同曾虚白、朱洁夫和冯玉祥夫人李德全等组成慰问团，从当时的最高军事指挥机关所在地武汉前往赣北抗日前线慰劳官兵。此时，第九战区司令长官陈诚和苏军顾问正酝酿在南浔线对日军进行反攻，需往一线指挥，遂随慰问团前往。9 月 18 日凌晨 3 时许，郭沫若一行到达赣北重镇武宁箬溪。其时，箬溪已成为 30 集团军前线指挥所驻地。

随行的朱代杰向张志和介绍慰问团一行。郭沫若与张志和抱拳握手，两人不觉有老乡见老乡，两眼泪汪汪之慨。

//抗战时期郭沫若赣北劳军

1938年10月12，朱代杰与谢然之书

然之吾兄：

携来各件，均已交上，迩来辞公对于教育问题，深为注意，此稿讨论甚久，经弟再三补充与修改，犹觉意有未尽也。“十个要点”新稿，系就（1）原稿（太觉空泛）（2）青年团训练纲要（3）及弟原在武宁所拟之“教育方针八条”参酌写成者，其中颇多针对现时教育及训练方法诸弊病，力求改进之处。明达如我兄，当可一见了然矣。立三先生对弟所提数点甚加赞同，对其他文句方面，亦曾亲笔修改数处（现附上原稿，钢笔字皆立三先生之笔迹也）。并与辞公详谈后，昨晚始由弟寅夜草成，此改稿之经过情形也。今晨陶先生来此，读既成新稿后，十分赞同。吾兄对全稿有何高见，盼即提出。辞公拟将此稿付印后，在学术界广为分发（尤其本省学生），冀引起一般之注意与讨论。弟意最好能在付印前，先抄登各大杂志或报纸，此意辞公亦甚赞同，故在此为兄补陈之。关于“国防”二字之用语，弟以为抗战前有所谓“普罗”“民族”“国防”等文化之争论，见解各有所偏，故曾提出“抗战建国的文化建设”，后经辞公改为三民主义，以其更能概括一般也。青年团留日学生中有刘真君，曾在报上发表一文“联中的意义”，经仁钊兄翦呈辞公，故命其来此一谈。弟观此君，原系研究教育行政者，对教育行政之技术问题，颇为熟习，人尚克苦，笔下亦快，对理论了解不够，但尚能虚心学习。前日返汉，曾嘱其收集材料，不知已交吾兄否？弟意将来可调此间办公厅，写写文章，特征吾兄意见，尚乞见告，当即为辞公提出也。

此间战局尚稳得住，惟气候闷热不可耐，岂老天亦有知，为我将士留此时间准备棉衣耶？弟近况如恒，乏善可述，惟案牍劳形，颇以为苦也。叶光兄事，尚未与辞公提出，因目下公文尚不太忙。侠公兄到汉后，子老当即可来此，盼一同命驾，此间风景甚佳，且时正中秋，大可作山间月下谈也。

暇中盼惠我数行为念，余不一一，即颂

文安

弟 代杰上 十. 十二.

相关地点：汉口 江西武宁

//“国史馆”，陈诚“副总统”文物，朱代杰函告谢然之草拟三民主义文化建设与我们的责任及十个要点两稿之经过及拟调青年团留日学生刘真来此间询其意见，典藏号：008－010301－00017－003（原件见本章附图）

此件乃家父以毛笔亲书，观文如见人也！不胜唏嘘。

或曰《新湖北建设大纲》是家父主笔首责，此件亦足证也：战时，寅夜，精研教改之长计；字斟，句酌，考量运作之细节。家父于民族，于国是，尽心竭力矣。

然“湖北教改”之影响者，远也，其“公办”、“计划”、“普及”诸要旨，不仅在1940年湖北初见成效，更在1950年的台湾大获全胜！其中尤可赞叹者，是当年台湾的教育经费，竟占到全省投资总额的百分之二十九点多！

教育可兴，亦可亡。

陈诚去世后，其大公子陈履安遵其遗愿，将遗产全部捐出，成立陈诚文教基金会。足以证明其对教育的重视。

此信乃1938年10月12日父亲在武汉所写；武汉10月25日失守！在危机来临前夕还能与友于山间赏月畅谈，这种乐观、无畏，源于对国家对民族的坚定信念。

信中提到的江西武宁，上条郭沫若赣北劳军：父亲9月中旬，随陈诚在彼。

信中提到的人：辞公——陈诚、立三——严重、庄明达、刘真、谢仁钊、李侠公、叶光。陶先生，不祥。

以上三件，说明武汉会战期间，父亲在最高军事指挥所任陈诚办公室主任。

关于武汉会战，简介如下：

武汉会战，是抗日战争时期中国军队在武汉地区同日本侵略军展开的一场会战。中华民国二十七年（1938年）6月至10月，中国第5、第9战区部队在武汉外围沿长江南北两岸展开，战场遍及安徽、河南、江西、湖北4省广大地区，是抗日战争战略防御阶段规模最大、时间最长、歼敌最多的一次战役。

此战，中国军队浴血奋战，大小战斗数百次，以伤亡40余万的代价，毙伤日军25.7余万，大大消耗了日军的有生力量，日军虽然攻占了武汉，但其速战速决，逼迫国民政府屈服以结束战争的战略企图并未达到。此后，中国抗日战争进入战略相持阶段。

主要指挥官　蒋介石、陈诚，冈村宁次、畑俊六

//360百科

关于谢然之：

谢然之 民国二年出生 东吴大学毕业 日本中央大学研究生 曾任军委会政治部设计委员 中央团部副处长 鄂新湖北日报社长

社会关系：最近颇得蒋经国信任

评语：人极聪明文笔流畅，文化工作有历史兴趣亦浓，在新湖北日报任内对部属常用手段，引起不满。（约 1941 年）

//“国史馆”，“陈诚副总统文物”，人才调查资料（约 1941 年），典藏号：008－010706－00001－015

1966 年 8 月 8 日，任中国国民党中央委员会秘书长

//“国史馆”，“蒋中正总统档案”，蒋中正与中国国民党中央委员会秘书长谷凤翔谢然之合影，典藏号：002－050101－00064－067

1938 年 12 月 12 日，《湖北省中等教育资料汇编》。

相关人员：朱代杰、俞琼、刘毅。

//“国史馆”，“陈诚副总统文物”，湖北省中等教育资料汇编，典藏号：008－010905－00005－004

馆内工作人员曰：相关人员即文件撰写者。

1939 年 1 月 20 日于重庆，以第九战区司令长官司令部主任职，签发“第九战区司令长官陈诚呈军事委员会委员长蒋中正现有各医

院及休养院伤愈不愿归队之军官约一千名亟须严加训练以充实其智识并激励其敌忾之心理请核定训练机关与负责人员以便进行”。

//“国史馆”，“陈诚副总统文物”，往来函电（三），典藏号：008－010202－00003－001

1939年1月29日，朱代杰签报此件关于蒸汽车之采用拟转交通部长张嘉璈及军政部交通司查照。全文如下：

查蒸汽车之采用实为我国现时所急需。据闻全国公路局去岁即拟举办，因种种原因未能切实进行，此件拟转请交通部张部长及军政部交通司查照。

代杰 一. 廿九

民国28. 1. 29 运输类奉

批“转报 委座” 张铣（秘书——编者）谨注（印）一. 卅

//“国史馆”，“陈诚副总统文物”，往来函电（二十），典藏号：008－010202－00020－002（原件见本章附图）

1939年1月31日于重庆，以军事委员会政治部部长、第九战区司令长官、湖北省政府主席联合办公厅主任职，签发“军事委员会政治部部长陈诚呈委员长蒋中正签请迅由交通主管机关试用蒸汽车并附英国生汀来说明图”

//“国史馆”，“陈诚副总统文物”，往来函电（二十），典藏号：008－010202－00020－001

蒸汽车即木炭汽车。

在抗战时期，武汉沦陷，国民党湖北省政府西迁恩施，作为国民党第六战区司令部长官驻地的恩施，成了战时大后方。

父亲宣传推广木炭汽车功不可没

陈诚在恩施任湖北省政府主席兼第六战区司令长官时，曾派省政府委员朱代杰组织了一个“经济建设参观访问团”。该团由恩施出发，到四川、湖南、江西、福建、广西、贵州等省市参观访问，历时三个月，一直都是乘坐木炭汽车，从未发生故障。朱代杰回恩施后，在省府扩大会议上，着重谈到各省市有关部门和人士无不称赞木炭汽车在战时交通运输方面发挥的重大作用，认为是湖北建设中的一项重要成就。

1939 年，陈诚还把蒋介石请来，同许多高级将领一起参观了木炭汽车，大家一致称赞湖北使用木炭汽车十分成功，使公路运输没有受到汽油缺乏的影响。

//抗战时期恩施的重要交通工具木炭汽车

1939 年 3 月 9 日，以军事委员会政治部部长、第九战区司令长官、湖北省政府主席联合办公厅主任职，签发“中央训练团教育长陈诚函李杕关于李郁馥拟入党政训练班受训经签奉委员长蒋中正批示训练班名额已足且开班已久不便补入”。

//“国史馆”，“陈诚副总统文物”，往来函电（三），典藏号：008－010202－00003－003（原件见本章附图）

1939年3月23日，以军事委员会政治部部长、第九战区司令长官、湖北省政府主席联合办公厅主任职，签发“中央训练团教育长陈诚通知党政训练班据该班第一中队学员韩振声报告有赵铁寒范秉之王汝章三人愿入党政训练班第二期受训经签奉团长蒋中正批可在案抄同三人简历送请查办”。

//“国史馆”，“陈诚副总统文物”，往来函电（三），典藏号：008－010202－00003－009

1939年3月23日，以军事委员会政治部部长、第九战区司令长官、湖北省政府主席联合办公厅主任职，签发“中央训练团教育长陈诚代电党政训练班第一中队学员韩振声关于赵铁寒范秉之王汝章三人愿入党政训练班第二期受训经签奉团长蒋中正批可在案”。

//“国史馆”，“陈诚副总统文物”，往来函电（三），典藏号：008－010202－00003－010

1939年7月7日，朱代杰在扫荡报发文《七七两周年对敌寇的透视》

七七两周年对敌寇的透视

朱代杰

民国二十六年的今天，暴敌为求满足其得寸进尺并吞中国的侵略野心，用它惯用的强盗手段，在卢沟桥发动事变，迄今已历两年，战线扩张到十余省，在这惊天动地，打破东亚历史记录的国际大战中，军备落后的被侵略的中国，在暴敌飞机大炮的摧残之下，生命财产的重大牺牲，固然无可讳言，而在另一方面，自命为不可一世的日本帝国主义者，情形究竟怎样？本文的目的，即在就各方面所表现的事实，来回答这个问题。

我们首先应该明了，此次的持久战争，绝不是日本军阀所可料想得到的，敌寇的心目中，根本看不上中国，它认为中国绝无决心和力量与它对抗，中国是它的俎上肉，尽可由它任意宰割，所以在它预想中的“七七”不过是“九一八”的重演，可以不费一兵一弹而攫取大块土地和大量富源，谁知事出意料，不独未讨得预期的便宜，且一举而铸成大错，蒙受莫大的损失。兹就其自抗战以来内部各方面所发生的比较严重的问题，分别说明如后。

一　军事方面

日寇的假想敌人是苏联而不是中国，故其军备的重心也是在对苏而不在对华，据一般的估计，它在战时可能使用的兵员总额，不过二百五十万。其预定之军力分配，将以百分之七十对付苏联，百分之三十对付中国。但自战争开始迨今，其调华作战的步兵，已增至三十余师团，再加其他特种部队及在关外之部队人数约百余万，二年来之死伤数目，亦八十余万，如再将其海空军及军事工业方面的动员计算在内，合计达二百余万人，这种巨额人数的使用消耗，显然超过它的预定计划很远。换言之，因为中国坚强长期抗战的结果，使它不能不把留作进攻苏联的军备移作应付中国之用，去年七月间，张鼓峰事件发生，结果日寇不能不向苏联屈膝，这与其说是苏联的军力过于强大，使敌寇不能不有所顾忌，毋宁说是因为它的兵力在侵华战争中受了意外的牺牲和牵制，再无余力以应付苏联了。

其次日寇国内的被压迫阶级及其统治下的殖民地人民——朝鲜台湾，革命和独立运动之酝酿日益剧烈，使敌人不得不配置相当军力，以资镇压，据外报记载，留守敌国内及其殖民地的部队，为数在三十万人左右，此外驻扎苏伪边境的警戒部队亦二十万人，以防万一，这些都是最少限额的要求，再没有方法抽掉了，由此可见敌寇可能武装的人员，业已用罄。所谓“增加兵力”，“动员六百万以对华”等等，不过是大言不惭的空口宣传而已！

敌寇在侵华战争发动的开初，即高唱其“速战速决”的口号，此固一方面是它自认有充分的军力，足以用快刀斩乱麻的办法，消灭中国实力，但同时亦足证明其本身的外实内虚，经不起长期的对华作战，所以在我二年来持久战略的原则下，早已粉碎其“速战速决”的梦想！

目前敌寇在华的军事，自表面上看，似有广大的发展，然此非仅不能佐证其军事上的胜利，反而适足为其将来失败的主要根源，因为在现有的沦陷区域，实际上敌军势力所能达到的范围，不过几个较大的城市和几条重要的交线而已，而广大的土地和一般的行政权，仍操在我手，并且到处都是我们的游击部队，随时可以袭击反攻，牵制消耗敌寇大量的军力，使其插足泥沼，进退维谷！数月前，板垣在敌会议中说：“在前方取守势，在后方取攻势”，意图在其占领区内进行所谓“扫荡”工作，使其已占领之点与线，扩充成为片与面，可是数月来的战争事实告诉我们，所谓“扩展占领区域”反而愈扩愈小了。

两月以前，敌军由粤赣皖鄂各战场，抽调大量兵力，集中鄂北，进行其“五月的攻势”的计划，希图围攻襄樊，突破我军事根据地，占据宜昌，而威胁我首都，当时敌报谣传，谓在鄂北一带，包围华军若干万，不久即可消灭，但结果反倒遭受被我歼灭两万余人的大失败。

再就兵员补充言：近据俘虏供称，敌寇今年补充的兵员，均为预备役，极少训练，且兵役法修改后，抽丁范围扩大，据苏联消息报估计，敌国农民被征参战者，已有七八十万，这些都是年富力强的壮丁，其他工商各界被征者亦甚众，各业工作，多由妇女填补，由此可见其对于兵员的补充问题已感到极度困难，而无法解脱了。总之，单就军事而言，两年来的战果，已使敌寇走到日暮穷途山穷水尽的地步了。

二　经济与财政

日本的国民经济，异常脆弱，其产业尤不能适应战时的军事要求，军事上所必需的资源非常贫乏，故其军需的供给，不能不仰赖于海外输入，敌农业仍保存着所谓亚细亚的特性，较之欧美的农业要多需几倍的劳力，其他各种产业部门，也都残存着封建的方式。这都是其自身具有的先天的缺点，不能适应战时需要而充分发挥其效能。

两年以来，敌国在产业上，表现惊人的衰退现象，其主要工业——棉织工业的生产额，大呈颓势，1938 年棉织品的输出量，较 1937 年减少百分之三十，杂品输出，1935 年为十亿元，去年则减为六亿元，为救济战时经济上的缺陷，敌政府曾于战争开始时，颁布临时资金调整法及输出入品临时措置法，实行战时经济统制，意图调整。但统治的结果，中小商工业所感受的困难与物质的匮乏更深，不制造军需品之工业企业，已有数万家关闭，其他苟延残喘者，处境均极悲惨。农业方面 1936 年来的产额为 67300000 担，1938 年降至 34100000 担。1938 年度蚕丝的产额，较 1937 年度减少百分之十四，其它农产品，因劳力不足与肥料缺乏，收入更形减少。众议员铃木于本年2月13日演说中曾谓：“生产扩充计划，不能使人无怀疑。”又谓：“类似现在的生产机构，欲厉行生产扩充，物资动员，无异缘木求鱼，徒压迫国民而已。”可见敌国产业，已极度疲落，而无法自掩了。

最堪引人注目的是军事费，从开战到1939年度终了，数达一百七十七万万元之巨。1937年度军事费为三十九万六千万元，1938年度为六十一万万元，1939年度为七十三万六千余万元，合计一百七十四万两千余万元，内中除去战事未爆发前1937年度四、五、六，三个月的一般军事费约三万五千万元外，（全年度十四万一千万元的四分之一）由战争开始至1940年三月底止，其已经支出和将要支出的正规军费有一百七十万七千余万元，其他如厚生省的伤兵医疗费和救护费；农林省的马政费；工商省的军需贸易补助费；递信省的军人恩给费和军用船舶交通费；铁道省的军用铁道交通费；内务省的征兵费和防空费；拓务省的军事性移民费；外务省的对华事变费，以及其他所谓生产扩充费等等变相的军事费用，两年中为数约七万万元，故总数为一百七十七万万元左右。

我们再看敌人税额的增加，自战争发动以来，敌国曾经三度增税，第一次是所谓华北事件特别税，增额为一亿一百万元；第二次是中国事件特别税，增额为二亿元；第三次是七十四届议会通过的，二亿元赠额，合计五亿一百万元。此外，如1938年度租税的自然增收约二亿元，与“七七”事变前夕结城藏相时代的临时增税额三亿六千万元，都是直接关系战事的增加项目，故实际租税增额当在十亿元以上。

在这种长期战争支出浩大财政拮据之际，发行公债几成为敌寇主要的救急良药，1937年度，预定发行公债总额为三十一万四千万元，1938年度，预订总额为五十六万万余元，1939年度，为五十七万万余元，这样的庞大的数目，虽经政府一再努力推销，但已消化力有限，逐年以致均有残存。1937年度预定的公债发行额中，残存九万两千九百万元，1938年度增至二十二万万以上，本年度的推销成绩，恐比过去更差，其原因不外下列两种：（一）公债推销的多寡，以国民所储资金的增减为转移，敌国去年公债消化成绩较好的原因，由于新资金的储蓄额激增，资金之所以激增，乃因其存货的资金化，即因物资统制的关系，使存货出售后，无法继续补充，以致变为储金，今后存货大减，资金的存储，自亦不会像去年而激增，从而公债的消化力亦必减退。（二）资金的存储额如不继续增加，则公债的推销率与生产力扩充的资金需要率，适成反比，即用作扩充生产事业所需的资金的数目愈大。则用以购买公债的资金愈少。敌国本年度资金的存储额已不能增加，但其生产力扩充的资金需要却较去年大增。去年民间向资金调整局请求核准的资金需要额为三十万万元，今年的请求核准额竟达五十万万元以上。这种激增的现象，自然是公债一个推销的大阻碍。

因公债的消化不良和物资一般的缺乏，敌政府不得不大量发行纸币，以应财政上之急需。于是恶性的通货膨胀，乃成为不可避免的应付办法，截至去年年底，“日本银行”的纸币发行额，已达二十八亿五百九十八万八千元，超过其他法定发行额百分之六十五以上，为迁就事实起见，遂于本年3月7日颁令将法定发行额由十七亿元增至二十二亿元，“朝鲜银行”法定发行额亦由一亿元增至一亿六千万元。

“台湾银行”由五千万元增至八千万元。纸币尽管如此增加，并不能刺激工商业的活跃，一般的消费品，输出品，不独不能比例的增加，而且剧烈地减少。无论趸售或零售物价，都是一天天的飞涨，据“日本银行”的统计，日本的趸售物价指数，以 1938 年 12 月底与“七七”事变前夕比较，增加了七分。伪满的趸售物价指数，增加了十三分。零售物价还有更大三倍。这种奇特现象，其主要原因，是由于为求适合战时的需要，将生产重心移转于重工业方面，以致日常用品的生产来源缩小，不能供应普通的生活需要了。根据 1938 年事业资金的分配，其中重工业及化学工业占百分之八十，矿业占百分之十七，可见敌国大部生产机关，几全变为侵略的武器制造所了。这样的产业发达，非仅不能代表社会的进步，而且相反的，是人类的死敌，罪恶的源泉！

因为战争的影响，敌国对外贸易，亦较前大减，单就对美国的贸易而论，据美商务部宣称，1938 年日本输至美国的物品，较之 1937 年计减少 37%，其中主要者，计植物油减少 72%，棉织物减少 93%，生丝减少 12.2%，丝织品减少 30%，人造丝织品减少 62%，编织物减少 80%，帽类减少 62%。玩具减少 32%，海产物减少 49%。美国货物之输往敌国者，1938 年较 1937 年减少 30.5%，其中主要者，生棉减少 51%，烟草减少 81%，纸浆减少 67%，颜料减少 84%，钢铁减少 66%，废铁减少 56%。敌国向来是依靠它自己的轻工业产品换取美国的军用品和原料品的，然而根据上述情形，已足证明其对外贸易之衰落，轻工业产品之输出锐减，而直接影响其军用原料品之供给矣。

对外贸易之不利，影响到敌国入超的增加，据美国商务部报告，

1937 年其入超为三万万美金，1938 年入超为五万二千五百万美金，本年之入超，将更超过去年的数目。1937 年夏季以来，敌购买军用品运至美国之现金，已达四万万美金，国际财政专家估计敌现存现金，最多不过一万万美金，若目前情势不变，其存金将必须继续外流。

在讨论敌国经济财政的时候，我们不能不提到它对华的货币政策。敌寇企图以经济手段征服中国，创造所谓“日金集体”，以破坏中国的法币政策。于 1938 年 3 月 10 日嗾使伪临时政府，在北平设立伪联合准备银行，发行无担保不兑换的伪币，希图套换法币。并宣布所有中国银行发行的南方地名纸币，在三个月内，禁止流通，北方地名纸币，在一年内，禁止流通，然当时中国方面各银行纸币在北方市场的流通额，总共有三万三千八百万元之多，而伪联合准备银行的准备金不过二千一百万元，还不到十六分之一，如何能使人安心将信用确立的法币来调换毫无信用的伪币呢。所以伪币发行的数目，始终没有进步，而套换法币之途，更无法走通，不得已，乃变本加厉，于今年 3 月 11 日起，实行禁止法币流通，傀儡政府并发布命令，指定十二种货物之输出，须先将外汇卖与伪联合准备银行和日本正金银行，意图以强制方法，迫使我民众使用伪币，并套取外汇。殊不知经济问题，绝对不是敌伪政治压力所能奏效的，所以结果反而使伪币价格日益跌落，法币价格日益高涨。据 5 月 2 日，路透电讯，“在三星期前，联银券易法币，只贴水八元五角，一星期前每百元，贴水二十一元五角，至昨日增至三十三元，今日则更增至三十四元。”5 月 3 日消息，“联银券一百三十四元五角，仅能换得法币一百元。”伪币一跌再跌，结果不独敌寇夺取华北外汇的毒计，全归失败，而且因为伪币与日元维持同等之价格，伪币惨跌，使日元亦受莫大影响。5 月 19 日，日金初跌，每元折令法币九角六分，5 月 20 日，日金再跌，每元合法币九角二分三，5 月 23 日，日金三跌，每元合法币八角九分五，最低时有八角八分之市价。近据上海英人出版之《金融与商业》称："华北伪币的地位，已愈趋恶劣，主要原因，是为了伪币已不再可能兑换日元。最初伪币的发行，本来是规定随时可以兑换日元的，现在既失去了这兑换上的便利，伪币便成无所依据的废纸了"，伪寇一手支持的伪币尚不肯兑换日元，其信用可以想见。

敌寇在华北图扰乱我金融而遭失败，复于本年 5 月 16 日以南京伪组织的名义在上海设立伪华兴银行，以谋再逞，该伪行名义上虽定有资金五千万元，可是这不过是骗人的手段，实际上是十足的买空卖空的空头生意。它虽然也决定发行纸币，并声明此项纸币可以自由购买外货，但其实际意义，无非想借发行伪钞，换取我国货物，运到外国以便夺取外汇。惟事实并不如此简单，我们且拿第三者的批评和敌寇的自供来证明。财政家耿爱德氏说："华兴银行发行可兑取外汇之纸币，其方法不外数种，一为实行统治外汇市价，此法绝难成功，故将不得不减低其外汇售价，另一为全部统制自占领区域之对外输出，暂时对于输入不加过问，惟将来所办之出口货单，必不敷人口总数甚远，将来亦必感应付困难。故无论如何，该行之成立，对于贸易将有损无益。"伪华兴银行副总裁森岛会自认相信法币之稳固性，并声明伪华兴银行无强迫禁止法币流通或减低法币信用之意，其自认者此，前途不言而喻。

三　国民生活状况

战事扩大的结果，使日本一般国民的负担增加到可怕的地步。前面已经说过，敌国的战费，从战事开始到本年度终为止，总共是一百七十七万万元。若以七千二百万人口（敌内阁统计局最近发表的数目）平均摊派。每人约负担二百四十八元，每人每年平均负担数为九十三元左右。日本每年的国民所得过去大约为一百万万元，现在因物价高涨，大约一百二十万万元左右。这个数目，如按七千二百万人口分配，每人得一百六十六元。但我们应该注意，所得七千二百万人口，其中实包括多数没有生产能力的老弱残废与妇女。因此上面所举的重大负担，不能不全部加之于真正有生产能力的人们身上。假设日本全部人口中只有三分之一是有生产能力的，三分之二是没有生产能力的。那么上述全部人口每人平均负担的战费二百四十八元。便将变成了三分之一的人口，每人平均负担的数目七百四十四元，每年平均负担数则为二百七十九元。此外，还要被扣去强制储金和出征军人的慰劳费等特殊支出，亦占人民收入的百分之三至四。

从另一方面讲。因为通货的恶性膨胀与物资共给的缺乏，形成一般物价的上腾。物价上腾，便是国民生活程度提高，也就是国民负担的加重。这种情形，可以拿敌国官方所发表的统计数字来表明。

项　目	事变前	本年1月
总平均指数	192.5	218.9
饮食费	181.3	197.3
住居费	233.3	234.0
光热费	194.2	243.3
被服费	167.9	219.0
文化费	185.9	201.2

上列数字的比照，显然表示战后物价较战前物价一般的增高，被服费增高30%，光热费增高25.2%，饮食费增高8.8%，文化费增高8.2%，住居费增高0.3%。

我们再看日本国民收入是怎样的情形。固然，由于日本劳动力的缺乏，劳动工资指数，也较战前增加，可是远不及生计费指数和物价指数增加之速。现在把1937年7月的工资，物价，生计指数，与最近的作一比较如下。（假定1937年7月为100）

项　目	1937年7月	最近
劳动工资指数	100	110.0
生产费指数	100	113.0
零卖物价指数	100	123.4

上表所列工资指数，还只是名义上的，事实上的工资指数，比较更差得多。据敌工商省的调查，其比较如下。

项　目	1937年7月	1938年7月
生计费指数	100.0	112.2
名义工资指数	107.6	113.5
实质工资指数	100.0	94.0

这里是说明：战事发生后他们虽然得到了较多的收入，但其所换得的生活，反而远不及在战前收入较少时之为宽裕与舒适。这就是他们（劳苦阶级）在侵华战事中所得到的唯一实际收获。

目前日本民众的生活是这样的艰苦，他们吃的多半是杂粮和薯类等粗恶的食品，他们穿不起毛织或丝织的衣服，甚至连棉布也穿不起，他们买不起皮鞋，只好买木屐打赤足。他们的劳动条件较以前恶劣，工作时间较以前延长。赤贫如洗，而又失业者，数达两百万人以上。跟着这种形式的发展，下层的革命情绪，也一天一天的增长！

四　反战运动

日本国民的战争意志本来是不坚定的。他们过去完全是被一种狭隘的爱国心情和虚伪的忠君教育所蒙蔽或麻醉着。并没有和他的实际生活利益打合起来，所以在假葫芦尚未揭穿以前，他们似乎是很驯服的，可是一到揭穿之后，便会公开的向着他们的统治者反目了。

在中倭战争发生之初，敌寇自夸三个月内，便可把中国问题完全解决。当时其一般士兵和民众似乎也很相信他们的政府确有这种把握，尽管有多少厌战的心理和犹疑的态度存在，但在军阀蛮横的压制与欺骗之下，始终是潜伏着没有发作。南京失守之际，敌寇扬言国民政府的势力已被其摧毁，中国再没有力量同他继续作战，所谓中国事件，于此可告结束。敌方开到中国作战的士兵，也以为不成问题，打到南京之后，他们便有开回老家，重享其天伦之乐的希望了。不意我长期抗战的决心毫未动摇，战争的力量亦愈加充实。使敌人提早结束战争的鬼计终成泡影。至此敌政府之信心尽失，而国内民众与前线士兵反战之心理便随之而来。我们从俘获的敌兵和敌方阵亡尸体的私函和日记中常常发现这类事实。

反战的情绪随着战事的延长和牺牲的惨烈而愈益加深，反战的表示亦渐由消极的酝酿而趋于积极的行动。资将敌国反战运动的事实列举如左。

去年 2 月间，敌军山内旅团在淞沪登陆时实行反战；2 月 4 日至 8 日，敌第三师团由南京开至江北，一部分拒绝开赴前线；4 月 27 日敌军两千余人在苏州哗变；12 月 30 日，敌陆军省的重要公文，被职员丁尻少将窃交反战会会长小林。此外，山西方面之敌军向我投诚者比比皆是，因反战而被军官所杀者有之，甚至陆军省内职员亦秘密加入反战会中。

到了今年，反战风潮更加澎湃，反战事实愈出愈多，1 月下旬，大沽口外敌三千余陆军反战哗变，与弹压部队冲突；江阴敌军近千击杀敌司令官；上海敌军发现秘密反战组织；汉口敌军暴动未遂；2月8日驻广州之朝鲜及台湾敌兵六千余名大举暴动；13日汉口刘家庙敌兵千余人突然兵变；14日富池口敌兵二千余不愿登陆作战，与弹压部队冲突；18日无锡敌军哗变；2月底天津敌宪兵因公开发表反战言论而被枪决；3月1日大阪敌陆军军火仓库职员穿川崎义等将该仓库爆炸；3月16日广州台籍步兵四百余名，向我游击队投诚；3月18日郑州讯，修武敌军某大尉秘密组织反战同志会；3月20日敌空军在湖北沙洋散发反战传单；5月初武昌敌兵多名哗变；21日武昌黄土坡勤围之敌千余名哗变，与镇压部队发生冲突；27日长辛店敌反战分子举火，将铁道工厂焚毁；最近广州敌空军六十余名密谋反战，被扣押解回国。关于海军方面，有天津海面伊字六十二号潜艇被二等巡洋舰“北上”号撞沉；驻青岛敌驱逐舰“芙蓉”号被撞沉；出云旗舰被撞伤。

以上所举，仅及于军队方面；关于社会一般的反战事实，也还不少，兹再举其重大者如次。

前年11月，神户海员反战怠工；横滨，新泻，大阪等地工人反战作联合的示威运动；12月敌阀企图扑灭反战运动，大事搜查，被捕者千余人；去年2月神户地方因家属送新兵上轮时呼噪反战，致有千余人被捕；佐渡，足尾，秋田，青森等地，亦各先后发生猛烈的抗捐抗租及武装的反战暴动；本年2月初旬东京帝国大学教授河合等因反战而与敌荒木文相冲突，联名总辞职。帝大经济部学生千余罢课响应；3月6日横须贺海军军火仓库五所爆炸燃烧；3月17日，香港电讯，东京反战标语，遍贴街衢；又讯台湾农民领得枪械后纷纷哗变，朝鲜方面亦有同样暴动；19日大阪棉花会社及小仓市邮局纪念病院被焚，木浦府朝鲜清津均起火；同时东京焚毁工厂十余家；4 月 25 日东京大岘町兵工厂被毁，他如左派各党纷纷组织反战团体；乡民因征兵而到处放火；慰劳袋中发现反战传单，以及最近敌国和朝鲜各地方反战事件层见迭出，不胜枚举，凡此种种，无一不是革命危机的征兆。

反战的行动已普遍的表现于敌国的各界与各层。此种情形发展到现在，已使横暴的敌阀穷于应付，不胜防范。虽然规定了所谓“叛乱，卖国，失职，抗命，暴行，及威胁，侮辱，逃亡，破坏军用品，掠夺，藏匿或放纵俘虏违令”，等八十余条新的罪名，但仅足表示敌阀在精神上已失却统驭士兵的能力，而不得不以严酷的法令，作其最后之护身符了。今后战争还在无限期地进行着，敌国军民的痛苦将继续加深，因而反战浪潮，也只会一天天的高涨，而无法消弭。

五　政治危机

敌寇军事的失败，经济财政的枯竭，反战运动的发展，与夫国内各种的矛盾，造成了政治上的总危机，政府的统治力，已极感脆弱，因而内部分歧，政见不一，就兹其大概情况，述之如后：

一般以为敌国政府是全被法西斯派所把持，但实际上元老重臣仍是一个显著的控制势力，二者都是侵略魔鬼，惟其鬼计不同，因而彼此分歧，常常发生摩擦与暗斗。

“5·15”事件后，虽军阀当权，政党失势，可是在民众方面，政党仍保持着广大的势力，而且在议会中经常占着多数。近卫文麿挂着缓和政党与政府冲突的招牌，主持内阁，然以无法解决侵华战争，竟遭议会的强烈反感，不得不挂冠而去。去年第七十三届议会时，关于总动员法案及电力国营问题，议会和政府发生正面冲突。政民两党的中央部被法西斯占据。社会大众党首领安部矶雄，被暴徒凶辱。此均为政府与政党不能融洽的显著例证。

平沼入阁更是极滑稽的一件事。他本来是“国本社”的首领，早与军阀相勾结，以图获得政权。然以元老派视其为危险人物，使他不容易达到目的。近年来故意改变态度，将“国本社”解散，以求取信于元老重臣，于是在今春近卫塌台，没有其他相当继任人选之际，他便被借重而组阁了。形式上，他既不是法西斯派，更不是现状维持派。但是他的政策是想站在法西斯的立场来笼络政党。他虽然口口声声要根据宪法，尊重政党，但实际上却在为法西斯出力。他的最大目的是欲从观念上去改造政党，使其法西斯化。然而，具有悠久历史与社会基础的日本政党，在其社会基础未发生本质的变化以前，要想他与法西斯同化，自属不可能之事。本年1月13日政友会议员河野在议会中提出质问谓：“平沼内阁为日本有史以来最不孚众望的内阁，因平沼内阁为近卫内阁之延长。近卫既失人心，平沼安能挽回。”足见议会对平沼内阁印象之不佳，与其自身前途之恶劣了。

最近敌关于参加德意军事同盟问题，更使敌寇政治有趋于破裂之危险。急进的少壮军阀如建川桥本，法西斯的外交官如白鸟大岛，以及中野正刚武藤贞一等右翼法西斯团体，都是极力主张参加。另一方面西元寺元老，汤浅内府，松平宫内大臣等重臣，及池田成彬结城丰太郎乡城之助等财阀，都反对参加。政府对此迄无明白决定。据一般观察，敌寇参加德意军事同盟。只是时间问题，而参加的途径，不外下列二种：（一）反对参加的元老重臣财阀等失势；（二）在法西斯少壮军阀的不满之下重演“2·26”的流血惨剧。

六 结语

总之，两年来抗战的结果，已使敌政府的威信丧失殆尽，社会基础发生动摇。在目前敌国的整个社会中，已布满了危机，到处表现着崩毁灭亡的前程。自然，日本军阀的无理蛮干，已经丧失了理智的判断，所以尽管它已深深陷入泥沼之中，但仍不惜逞其兽性以作最后的挣扎，直至整个的崩溃灭亡为止！

//《扫荡报抗战二周年纪念特辑》，1939年7月，p.91－97

本文乃先父为纪念“七七事变”两周年而作。是一篇非常有分量的论文。知己知彼，百战不殆，作为专家性的全景扫描，本文占有资料详尽全面，不仅有中日两方的情况，而且引用了美、英、俄、香港等媒体报道及官方报告，甚至还收录了俘虏的供词和敌方阵亡尸体的私函和日记。全方位，多角度，大数据，对日本的军事、政治、经济、财政、民生、民情等诸方面的情势作出透彻的剖析，为日寇之必将崩溃灭亡；为中国持久抗战之必胜提供了最坚实的基础。

「七七」兩週年對敵寇的透視

朱代杰

民國二十六年的今天，暴敵爲求滿足其得寸進尺併吞中國的侵略野心，用它慣用的强盜手段，在蘆溝橋發動事變，迄今已歷兩年，戰線擴張到十餘省，在這驚天動地，打破東亞歷史紀錄的國際大戰中，軍備落後的被侵略的中國，在暴敵飛機大砲的摧殘之下，生命財產的重大犧牲，固然無可諱言，而在另一方面，自命爲不可一世的日本帝國主義者，情形究竟怎樣？本文的目的，即在就各方面所表現的事實，來回答這個問題。

我們首先應該明瞭，此次的持久戰爭，絕不是日本軍閥所可料想得到的，敵寇的心目中，根本看不上中國，它認爲中國絕無決心和力量與它對抗，中國是它的俎上肉，儘可由它任意宰割，所以在它預想中的「七七」，不過是「九一八」的重演，可以不費一兵一彈而攫取大塊土地和大量富源，誰知事出意料，不獨未討得預期的便宜，且一舉而鑄成大錯，蒙受莫大的損失。茲就其自抗戰以來內部各方 所發生的比較嚴重的問題，分別說明如后。

一，軍事方面

日寇的假想敵人是蘇聯而不是中國，故其軍備的重心也是在對蘇而不在對華，據一般的估計，它在戰時可能使用的兵員總額，不過二百五十萬。其預定之軍力分配，將以百分之七十對付蘇聯，百分之三十對付中國。但自戰爭開始迄今，其調華作戰的步兵，已增至三十餘師團，再加其他特種部隊及在關外之部隊人數約百餘萬，二年來之死傷，且，亦八十餘萬，如再將其海空軍及軍需工業方 的動員計算在內，合計達二百餘萬人，這種巨額人數的使用消耗 顯然超過它的預定計劃很遠。換言之，因爲中國堅强長期抗戰的結果，使它不能不把留作進攻蘇聯的軍備移作應付中國之用，去年七月間張鼓峯事件發生，結果日寇不能不向蘇聯屈膝，這與其說是蘇聯的軍力過於强大，敵寇不能不有所顧忌，無寧說是因爲它的兵力在侵華戰爭中受了意外的犧牲和牽制，再無餘力以應付蘇聯了。

其次日寇國內的被壓迫階級及其統治下的殖民地人民——朝鮮台灣，革命和獨立運動之潮漲日益劇烈，使敵人不得不配置相當軍力，以資鎭壓，據外報紀載，留守敵國內及其殖民地的部隊，爲數在三十萬人左右，此外駐紮蘇僞邊境的警戒部隊亦二十萬人，以防萬一，這些都是最少限額的要求，再沒有方法抽調了，由此可見敵寇可能武裝的人員，業已用罄。所謂「增加兵力」，「動員六百萬以對華」等等，不過是大言不慚的空口宣傳而已！

敵寇在侵華戰爭發動的開初，即高唱其「速戰速決」的口號，此固一方面是它自認有充分的軍力，足以用快刀斬亂麻的辦法，消滅中國實力，但同時亦足證明其本身的外實內虛，經不起長期的對華作戰，所以在我二年來持久戰略的原則下，早已粉碎其「速戰速決」的夢想！

目前敵寇在華的軍事，自表面上看，似有廣大的發展，然此非僅不能左證其軍事上的勝利，反而適足爲其將來失敗的主要根源，因爲在現有的淪陷區域，實際上敵軍勢力所能達到的範圍，不過幾個較大的城市和幾條重要的交通線而已，而廣大的土地和一般的行政權，仍操在我手，並且到處都是我們的遊擊部隊，隨時可以襲擊反攻，牽制消耗敵寇大量的軍力，使其插足泥淖，進退維谷！數月前，板垣在敵會議中說：「在前方取守勢，在後方取攻勢」，意圖在其佔領區域內進行所謂「掃蕩」工作，使其已佔

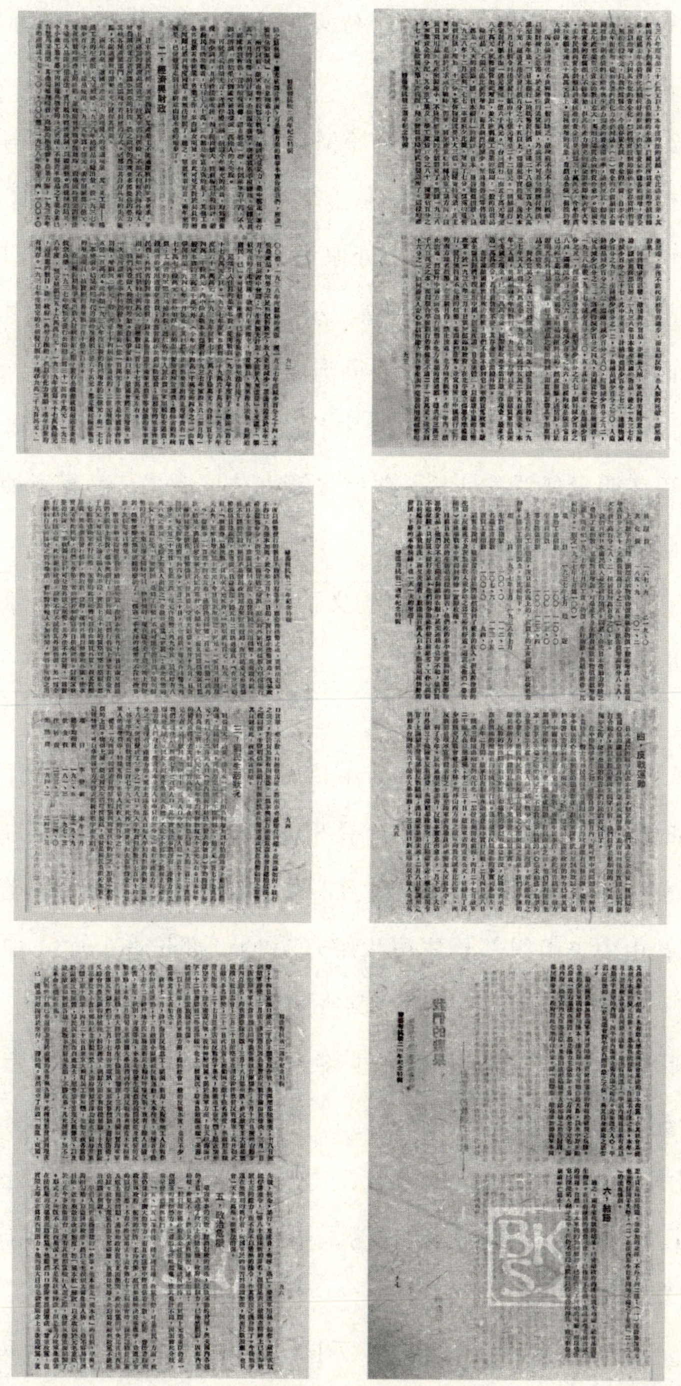

1939年12月7日，陈诚电贺衷寒调整机构并请兼任办公厅主任，全文如下：

西安行营政治部谷主任转贺秘书长君山兄：（一）本部调整，已奉委座批准。设一办公厅，下辖总务处、交通处及机要、文书、人事、编审、调查等组。（原秘书处取消）除办公厅外，并设四厅：第一厅专掌人事，第二厅专掌训练，第三厅专掌宣传，第四厅专掌经理。如此，则各厅较有中心，并可沟通。（二）办公厅主任，请吾兄担任，以一事权；至各厅长，除朱代杰调第四厅厅长外，其余均照旧，并以庄明远任总务处长，张宗良调办公厅副主任。兄意如何，盼电告。陈诚。虞酉渝。

//“国史馆”，“陈诚副总统文物”，往来函电（四十三），典藏号：008－010202－00043－006

“八一三”淞沪抗日之战结束后，接着京畿陷落，政府西移武汉。当时为了适应情势的需要，军事委员会明令撤销第六部，另行成立政治部，……政治部迁到重庆后不久，即行改组，副部长黄琪翔外调，遗缺由中央组织部长张厉生继任另增设部长办公厅（中将主任刘千俊）。在办公厅以下，又设调查组（少将组长丘学训）、文书组（少将组长张玉书）、机要组（少将组长叶光）、副官室（上校主任由笔者充任）。总务厅改称第四厅（中将厅长朱代杰，原总务厅长赵志垚调湖北省政府财政厅长）。又增设一个交通处（少将处长梁×新）。其余各厅处主管仍旧。扫荡报则由刘威凤任社长，中国电影制片厂以郑用之任厅长。

/士心//我和周恩来夫妇的两年交道

“七七事变”后，父亲以农工民主党身份出任国民政府军事委员会政治部总务厅长，在淞沪、武汉会战中发挥重要作用。

1938 年 9 月，中华民族解放行动委员会（农工民主党）中央机关从武汉迁到重庆半山新村 3 号。

图为 1939 年解委会部分成员与来访的叶挺在半山新村 3 号门前合影。左起：一不详。二 军事委员会政治部秘书长柳克述，唐山交大毕业。后参与台湾新竹交大筹建。三 军事委员会政治部四厅厅长朱代杰，上海交大毕业。四 叶挺，保定军校与邓演达、严重同班。五 四厅调查组组长丘学训，后去香港。六 农工党第四届常委王深林。七 公路总局技术科长李宣予，上海交大毕业。八 李宣予夫人曾昭华。九 四厅总务处长庄明远。

相片中人物多为军委会政治部成员，其中有三位交大学子，当时为保障战时交通运输，正在推广试用蒸汽车。

附图 朱代杰手书三则

朱代杰函告谢然之，

“国史馆”，典藏号：008－010301－00017－003

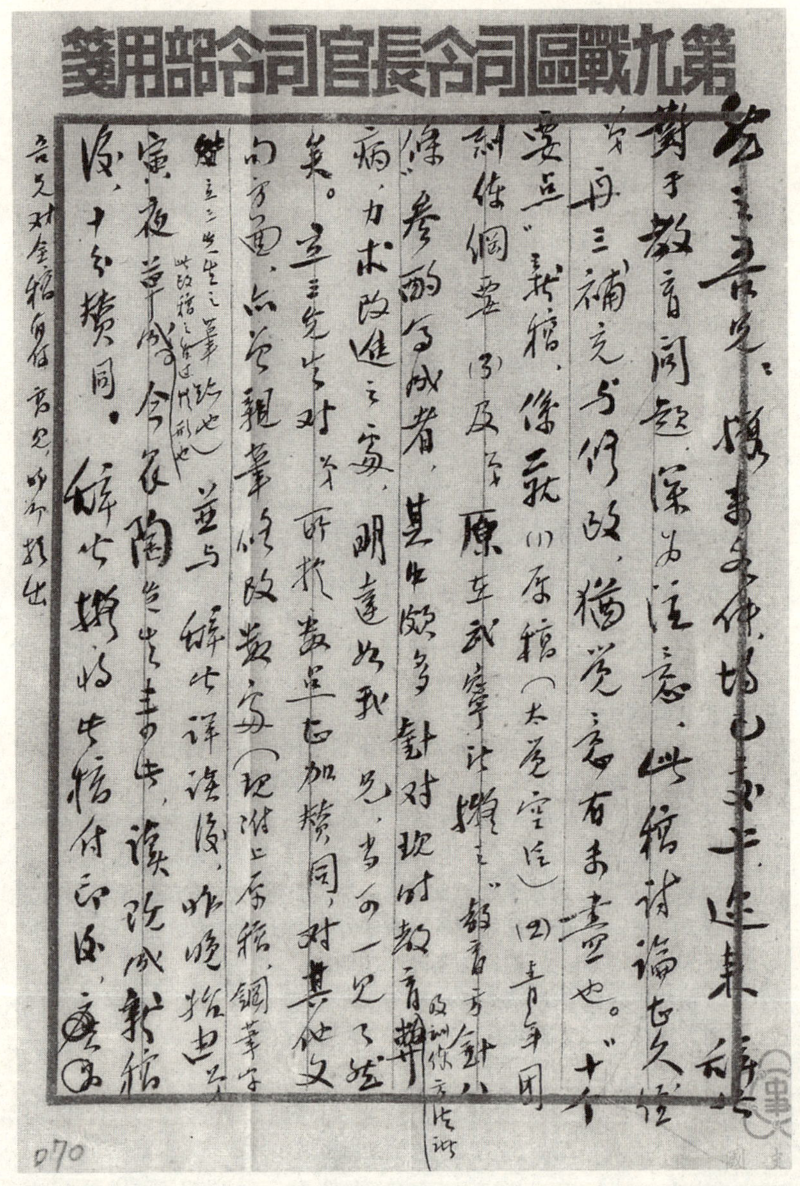

第九戰區司令長官司令部用箋

然之先生：[illegible]

对于教育问题，深为注意。此稿讨论甚久，经

本部再三补充与修改，犹觉意有未尽也。十个

要点，新稿，条款（1）原稿（太空泛）（2）青年团

训练纲要（3）及本部原在武宁计拟之部首方针八

条参酌而成者，其中颇多针对现时教育弊病，力求改进之处。明达如我兄，当可一见了然

矣。至于先生对本部所拟各点，已加赞同，对其他文

句方面，亦曾亲笔修改数处（现附上原稿，钢笔字

乃先生之笔迹也）并与辞修详谈后，昨晚指出若干

[illegible]

后，十分赞同。辞修拟将此稿付印[illegible]

吾兄对全稿有何意见，请即指出

第九戰區司令長官司令部用箋

文学术界广为介绍，（尤其本省学生）冀以引起一般之注意与讨论。其次，最好能在付印前先都登各大杂志或报纸，此亦能以一致赞同，故当亦为之补济之。关于"国防"二字之用语，并以为抗战前有此称号"，"民族""国防"等之化之争论，见解各有其偏，故并提出"抗战建国的文化建设"，须经确化的为三民主义，以其更能概括一般也。青年团留日学生中有刘真君，其在报上发表一文，"确定中国的意义"，经仁剑之前呈请此，故令其来此一谈。并观此君，可作研究教育行政者，对苏青在政治、技术问题，颇为实际，人尚老若，笔下亦快，

对理论了解不够，但尚能虚心学习。

材料，不知已交君先看？

前日返渝，其傅失败集

第九戰區司令長官司令部用箋

注意信纸“第九战区司令长官司令部用笺”，写信日期为：10 月 12 日，武汉失守是 10 月 25 日。

朱代杰签报蒸汽车之采用，

“国史馆”，典藏号：008－010202－00020－002

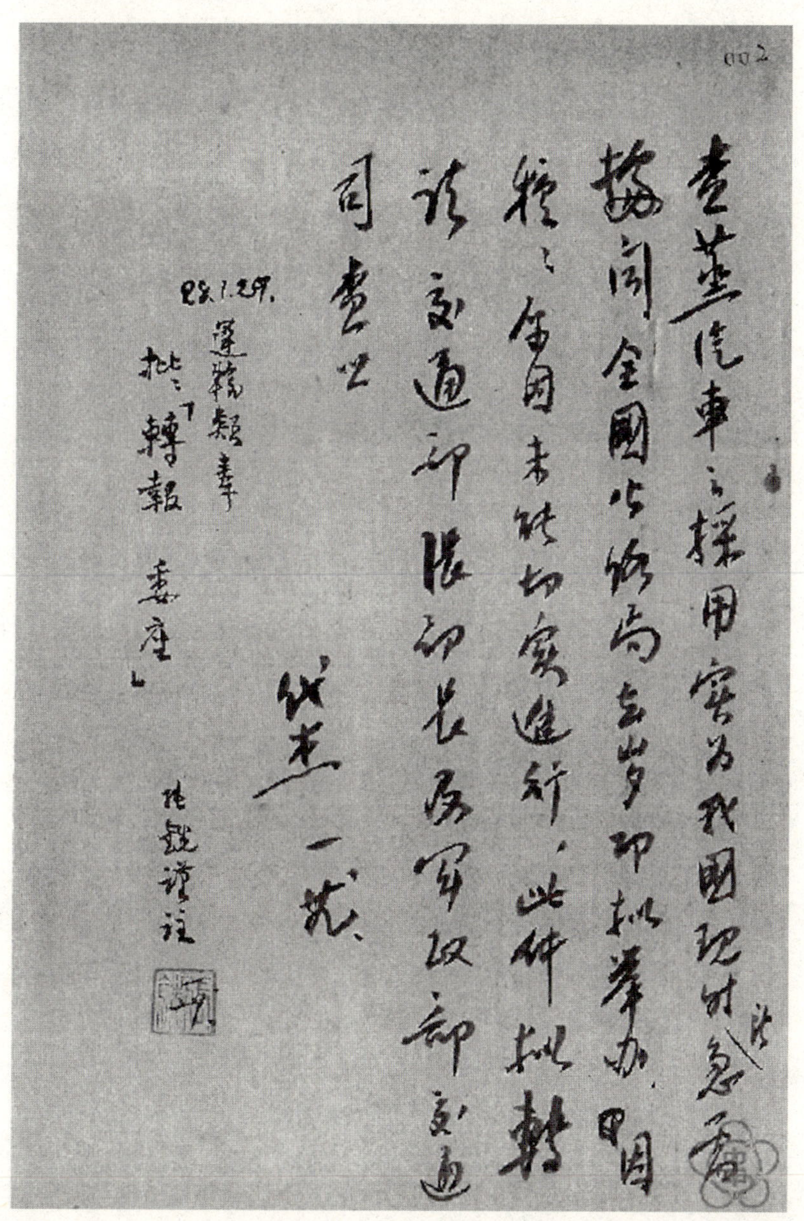

朱代杰签报复李杜函，

“国史馆”，典藏号：008－010202－00003－003

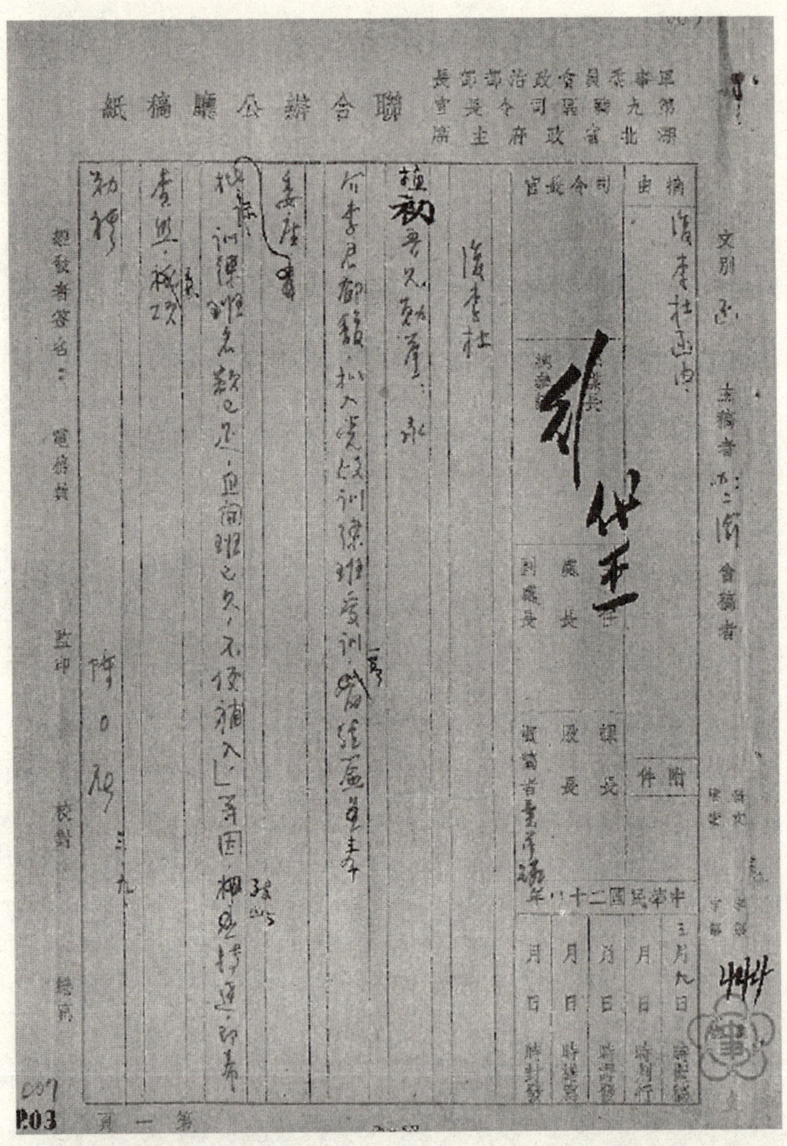

軍事委員會政治部部長
第九戰區司令長官
湖北省政府主席
聯合辦公廳稿紙

请注意稿纸抬头：军事委员会政治部部长、第九战区司令长官、湖北省政府主席联合办公厅。父亲时任厅主任。

湖北·恩施·宜昌

◎ （1940～1944）

我（陈诚）自民国二十五年（一九三六）起，即因兼职过多，屡次请求中央予以专任职务，免致多所偾事。但迄未获准。二十九年（一九四〇）六月宜沙转进，寇入益深，且有进窥陪都门户之企图。委员长蒋公因为军事上的需要，才准我摆脱了中央方面所有一切的职务，到湖北来专任第六战区司令长官的军职。又因为立三（严重）先生急于求去，不可强留，中央因而决定，湖北省政也着我亲自兼理。

二十九年（一九四〇）九月一日是我亲自兼理省政的第一天，

立三先生代主省政期间，省府人事曾经局部改组，到我接任之前一日，民政厅厅长由委员张难先兼任，财政厅厅长由委员赵志垚兼任，建设厅厅长由委员林逸圣兼任，教育厅厅长由委员张伯谨兼任，秘书长由委员黄仲恂兼任。我接任后，除民政厅厅长改请任命委员朱怀冰兼任，秘书长改请任命委员刘千俊兼任外，其余均一律未动。原任不兼厅委员石瑛、卫挺生辞职，于三十年（一九四一）初改请任命罗贡华、刘叔模继任。原任不兼厅委员朱代杰，仍留任。直到我辞卸主席职务之时止，除建设厅厅长曾改派朱一成、谭岳泉先后接充，又秘书长曾一度由许莹涟充任外，其余均无变动。

自二十七年（一九三八）七七省府改组之时起，本省地区已有沦于战地者。到我复职主政之日，全省七十一县、市，愈益残破。

/陈诚//陈诚回忆录—抗日战争，p. 162

贺衷寒呈蒋中正政治部内部人事情况及工作报告与建议

竊職奉命服務政治部以來，瞬復兩載，日夜惶悚，思竭愚者之千慮，仰分憂勞於萬一。然以內部過於龐雜，而職之權責亦有限度，心餘力絀，坐使弊害叢積，咎戾之重，理應自請處分。又於去年五月奉派江北慰勞前線將士，離職半年，始得返部。計此期間，部中之弱點愈益暴露。私衷疚疚，尤難言喻。比因欲免增加咎戾，當於改組時，向陳部長前後兩度電辭秘書長兼辦公廳主任職務，未蒙轉達睿察，遷延至今。自覺負罪日深，無可逃逭，乃蒙鈞座不加處罰，反一再垂詢整理意見。奉諭以來，因顧及職之地位，未敢冒昧上陳，然又不便長此緘默，貽誤事蹟。謹將默察所得，條陳梗概如左：

一、政治部成立未滿二年，中經四次改組。每次改組，工作停滯，恆至二三月之久。此種輕易變制之弊害，必須糾正，該部事業方有前途。

二、政治部成立後，凡政訓處時期中未由中央派遣政工人員之各部隊，如粵桂滇晉各部，至今仍僅由政治部發給原有各部政工之經費。政工人事方面，殊未能及時調整。今後務必逐步更調其人事，並分別調訓其各級工作之幹部。

三、政治部因陳部長辭修兼職頗多，精神難以貫注。其餘主腦幹部，責任不甚分明，致形成一國三公之畸形狀態。故整理該部，必須確定主腦幹部之重心，使其負實際責任，庶免散漫零亂之弊，而收因事責成之功。

四、政治部因過去容納各黨各派參加工作，故異黨份子反有喧賓奪主之勢。計總部人員六百七十餘人，國民黨員僅一百四十八人，僅佔四分之一弱。去年特別黨部成立，新入入黨黨員計三百四十二人，尚有一百三十餘人聲言以國民立場參加抗戰，始終不入本黨（附統計表第一）。不僅陣容凌亂複雜，且表現兩種危機：（1）各黨派利用政治部之機關及名義發展其組織，掩護其活動；（2）一切機密不能保守，隨時影響軍國大計。故整理該部，必須徹底清查部中各黨派之份子，祇可羅致脫離原有政治關係之個人，並絕對不許此後參加其他政治團體之組織與活動。

五、自政治部成立後，軍校學生日益減少。雖陳部長長年來奉命主持訓練之機關不少，但部中新進份子大都未受鈞座薰陶普通學校之出身人員。茲就科長人員比較，二十員中，軍校出身者不過五人（附表第二）。再就全部人員比較，六百七十人中，軍校生僅四十七人，佔百分之七。即此少數之人員，亦大都係原政訓處及國民軍訓處蟬聯迄今之舊員。若合各種訓練班出身人員計之，亦僅百五十八人，不足百分之二十四（附表第三）。以建設國防精神為主要任務之政治部，其戰鬥員都未嘗接受革命之訓練，期其克赴事功，自非易易。故欲整理該部，必須以軍校學生為基幹，今後並應於軍校及各軍分校學員中，每期挑選優秀份子百分之五，以充實各級政治部，庶中心力量可以造成，而鈞座革命之精神亦可全部貫注。

六、政治部設立之調查組，由第三黨份子丘學訓主持。組中人員，大都係收容參加閩變之份子，每月經費二萬餘元，其作用不外以下之二者：（一）各幹部訓練團畢業學生由該組通訊聯絡，形成一特殊之系統；（二）挑剔各級幹部之情感，製造新舊幹部之摩擦。故整理該部，必須徹底調換此種調查機構之人員，並重新規定其任務。

七、異黨份子在政治部活動者，各黨各派雖均入羼，但以共黨及第三黨為最甚。共黨除副部長周恩來外，以第三廳為中心。周自任職以來，因立場不同，對部中措施常多誤會與不滿之處。過去查禁民先隊與反動刊物問題，以及客春部中印發鈞座全會時訓話之黃皮書問題等，即其著例。第三黨則以前總務廳為中心，改組後不但把持第四廳，並又混入第一廳及辦公廳（附總部名冊）。該二黨主要份子如朱代杰、莊明遠、丘學訓、郭沫若等，均係曾隨鄧演達在北伐期中總政治部任職之人員；本其過去歷史關係，每每沆瀣一氣。不僅積極安插其黨羽，且儘量摧殘各級中堅幹部。過去半年中，政治部主任被撤者，約五十餘人（附冊），全憑調查組或下級人員一紙報告。五十餘人中，查究有不法實據者，不過數人，餘均潦草結案。故清查異黨份子，除儘量肅清部中共黨份子外，並須肅除第三黨之主要份子。

右列七項，僅就其犖犖大者為言，其餘惡習弊端，更難枚舉。職數年以來奉職無狀，內疚實深，伏乞加以處分，並准予辭去辦公廳主任兼職，俾資箴戒。至辦公廳主任一缺，擬懇令調第一戰區政治部主任袁守謙繼任，俾資熟手，臨呈不勝惶悚待命之至。

謹呈　委員長　蔣

謹擬具處理政治部異黨人事原則及意見一份，俾供裁核之參考。

甲. 原則

遵照鈞座指示，部中工作人員只可收用業經脫離其他政治關係之個人，不能收容參加其他黨派組織活動之份子。謹呈意見如左：

（一）政治部異黨份子為數甚多，謹就其種類列舉如下：

1. 顯著之異黨份子，無轉變之可能者；

2. 異黨份子脫離原有組織加入本黨者；

3. 異黨份子揚言脫離原有組織跨入本黨，從事異黨活動者；

4. 不自承為異黨份子，又不肯加入本黨者；

（二）部中異黨份子種類複雜既如上述，如同時清除，必增反感。擬請依左列之步驟行之：

1. 顯著之異黨份子，其主要者，先行調免其所負實際之職務。則其次要者，勢必相率自動離職。

2. 異黨份子脫離原有組織加入本黨者，仍准留任，並繼續偵察其行動。

3. 跨黨之份子，即予撤換。其為異黨活動有據者，並同時加以制裁。

4. 不自承為異黨，又不肯加入本黨者，視其平日言論行動之當否，分別去留之。

（三）今後政治部引用業經脫離其他政治關係之人員，在其歷史未證明其忠於本黨時，擬請考量以下之各點：

1. 不令此種人員任某一單位之主官；

2. 不令此種人員任脫離長官監督之職務。

乙. 意見

一、第三廳廳長郭沫若，現雖已加入本黨，惟對黨態度極為冷淡，且其所保用之幹部，如陽翰笙、杜國庠、馮乃超、翟翊、潘念之、何成湘、金樹培、蔡家桂、石凌鶴等，均係共黨份子。欲其從事反共宣傳活動，勢必甚難。似應予以較優之名義，從事調動，俾安其心。所遺第三廳廳長缺，擬請于天水行營政治部主任主任谷正鼎、青年團宣傳處處長何浩若、軍校政治部主任鄧文儀三員中，擇一調任或調兼。

二、第四廳廳長朱代杰，原係共產黨份子，後改入第三黨。現雖加入本黨，但其與第三黨之關係仍極密切。前次陳部長簽呈鈞座關於第三黨備忘錄一案，即係由朱轉請。此可證明其跨黨無疑。前次陳部長回渝時，曾決定調動該員。嗣後陳部長在遷江曾來電稱，已保調該員任湖北省政府委員，候發表後即予離職，遺缺由副廳長吳子漪升充等語。如不制裁其跨黨之行為，擬請仍照陳部長原呈各節，予以核准。

三、總務處處長莊明遠、調查組組長丘學訓，均係第三黨份子，過去均為鄧演達之主要幹部。該二員現已重新入黨，但從其平日與朱代杰等之關係察之，莊實為第三黨在政治部中之負責人。惟其地位反在朱之下，故彼此極不相能。丘則由其所收羅之調查員，俱係參加閩變份子，及其與季方等之聯繫，亦可知其與第三黨並未絕緣，而俱為跨黨份子。該二員擬請鈞座令陳部長撤調，莊缺可由其另保一人；丘缺請指定改派一服務政工有年之軍校出身人員擔任之。

右列各點如能解決，則政部其他之異黨份子，即不難逐步清除或轉變。政工陣容，亦可漸臻鞏固。是否有當，懇乞核奪。

/1940 年 3 月 15 日，贺衷寒//呈蒋中正政治部内部人事情况及工作报告与建议，“国史馆”，“蒋中正总统档案”，典藏号：002 – 080102 – 00047 – 001

贺衷寒对父亲等第三党（即邓演达创立的农工民主党）人恨之入骨；陈诚却公开保护。说明陈诚非常重情义，因为原来都曾追随邓演达。2012 年春小群赴台，陈院长履安世兄（陈诚长子）曾沉痛追忆曰："父亲得知恩师邓演达遇害，悲恸至极，要解甲归田，电蒋辞职；经立三（严重）先生极力劝阻，才勉强留下。"

关于"第三党"的问题相当微妙。

其"微"：在中国现当代史中绝少提及，故常人只知"国、共"，不晓其"三"。殊不知：唯执两端，方致中和。小群赴台时，陈履安世兄曾面告曰："令尊既非国民党，亦非共产党；乃第三党也。"所言极是。

其"妙"：在滚滚红尘落定之后，反思该派之人物，之言行，之政绩，始觉其不偏不倚，合于中庸；勤勤恳恳，倍显忠诚；清风两袖，死而后已。再思从孙中山（虽创"国民党"，实为"民主派"，迥异"蒋总裁"）至邓演达，由严重、叶挺至黄琪翔、章伯钧，等等。均过于忠厚老实，因此在超级残惨的政治舞台上既玩不起，更伤不起。铁的事实说明："好人政治"比蜀道还难！

虽然，"中间道路"未必走不通。譬如：现代欧洲若干政党，当代西方马克思主义，正是对于百年前中国"第三党"之意识形态与施政方针的逻辑延伸与成功践行。

如是，关键不在政治家，而在老百姓，在民主基础的状况。

国情人性都不同，徒有"中庸之道"耳；忠臣赤子虽常有，惜在国破家亡时。

渝中央党部三民主义青年团中央团部、国民政府军委会、国防最高委员会、各院部会：汪逆精卫丧心病狂媚敌卖国盗用青白国徽成立伪府……本省处行都外围，当军事冲要，岂容鬼蜮肆伎狐鼠横行，誓率全体民众，磨砺奋发，为中央之后盾，作全国之前驱，殄此巨奸，用冰国耻，临电迫切，伏维鉴察。湖北省政府主席陈诚、代理主席严立三、委员张难先、赵志垚、时子周、林逸圣、黄仲恂、程汝怀、朱代杰同叩

1940 年 4 月 2 日　自恩施发

//“国史馆”，“蒋中正总统档案”，陈诚严立三等电中央党部三民主义青年团等共愤汪兆铭媚敌卖国盗用青白国徽成立伪府等行为并率军民为中央后盾，典藏号：002－090200－00022－232

此电报说明当时恩施的重要战略位置：乃陪都重庆之门户；同时证明政治部改组后，父亲已随陈诚离开政治部，赴湖北省政府任职。

1940 年 6 月 2 日，朱代杰宜昌来电

奉令接充宜昌行署主任电呈就职日期

湖北省政府钧鉴：密奉钧府令开，据本府委员兼宜昌行署主任林逸圣呈以兼长建厅请辞去宜昌行署主任兼职等情业，经照准遗缺派该委员接充，除电呈并分令外仰即遵照等因，遵于本日就职视事，除接收情形另文呈报外，谨电呈鉴核。

职朱代杰叩　秘东印

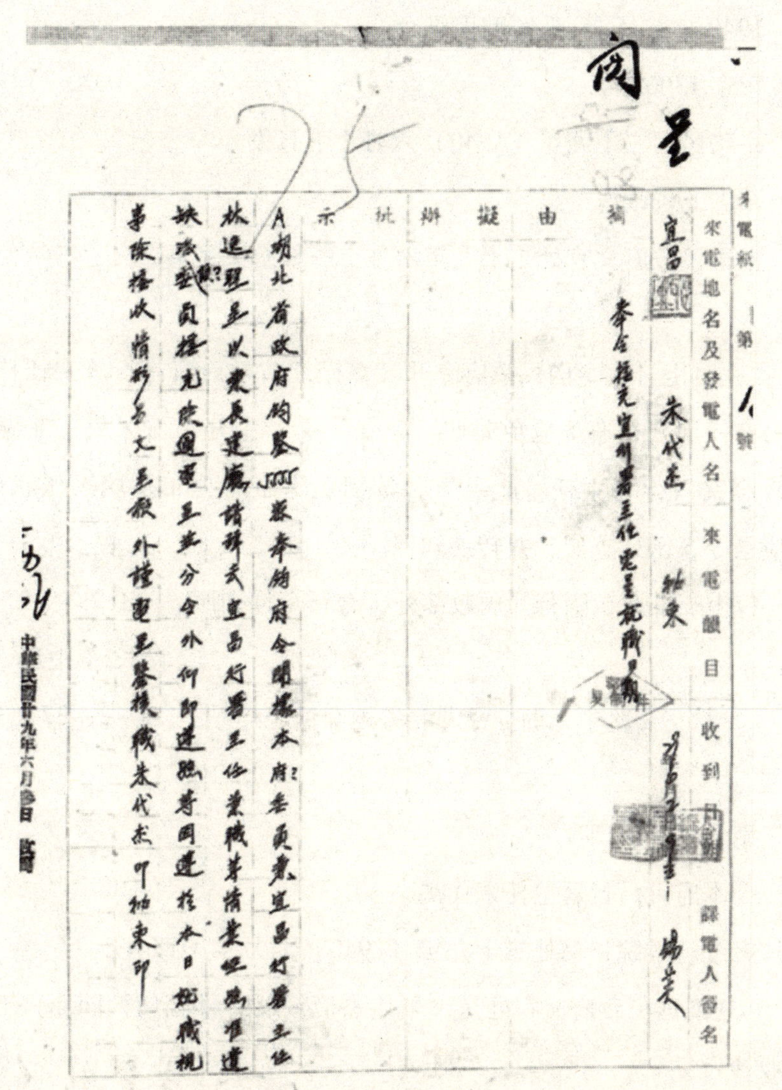

來電紙 第 號

來電地名及發電人名：宜昌 朱代杰

來電韻目：紬東

收到日期

譯電人簽名

奉令接充宜昌行署主任電呈就職日期

摘由 擬辦 批示

A湖北省政府鈞鑒ⅢⅢ奉鈞府令開據本府委員兼宜昌行署主任林逸聖呈以專長建廳請辭兼宜昌行署主任兼職等情業經照准遺缺職委員楊光庭遞呈並分令外仰即遵照尅日接職視事除接收情形另文呈報外謹電呈鑒核職朱代杰叩紬東印

中華民國廿九年六月卅日 時

/朱代杰宜昌来电//湖北省档案馆，档号：LSI－2－37（26）

1940年6月15日 行政院训令

阳字13002号

中华民国二十九年（1940）六月十五日发

令湖北省政府

准国民政府文官处二十九年六月十一日渝文字第二三七二号公函开：

“六月七日，奉国民政府令开‘兼湖北省政府宜昌行署主任林逸圣另有任用，林逸圣应免兼职。此令’又奉令开‘派朱代杰兼湖北省政府宜昌行署主任。此令’各等因。除由府公布及填发派状外，相应录令，函达查照，并转饬知照。”

等由。准此，除行知内政部外，合行令仰知照。此令。

院长 蒋中正

/蒋中正训令//湖北省档案馆，档号：LSI－2－37（32）

湖北省政府训令

令本府宜昌行署主任朱代杰

案准行政院秘书处二十九年（1940）六月十三日函开：

“现准国民政府文官处送来朱代杰简派状一件相应检同原件送请查收转发见复。”

等由附简派状一件，准此，除函复外合行检同原附件令仰查收

此令

主席陈〇（诚）

代理主席严〇〇（立三）

/陈诚 严重训令//湖北省档案馆，档号：LSI－2－37（32）

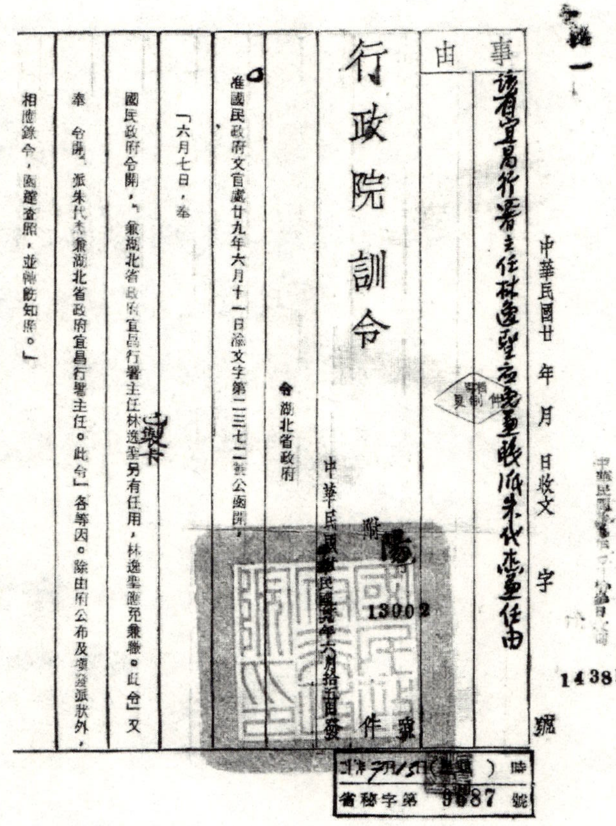

附件一

事由：該省宜昌行署主任林逸聖應免兼職派朱代杰兼任由

中華民國廿　年　月　日收文　字　號

14381

行政院訓令

令湖北省政府

准國民政府文官處廿九年六月十一日渝文字第二三七二號公函開：

「六月七日，奉

國民政府令開：『兼湖北省政府宜昌行署主任林逸聖另有任用，林逸聖應免兼職。此令。』又

奉　令開：『派朱代杰兼湖北省政府宜昌行署主任。此令。』各等因。除由府公布及填發派狀外，

相應錄令，函達查照，並轉飭知照。」

中華民國廿九年六月拾五日發

省秘字第9987號

等由。准此，除行知內政部外，合行令仰知照。此令。

院長蔣中正

監印

训令

令本府宜昌行署主任朱代杰

案准

行政院秘书处二十九年六月十三日函开：

"现准国民政府文官处送来朱代杰简派状一件，相应检同原件

送请查收转发见复。"

等由附简派状一件准此，除函复外合行检同原附件令仰查收

此令。

主席陈〇

代理主席严〇〇

校对朱明灼

以上几件证明，父亲在枣宜会战（1940 年 5 月 1 日—6 月 18 日）时任宜昌行署主任，可谓临危受命。此次会战，张自忠将军殉国，日军虽占领宜昌，但未能击溃我主力，而且遭到重创，伤亡 1.1 万余人。

1940 年 9 月 6 日，朱代杰请病假电报并批复

特急 A 主席陈钧鉴 1650 密前电计达，职病为庸医所误，渐转背痈，经诊断结果若无变化匝月方可告痊，并须转施（恩施）以便治疗，定于鱼日动身，恳请准予病假一月，此间行署暂由帅秘书元敬代行。并准备办理结束事宜。仅电呈鉴核。

职朱代杰叩巴行申鱼秘印　　　　29 年 9 月 6 日 16 时

/朱代杰《因患背痈恳请准予病假一月》//湖北省档案馆，档号：LSI－2－37（32）

“假照准

行署撤销另于巴东设办事处或招待所

诚

九．十”为陈诚手书

父亲这个背痈跟了一辈子，每逢气候变化，便隐隐作痛，母亲便抱怨庸医误人。

1940 年 9 月 27 日 10 点巴东朱代杰关于本署办理结束情形的电报于第三十八军邮局

恩施各厅处 1650 密，本署自宜昌转进后，迁移巴东办公，距恩施本府甚近，实无设立之必要，经于本月江日电请撤销，奉主席陈申

鱼秘一电开，一．该署可裁撤，二．拟具结束办法及日期呈核……（详见下面电报原件影印件）

/朱代杰《本署办理结束情形》//湖北省档案馆，档号：LSI－1－1139

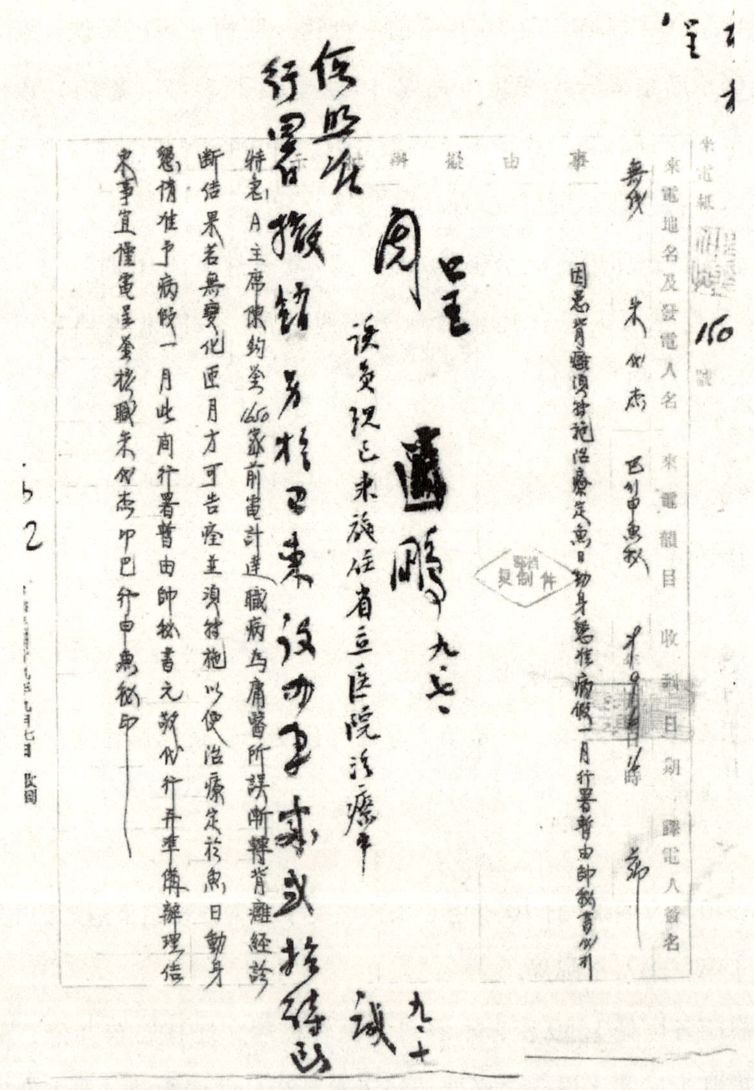

特急 A主席陈钧鉴1660號前電計達 職病為庸醫所誤断腎背癰經診断結果若無變化匝月方可告痊並須静施以便治療定於魚日動身 懇請准予病假一月此間行署暂由帥秘書元敬代行并準備辦理結束事宜謹電呈鉴核職朱代杰卯巳行申魚秘印

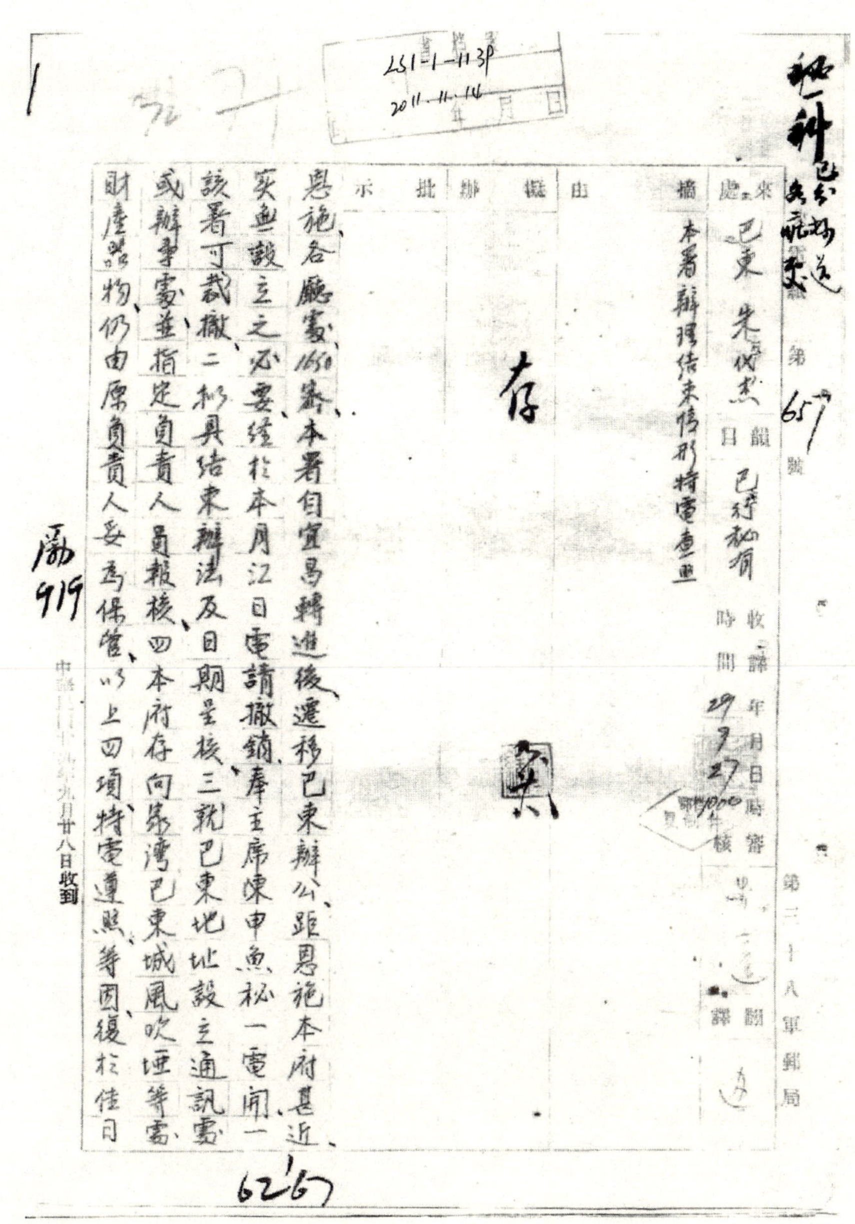

251-1-1138

2011.11.14

秘一科

第657號

來處：巴東 先代電

日期：巳蒸秘有

收譯時間：29年9月27日

摘由：本署辦理結束情形特電查照

擬辦：存

恩施、各廳處、1651密、本署自宜昌轉進後，遷移巴東辦公、距恩施本府甚近、實無設立之必要、經於本月江日電請撤銷、奉主席陳申魚秘一電開、一該署可裁撤、二彩具結束辦法及日期呈核、三就巴東地址設立通訊處或辦事處、並指定負責人員報核、四本府存向家灣巴東城風吹埡等處財產器物、仍由原負責人妥為保管、以上四項、特電遵照、等因、復於佳日

中華民國二十九年九月廿八日收到

函919

6267

第二十八軍郵局

電呈除一四兩項遵辦外，其二三兩項謹擬意見如下：〈一〉本署擬定本月內結束完畢、〈二〉各廳處調用員役，于就日前陸續回施、〈三〉文書事務兩組員役，留辦結束移交事宜，至月底為止、〈四〉本署視察員華國讓擬仍調回民廳服務，其他由本署僱用之少數公役由秘書處接收、〈五〉所有文卷造具清冊交由各廳處人員帶回，公物財產未便運輸，擬交由巴東辦事處接收、〈六〉員役旅費職員擬發廿元，公役十五元，在本署特支費及結餘經費內開支，如有不敷，請由省府撥補、〈七〉結束事宜由師組長允敘、盧組長邦儉會同負責辦理、〈八〉巴東地當水陸要衝，為事實上之需要，似應設辦事處、〈九〉辦事處負責人員除熟悉省政外，並應了解戰區情形，以便聯繫，本署職員中尚無適當人選，擬請鈞座易行指派，在未指派前暫由本署事務組長盧邦儉負責籌備，當否仍乞示遵、茲復奉申梗秘一電開：所擬意見，除第九項巴東辦事處負責人候遴定再派外，餘均准照辦，再該署僱用公役如有不願來施者，仰撥交巴東辦事處應用，或遣散為要等因，奉此，除遵照辦理並定於有日停止收發文件，暨分電外，特電查照。朱代杰巴行秘有印

行政院训令

阳拾字24390号

中华民国二十九年（1940）十一月二十五日发

令湖北省政府

准国民政府文官处二十九年十一月十五日渝文字第四三五九号公函开：

“贵院二十九年十一月六日阳字第二三零六三号呈，为院会决议裁撤湖北省政府宜昌行署，呈请鉴核备案，并免去该兼行署主任朱代杰兼职一案，到府，业奉。国民政府核准照办，并奉十一月十四日令开‘兼湖北省政府宜昌行署主任朱代杰免去兼职，此令’等因，除由府公布及备案外，相应录令函达查照，并转饬知照。”

等由。准此，除令知内政部外，合行令仰知照。此令

院　　长 蒋中正

内政部部长 周锺嶽

监印 毕继沅

校对 周怀明

/蒋中正 周锺嶽训令//湖北省档案馆，档号：LSI－2－37（32）

1940年12月，湖北省政府公函

二十九年（1940）十二月 日省政一字第 号

事由 奉 交行政院令转院会决议裁撤本府宜昌行署并免去行署主任兼职一案函达查照由

敬启者：

（一）奉

交 行政院令转院会议决裁撤本府宜昌行署一案，饬即通知等因。

（二）特抄同原令，函达查照。

此致

朱委员代杰

附抄行政院训令一件

秘书长刘〇〇（千俊）

//湖北省档案馆，档号：LSI－2－37（32）

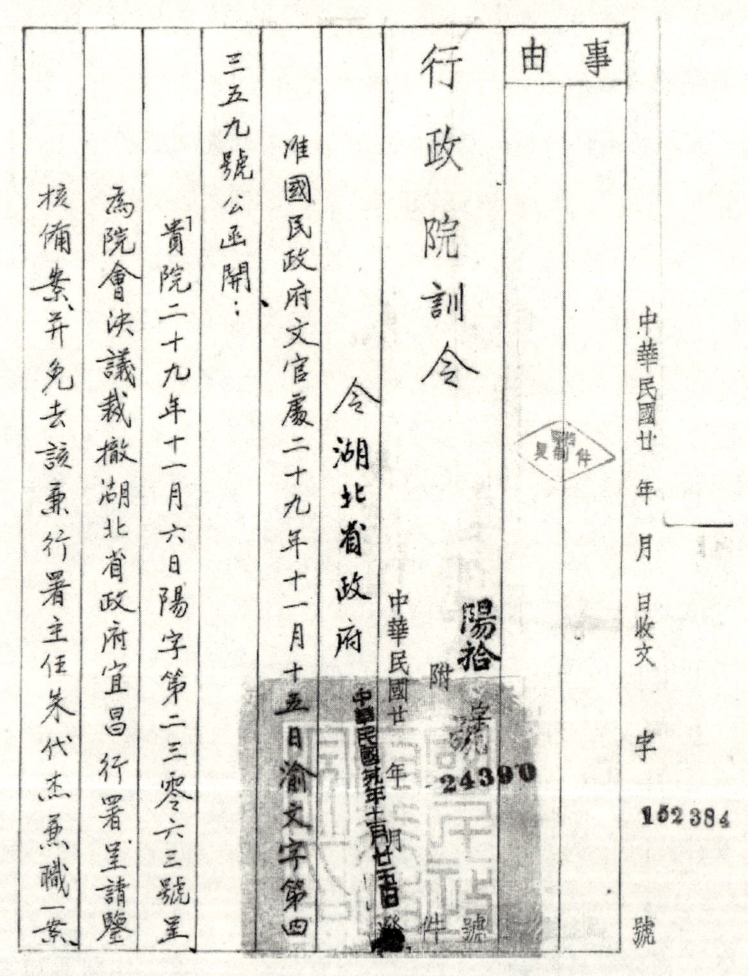

中華民國廿 年 月 日收文 字 152384 號

事由

行政院訓令 陽拾字 24390 號 附件

中華民國廿 年 月 日

中華民國廿九年十一月廿五日

令湖北省政府

准國民政府文官處二十九年十一月十五日渝文字第四

三五九號公函開：

「貴院二十九年十一月六日陽字第二三零六三號呈

為院會決議裁撤湖北省政府宜昌行署呈請鑒

核備案并免去該兼行署主任朱代杰兼職一案

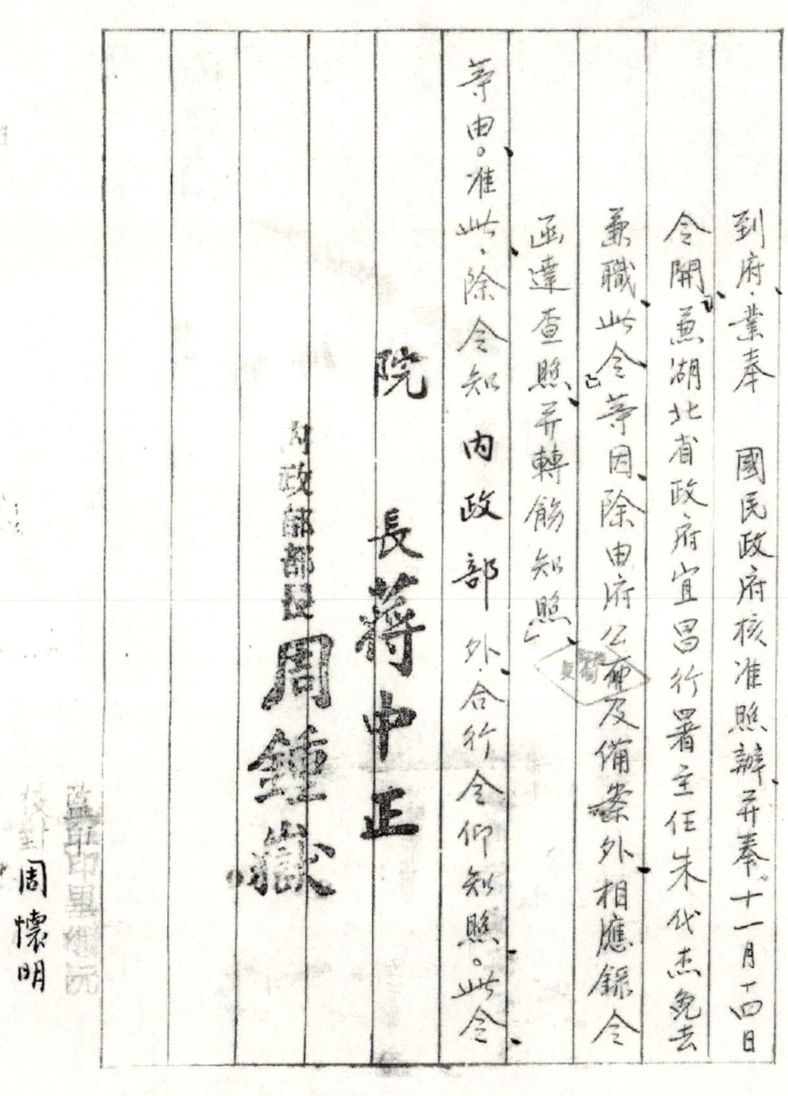
到府，業奉　國民政府核准照辦，并奉十一月十四日
令開：兹湖北省政府宜昌行署主任朱代杰免去
兼職，此令。等因。除由府公布及備案外，相應錄令
函達查照，并轉飭知照。
等由。准此，除令知　内政部　外，合行令仰知照。此令。

院　長　蔣中正

内政部部長　周鍾嶽

監印　畢徵沅
校對　周懷明

公函 二十九年十二月 日宥政一字第 号

事由：奉交行政院令转院会决议裁撤本府宜昌行署并免去行署主任兼职一案函达查照由

敬启者：

（一）奉

交 行政院令转院会议决裁撤本府宜昌行署并免去该兼行署主任

兼职一案饬即通知等因。二

（二）特抄同原令函达查照。二

此致

朱委员代杰

附抄行政院训令一件

秘书长刘〇〇

1940 年 12 月 30 日 宜昌行署主任朱代杰关于备用金的公函

//湖北省档案馆，档号：LSI－1－1139

公函 二十九十二月卅日 于恩施

御字第十三號

事由 為函達宜昌行署經存備用金及挪用數目並繳還餘款請查收見復由

(一) 查宜昌行署經存本府備用金，除已轉帳暨匯還貴處外，應共餘存陸千壹百捌拾玖元貳角捌分，計由本署挪充結束署務及各項臨時費之款共貳千九百貳拾壹元陸角陸分，墊付本署調用員役預借薪餉之款，共貳千伍百玖拾柒元，業經另案呈報省府，暨函達貴處分請撥款及扣還歸墊，除此之外，計尚實存備用金陸百柒拾元零陸角弍分。

（二）本府駐宜昌市區通訊處，裝用電燈電話保證金，計共伍拾伍元，係由備用金項下墊付，此款自可交涉退還。茲檢同單據，作為現款移送。

（三）前項備用金餘存數陸百柒拾元零陸角弍分，計現款陸百壹拾伍元陸角弍分，保證金款伍拾伍元，茲派原經管出納員曾志炳，賫同款據，持函繳送，即希

貴處查收見復為荷！

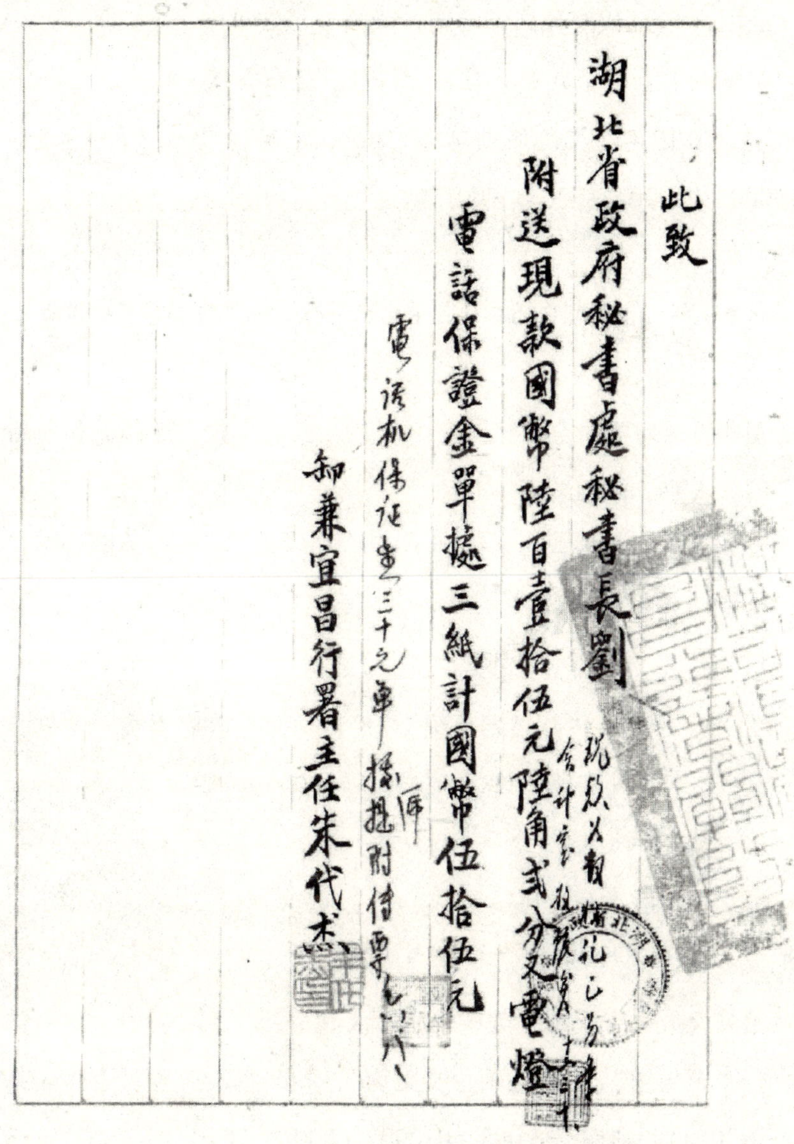

此致

湖北省政府秘書處秘書長劉

附送現款國幣陸百壹拾伍元陸角貳分又電燈

電話保證金單據三紙計國幣伍拾伍元

卸兼宜昌行署主任朱代杰

1940年7月22日，陈诚电湖北省政府代主席严立三

立三兄鉴：

兹因（朱）代杰兄回省之便，谨贡一得之见……

弟陈诚上。二十九年七月二十二日。巴东军次。

//“国史馆”，“陈诚副总统文物”，往来函电（三十三），典藏号：008－010202－00033－001

此信说明父亲7月在巴东（因宜昌已失守，宜昌行署移至巴东办公）。

湖北省政府委员会议第三三一至三八四次会议主席陈诚指示备忘录汇编：人事，p. 21：

朱委员代杰负责召集各厅处主任主管人事人员参照各种有关法令拟定整个的人事法规。

相关人员：朱代杰、陈诚。共2人。

//“国史馆”，“陈诚副总统文物”，湖北省政府委员会主席指示备忘录（四），典藏号：008－010902－00009－009

湖北省政府委员会议第三三一至三八四次会议主席陈诚指示备忘录汇编：训练，共23页。

相关人员：朱代杰、陈诚。共2人。

//“国史馆”，“陈诚副总统文物”，湖北省政府委员会主席指示备忘录（四），典藏号：008－010902－00009－010

1940年9月，汇辑《新湖北建设计划》等资料，共213页。

相关人员：孙中山、蒋中正、陈诚、朱代杰。共4人。

相关地点：恩施。

//"国史馆"，"陈诚副总统文物"，湖北省政资料汇辑（五）：总类—计画，典藏号：008－010904－00005－001

"相关人员"证明：父亲为以上诸文件之主笔。

1940年10月31日，湖北省政府职员录

省政府委员 朱代杰 38岁 四川成都 上海南洋大学机械工程学士，苏联列宁学院卒业，曾任工程师、处长、科长、秘书长、厅长、湖北省府宜昌行署主任。到职年月：廿九年五月。

//"国史馆"，"陈诚副总统文物"，湖北省政府职员录（二），典藏号：008－010906－00003－001

1940年11月，朱委员代杰任湖北省人事考核委员会常务委员。

//"国史馆"，"陈诚副总统文物"，湖北省政府委员会主席指示备忘录（六），典藏号：008－010902－00011－001

1941年2月1日，《新湖北建设计划大纲》先交各厅处研究，限一周内签注意见，送由朱委员代杰汇编。

//"国史馆"，"陈诚副总统文物"，湖北省政府主席陈诚在第三四一次委员会议席上指示各点备忘录，p.5，典藏号：008－010902－00007－001

1941年3月5日，请朱（代杰）、刘（叔模）、罗委员审查《新湖北建设计划大纲》。

//“国史馆”，“陈诚副总统文物”，湖北省政府主席陈诚在第三四四次委员会议席上指示各点备忘录，p. 2，典藏号：008－010902－00007－004

1941年3月25日，组设食盐购运处，交朱（代杰）、刘（叔模）、罗（贡华）委员及民财局长审查，由朱委员召集。

//“国史馆”，“陈诚副总统文物”，湖北省政府主席陈诚在第三四六次委员会议席上指示各点备忘录，p. 4，典藏号：008－010902－00007－006

1941年6月，《新湖北建设计划大纲》，经陈诚手订，湖北省政府秘书处印刷成册，计44页，在第三五九次会议修正，通过。

相关人员：朱代杰、陈诚、徐锺英、李向春、涂海澄、熊裕共六人。

相关主题：新湖北建设计划大纲、消费合作社、田赋改征米折办法、农贷、食盐购运。

//“国史馆”，“陈诚副总统文物”，湖北省政府委员会第三五九次会议议案全文汇辑，典藏号：008－010902－00077－001（档目见本章附图）

1941年后七十年，《新湖北建设计划大纲》的历史作用与现实意义愈加凸显：若无此役，则“抗战”之结局难料；若无此法，则台湾之中兴绝难。

现在的问题是：该文案的署名向为陈诚，而真正的执笔人是谁？上条文档，相关人员六人；相关主题五个，相互对应，显而易见：朱代杰、陈诚为《新湖北建设计划大纲》的执笔及责任人，且，朱代杰在前。其余，徐锺英负责“消费合作社”，以此类推。

另外，在其他相关数条文档中，既有“由朱委员代杰汇编、审查”之语；亦有“《新湖北建设计划》大部分出于其（朱代杰）手（见人事登记稿评语）”之言。且有数条文档将家父之名，列于诸位相关人员之首。再，文档中陈诚又嘱家父“草拟”《国家建设方案》，料想该案当为《新湖北建设计划大纲》成功之后的进一步延伸，若依常情推理，也必无再假新手之可能。据此称家父为《新湖北建设计划大纲》的主要执笔人并主要责任者，当之无愧也。

至于前文所称之“现实意义”，即：以“基层行政建设”、“土地政策”、“教育政策”三大社会改良活动为核心的《新湖北建设计划大纲》，并非仅为某时某地某一历史文献，其深广、明晰、有效之社会整体改革经验，必于今日仍有可资可鉴可用之处。

如是，称家父为社会改革之先行，台湾中兴之先声，国家改良之先河，未为过也。

1941年10月，赴闽、赣等地参观

十一月八日省府督导团抵达鄂南工作

湖北省政府督导团，由朱代杰、蔡文宿率领，于上月初由恩施起程来鄂南督导党政工作，中途，朱团长因他项任务转赴闽赣等地参观，现由蔡副团长率领团员多人抵达鄂南……

//“国史馆”，“陈诚副总统文物”，民国三十年十一月湖北省政

府大事纪，典藏号：008－010402－00002－003

1941年12月18日，陈诚电蒋经国

江西赣州蒋专员经国兄：

本府朱委员代杰兄自贵省参观返（恩）施，据称兄对本省计划教育，多所赞许，且提出“适才教育”与“部分公费”两点作商榷，深为钦感。……

//“国史馆”，“陈诚副总统文物”，陈诚电专员蒋经国就计划教育问题略申浅见，典藏号：008－010301－00033－055；另见《陈诚先生书信集》p. 201

1941年12月21日，《奋斗 创造 前进 建设新湖北》稿扉页陈诚手书批示：请朱委员代杰兄、刘委员叔模兄修正，并请谢然之兄撰一序，说明旨趣，冠诸篇首，准备卅一年元旦在各报发表。 陈诚。

//“国史馆”，“陈诚副总统文物”，奋斗创造前进建设新湖北（湖北省政府主席陈诚出席全省三十年度党政军工作总检讨与行政会议闭幕训词），典藏号：008－010301－00031－045

1941年，朱代杰履历

姓名 朱代杰 别号 思平 年龄 民前10 籍贯 四川成都

学历 上海南洋大学机械工程系毕业 苏联列宁学院毕业

经历 曾任军委会政治部设计委员，总务厅长，宜昌行署主任，鄂省府委员

评语 对政治经济有研究，长于设计，在中央设计局为熊式辉所

倚重（熊式辉为中央设计局局长。）

//“国史馆”，“陈诚副总统文物”，人才调查资料，典藏号：008－010706－00001－004

李杰明　李杰群　黄惠南（黄维之女）2015 年 9 月 15 日于纪念抗日战争胜利 70 周年座谈会

邓（演达）先生的革命言行，向为严重、陈诚及黄埔同学所尊敬。严重任国民革命军第一军二十一师师长，北伐攻占苏州，驻军沪宁东段时，国民党宁汉分裂。邓在武汉电严重，询其时时局的意见，严电复，力主北伐到底，打倒帝国主义，打倒北洋军阀。当蒋召见严时，询及时邓的态度，严据实以告，严为履行邓先生和自己的主张，借病请假，保荐该师副师长兼团长陈诚升代师长，并密嘱陈诚俟机将部队拉到武汉方面去。后因武汉政府也发生了变化，原计划未能实现。1930 年春，陈诚赴沪谒邓时，仍表示支持其主张。陈对邓很尊重，愿从十八军十一师的公积金内，为邓提供生活费用，并请邓派人到十八军工作……抗日军兴，黄琪翔、严重、朱代杰……等第三党人，东山再起，复投陈诚麾下，贯彻邓先生“打倒帝国主义”的一贯主张，都为陈诚所重用。

/黄维//革命的一生，战斗的一生

董（必武）老（对熊向晖）说：恩来熟悉国民党，熟悉胡宗南，胡在黄埔军校时接近共产党，后来紧跟蒋介石，成为黄埔系的首脑，他和非黄埔系的陈诚是蒋介石最信任的人。……董老说：恩来听说长沙组织去胡宗南部的服务团，立即要蒋南翔推荐一位秘密党员报名参加。……恩来经验丰富，主张未雨绸缪，后发制人，先走一步，现在就着手下闲棋，布冷子。……在国民党里，对人可以略骄，宁亢勿卑，卑就被人轻视，难以有所作为，但也不宜过亢。

/苏文洋//交道口24号，p. 270

蒋介石和宋美龄决定在比较看重的年轻将领中以胡宗南、陈诚两人择一而配。最后商量选定陈诚。胡宗南当时还没有结婚，但考虑到胡宗南是黄埔军校的一期学生，是“天子门生”，对蒋介石忠贞不渝，可以放心。当时的陈诚虽然已结过婚，但他早期与反蒋的邓演达关系极深，以后才投靠蒋。为了笼络陈诚，因此决定将谭小姐许配陈诚。当然陈诚比较有才干，为人讲信义，久为蒋介石所器重和赏识，宋美龄也很欣赏陈诚的为人，也愿意把谭祥介绍给陈诚。于是由蒋介石和宋美龄亲自为谭祥选择佳婿，此后宋美龄的这个干女儿便成了蒋介石和陈诚紧密合作、相互信任的一种推动力。……

谭祥性格温存，落落大方，夫妻感情弥笃。婚后，谭祥堪称为陈诚之贤内助，持家有方，尊敬婆婆；每当陈诚在人事关系上遇到麻烦时，她便亲自出面到干妈宋美龄面前说情表白，使之化险为夷。谭祥计生四男二女，长子履安，次子履庆，三子履碚，四子履洁；长女幸，次女平。诸子女学业均佳。后来长子陈履安位至台湾当局“行政院国家科学委员会”主任委员，并为国民党第十二届中央执行委员会常务委员，曾是台湾政坛的新星。

/寿韶峰//宋美龄全纪录

一般认为，陈诚是蒋介石的大红人，其实陈是邓演达这条线上的。也正因为这个背景，作为邓之左右手的父亲，厕身于陈诚帐中，顺理成章。

陈夫人谭祥不仅是贤内助，而且在国难当头时，临危不乱，稳定大局。1943 年 5 ~6 月，是著名的鄂西石牌保卫战，日军大兵压境，直指重庆，作为陪都最后一道屏障，当时湖北省政府所在地恩施十分危急，人心惶惶，好多人都逃到重庆去了，并且劝陈夫人也带着孩子们撤离。陈诚 1943 年 2 月奉派远征军司令长官，飞赴云南，不在恩施。陈夫人深明大义，带着六个幼子，坚守在恩施，大大稳定了军心。直至陈诚 5 月又奉命赶回恩师前线指挥鄂西会战，歼敌于石牌，获捷。

1943 年夏，石牌保卫战获胜后，蒋介石（中）、蒋纬国（后排右一）父子在恩施与陈诚（后排左一）陈诚夫人谭祥（左一）及六个幼子全家合影，前排右二为陈履安。

陈诚简历：

陈诚（1898.1.4～1965.3.5），字辞修。浙江青田人。1922 年毕业于保定陆军军官学校，后在浙军、粤军中任排、连长。1924 年入黄埔军校，历任特别官佐、炮兵营连长、营长等职。先后参加两次东征陈炯明和平定滇、桂军阀杨希闵、刘震寰叛乱。1926 年 7 月参加北伐战争，任国民革命军总司令部参谋、第 21 师团长。1927 年 4 月任第 21 师师长。1928 年 7 月任第 11 师副师长。1930 年在蒋冯阎战争中，任蒋军第 2 军副军长，第 18 军军长。1931 年任追击军第二路总指挥。1933 年任赣粤闽边区“剿匪”军中路总指挥。7 月任赣粤闽湘鄂北路“剿匪”军官训练团团长。1934 年任北路军前敌总指挥兼第三路军总指挥。1936 年 3 月任“剿匪”第一路总指挥。5 月任晋陕绥宁四省边区“剿匪”总指挥。在西安事变中被拘。1937 年后，任第四集团军总司令、第三战区前敌总指挥、武汉卫戍总司令、第九、第六战区司令长官和军事委员会政治部部长、湖北省政府主席等职，指挥所部参加淞沪、武汉、长沙、宜昌诸战役。1943 年 3 月，任中国远征军司令长官。1946 年 5 月任参谋总长兼海军总司令。1947 年 2 月晋陆军一级上将。8 月兼任东北行辕主任。1948 年 2 月，胃大出血，回上海治疗，5 月辞职，6 月手术，10 月去台湾。历任台湾省主席兼警备总司令、台湾当局“行政院”院长、“副总统”、国民党副总裁等职。1965 年病逝。

陈诚、谭祥在杭州度蜜月时摄

陈诚全家福摄于台湾

陈诚到了台湾，绝口不提“反共”、“反攻”，竭力镇压“台独”。这是他有别于蒋介石之处。

周恩来说：“陈诚是爱国的，他坚决反对美国制造两个中国的阴谋……他临终留有遗嘱，台湾当局要修改发表，他夫人反对，说要么不发表，要发表就必须原文发表，看来他的主张不受台湾当局欢迎……”

/方知今//陈诚传，p. 300

陈诚用人，不喜欢对方高谈阔论，也不喜欢对方才学过高，所以他用的人如刘千俊、柳克述等，均为谨小慎微、俯首帖耳之人。陈诚有一段时间很欣赏朱代杰，用朱做军委会政治部、第九战区司令长官部、湖北省政府主席三家联合办公厅的主任，但不久朱即垮了台。原因有二，一是朱代杰恃才傲物，连赵志垚都不放在眼里；二是朱喜欢揽权，遇事爱自作主张……

/郑南宣//谈谈陈诚

我们印象里的父亲是超寡言、超低调，对任何人都很尊重的绅士。没想到他还有恃才傲物的一面！具有反讽意味的是，我们四个孩子全都恃才傲物且终身难改。另，“垮台”之说不实，因为一直到1948年东北行辕，父亲还跟着陈诚呢。

约1938～1943年，父亲与第二任妻子高依云（高芝英）结婚、离婚；高后来的丈夫是电影导演沈浮。高在《塞上风云》、《北大荒人》、《纺花曲》、《春天来了》等电影中饰演过角色。我们看过她在《乔老爷上轿》中饰演的丞相夫人，扮相很好。

电影乔老爷上轿剧照

电影乔老爷上轿剧照

高依云沈浮及女儿沈庭兰1986年在上海

朱代杰我很熟悉的，在莫斯科东方大学他住在我隔壁房间，他和陈独秀的外甥吴济贤在同房间。回国以后我们还见过一面，抗战期间在甘肃兰州，我是省首席参事，他代表湖北省政府主席陈辞修访问甘肃省主席谷正伦商讨抗战事宜，我代谷接谈的。老同学见面，分外亲热，聊了很长时间，那是1942年正打仗的时候，后来就又隔绝了。

/陆立之//陆立之口述李杰群整理

下面是李杰群赴滁州拜访陆立之后，陆老的干女儿代发的几封e-mail：

李老师，您好！

已将您的问题转交我干爸，回复如下：

尊大人朱代杰同屋好友吴济贤是陈独秀外甥，回国后曾协助陈老组建无产者社。尊大人与袁溥之为同学仗义执言，领导学潮（反旅支部非法），一度触怒官僚主义被开革学籍（共五人）。旋由瞿秋白查核改正，三人调列宁格勒军政学校，二人（尊大人与马员生准入高级列宁学院）。旋至1930年归国。1942年他代表湖北省主席陈辞修访问甘肃省主席谷正俗伦（由我代谈洽）。

陆老干女儿毕琦代笔　2010年12月26日

小群：令尊归国后，在抗战期间他是智囊人物，我遗憾只匆匆一晤，各奔东西，未克提供史料，祈谅解。

立之　2011.7.24

小群：信悉。有关令尊辅助陈诚争雄轶事，我远在西北兰州，祇见闻未睹风。陈诚当时是蒋氏公堂坐第二把交椅的巨人，权位超越汤恩伯、胡宗南；文武双全，就倚仗智囊团的献言决策。令尊当时是红紫阶层。令尊代陈诚到兰州访见谷正伦并非官场往来，当时陈是武汉卫戍司令兼省主席、兼三青团书记长、中训团教育长，直至1943年出国任远征军司令。谷正伦比陈诚大8岁，仅局限于宪兵扩建，1942年-1943年间与陈诚的电文往来是官场安抚文字，因此我与令尊后来无缘重聚很遗憾！

立之　2011.8.18

湖北省主席陈诚交议据委员朱代杰函呈甘肃省政设施之湟惠渠整理土地办法及甘肃省各县局改组建设科办法湖北省可酌予采用请讨论案。共8页。

相关人员：陈诚、朱代杰。共2人。

//“国史馆”，“陈诚副总统文物”，湖北省建设会议提案，典藏号：008－010902－00005－005

1942 年 11 月 28 日，率湖北省党政军联合参观团参观湘赣闽粤四省报告书，共 88 页

报　告　　　十一月廿八日 于咸丰旅次

一、此次各省参观工作，所涉范围甚广，搜集之资料亦多，谨将大体情形，拟就总报告书，先行呈核，以见一般。

二、其余专门及重要问题，尚须陆续加深研究，再随时整理，呈核。

三、各厅处指定之参观要点，不日即可汇订成册，分送参考。

谨呈

主席 陈

职 朱代杰（印）呈

//“国史馆”，“陈诚副总统文物”，湖北省党政军联合参观团参观湘赣闽粤四省报告书，p. 9，典藏号：008－010901－00042－001（原件见本章后附图）

1943 年 5 月 9 日，电呈陈诚《国家建设之方案》

恩施省政府朱委员代杰兄：

五月九日电悉。所拟国家建设之方案，务须毋损国防建设与民生主义之精神，方有意义。如因须借用外力，而改变立国之基本原则，则非吾人草拟方案之初衷也。请仍本此原则，仿照《中国之命运》之体裁，将总纲部分，草拟初稿。完成后，并请来滇一行为荷。

/陈诚//电复朱代杰草拟国家建设方案完成后请来滇一行，三十二年五月十一日，陈诚先生书信集，p. 234

此件说明1943年5月11日，陈诚还在云南，之后才赶回恩施，指挥鄂西战役，歼敌于石牌。

1943年6月率省慰劳团赴石牌前线慰劳

6月12日，本省各界慰劳团鄂西将士代表团于今日首途赴前线慰劳。

6月20日，省慰劳团朱代杰等返恩施，省慰劳团一行除分南北两路赴长阳一带劳军者外，朱代杰、谢然之、周杰、朱侣柏等九人已于今日返抵恩施。

//“国史馆”，“陈诚副总统文物”，民国三十二年六月份湖北省政府大事记，典藏号：008－010402－00003－010

这是著名的石牌保卫战胜利后，父亲即刻率团赴前线慰问。石牌隶属宜昌，1940年宜昌失守前后，父亲曾任宜昌行署主任，在这场历时五年的伟大战役中，他在后勤保障方面做出卓越贡献。关于石牌会战，过去，一无所知。现摘录部分“百度百科”词条，以表达我们对牺牲在祖国最美丽的三峡西陵峡的一万多名将士们的崇敬之情！

英烈忠魂与山河共存！

石牌保卫战，是中国军队对日本军队以弱胜强，并最终以较小的代价取得较大胜利的一次著名战役，对中国抗日战争的最后结局产生了深远的影响。

此次战役，中国军队以第六战区司令长官陈诚为总指挥；日军指挥官为第十一军军长横山勇。

1937 年，中国军队淞沪抗战失败，12 月南京失守。1938 年 10 月，日军侵占武汉，中央被迫迁都重庆，险峻的长江三峡成为陪都的天然屏障。石牌下距宜昌城仅 30 余里，自日军侵占宜昌后，石牌便成为拱卫陪都重庆的第一道门户，战略地位极为重要。……

我十一师官兵在胡琏指挥下奋勇作战，在曹家畈附近的大小高家岭上曾有 3 个小时听不到枪声，这不是双方停战，更不是休息，而是仗已经打到无法开枪的程度了，敌我两军扭作一团展开肉搏战，他们在拼刺刀，第二次世界大战中规模最大的白刃战就此爆发。攻击三角岩、四方湾之敌 1000 余人，为争夺制高点黔驴技穷，一度施放催泪瓦斯弹。我军无防化设备，用血肉之躯与敌相拼，竟奇迹般将敌歼灭殆尽。八斗方之争夺，是这次战斗最为激烈的地方。敌每一寸土地之进展，必须付出同等血肉之代价。两军在此弹丸之地反复冲杀，日月为之黯然失色。我军浴血奋战，击毙日军近 2000 人，阵地前沿敌军尸体呈金字塔形。中央社向全国播发消息称：“宜昌西岸全线战斗已达激烈．每一据点均必拼死争夺。”这是当时战役的真实写照。

石牌保卫战从 1939 年 3 月设立江防军开始，到 1943 年 6 月石牌决战取得胜利止，历时 5 年，经历了战争防御、决战和相持三个漫长的阶段，中间发生不下百场的战斗，战线铺漫到了整个鄂西宜昌辖区。尤其是 1943 年 5 月 5 日至 6 月 18 日决战期间，中国军队以第六战区司令长官陈诚为指挥，率形成石牌三条重要防线，于 5 月 5 日，与日军第十一军军长横山勇率日军第 3、第 13、第 39 师团展开殊死决战。战至 6 月 2 日，中国军队全线反攻，日军溃不成军，节节败退，取得了以“太史桥大捷”为标志的石牌保卫战主战场的彻底胜利。……

这场决战，中国军队投入兵力15万人，日军投入10万兵力，日军伤亡兵力25718人，损失飞机45架，汽车75辆，船艇122艘；中国军队仅伤亡一万余人取得战争胜利。石牌保卫战的胜利，实现了蒋介石“军事第一，第六战区第一，石牌第一”和“死守石牌，确保石牌”的军事目标，它挫败了日军入峡西进的美梦，粉碎了日军攻打重庆的部署，遏制住了日军肆意践踏的铁蹄。

中国军队顽强地守住了国门石牌，置之死地而后生的胡琏，成为了在石牌最有名的将军。他的英名从此流传在三峡沿岸，就像关羽和张飞。历史真是眷顾三峡，两千年前就给这块土地送来了那么多的大英雄，使这道从高山中喷涌而出的峡江当之无愧地获得了民族忠勇之源的殊荣。三国之后，三峡上下的战火停息了很多很多年，也恰在没有烽烟的岁月里，这道殊为峻险的三峡成了诗人和散文家们的天下。20世纪的石牌之战再为忠勇之河续写了铿锵之史。祖宗留下来的是一条铁血长河，这条河是不可能被外人辱没的。

石牌保卫战，是国民党军队和日本军队为数不多的以弱胜强并且最终以较小的代价取得较大胜利的一次著名战役。石牌保卫战的意义极其重大，是抗战的重大军事转折点，西方军事家誉之为“东方斯大林格勒保卫战”，甚至可以说，对中国抗日战争的最后结局都产生了深远的影响，确立为世界军事史上中华民族反法西斯取得胜利的著名战役。

//百度百科

有一座铜墙铁壁叫石牌

1940 年 9 月 6 日，国民政府颁布《国民政府明定重庆为陪都令》，定重庆市为中华民国法定陪都。政令云：“四川古称天府，山川雄伟，民物丰殷，而重庆绾毂西南，扼控江汉，尤为国家重镇……”

当时从湖北入川还没有公路，唯一的大通道就是水路长江。但长江坐拥天险，日军要打进来也并非易事。

其中最重要的一个天险，便是三峡石牌。1943 年 5 月，日军攻陷宜昌后，距离宜昌仅 30 多公里的石牌便成了拱卫陪都重庆的门户。日军要灭掉中国，必须攻占重庆；要想攻占重庆，必须打通长江；要想打通长江，必须拿下石牌。

就这样，石牌这个当时不足百户的小村，成了二战中国战区的一个关键节点。

蒋介石对石牌要塞的安危极为关注，他不止一次给六战区司令长官陈诚、江防军司令吴奇伟拍来电报，要求必须确保石牌要塞。

1943 年 5 月 25 日，日军渡过清河直逼石牌要塞。次日，蒋介石再次颁布手谕，强调石牌乃中国的斯大林格勒，是关系陪都安危之要地。并严令诸将领英勇杀敌，坚守石牌要塞。

双方都深知石牌的战略重要性，一方志在必得，一方拼命死守。日军集结了最精锐的第 11 军第 3、第 13、第 39 师团共 10 万人。第 11 军是日军在中国战场唯一的纯野战部队，被称为“钢铁猛兽”，这几个师团也是日本的陆军王牌部队，其中第 3、第 13 师团还曾经参加过臭名昭著的南京大屠杀。中方则集结了 15 万人，由 18 军担任石牌要塞防守主力。

5月28日，日军第3、第39师团开始向石牌推进。日军第3师团从长阳高家堰进入宜昌县境，向18军11师第一道防线南林坡阵地发起攻击。同时，担任石牌要塞右翼防务的18军18师阵地也受到日军的袭击，国军将士浴血奋战，英勇还击。抗战时期中日之间最关键的一场对决，就此打响！

石牌一役打得非常惨烈，双方死亡过万。

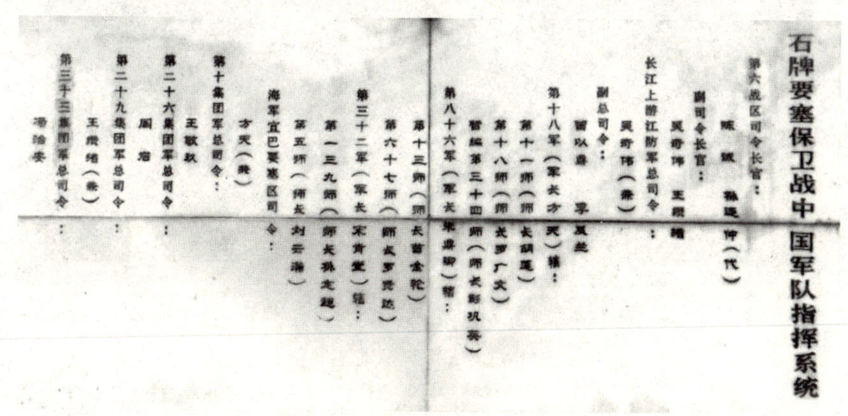

石牌保卫战中国军队指挥系统

石牌保卫战是中国抗战的重大军事转折点，被西方军事家誉为“东方斯大林格勒保卫战”，比在国内抗战史上的地位高得多。自此以后，日军转入战略防守，中国军队转入攻势，直到两年后日本投降。

彼时，日军在太平洋战场上的局势日益恶化，日军企图孤注一掷，打开石牌天险，沿长江三峡进逼重庆，尽早结束在中国久拖不决的战局。从某种程度上讲，石牌战役关系到中日两国的命运。

可惜，在中国的历史教科书上，找不到这场攸关中国命运的战役。……

浴血池是阵亡将士沐浴更衣的地方

原来，这里是阵亡将士掩埋之前，最后一次沐浴更衣的地方。为了让他们干干净净地走，人们从山下的长江边一担一担挑水上山，在这个池子里为战士们洗去满身的血迹和征尘，然后换上干净的军装，送他们上路，就地掩埋……

我实在无法、也不敢想象当时的场景。1 万多具烈士的遗体在这里沐浴更衣、列队上路，这是何等的悲壮、何等的壮烈！那一池池鲜血，第一次让我真正领会到了浴血奋战的含义！

我们肃然起敬，轻轻拿出专门带来的藏香，每人点燃三支香，鞠躬、祭拜……

黄昏的时候，我们驱车来到了一个叫曹家畈的地方。这是一个宁静而祥和的小山村，炊烟袅袅，田园牧歌，充满了诗情画意。空气中有一种泥土和植物混合的芬芳，怎么也无法把它和战争联系在一起。

然而，72 年前的那一天，也就是 1943 年 5 月 30 日，这里成了一片焦土，空气中充满了血腥的味道。二战史上时间最长的一次白刃战，就发生在午后的曹家畈。

在曹家畈附近的大小高家岭战场上，曾经有 3 个小时听不到枪声。这是因为两军已经完全胶着在一起，根本无法开枪！只有拔刀相向，白刃肉搏！仇人相见，分外眼红！白刀子进，红刀子出！要么杀，要么被杀！双方都没有选择，没有退路！不是你死，就是我活！谁干倒对方，谁就能走出去！几千人厮杀在一起，双方都杀红了眼！杀得尸横遍野，血流成河！杀得天昏地暗，日月无光！

二战史上时间最长的白刃战就发生在石牌

整整 3 个小时！这是二战史上时间最长的白刃战，也是人类战争史上最残忍的片段之一！是役，日军被击毙近 2000 人，1500 名国军的生命也永远定格在了这里。要知道，当时中国军人的单兵作战能力比日军差得多，这不能不说是一个奇迹！到底是什么，使他们迸发出如此巨大的能量？

更让我惊讶的是，他们很多还是孩子！《中国国家地理》曾这样描写在这场白刃战中战死的少年：“那时候，中国农民家的孩子营养普遍不好，十六七岁的小兵，大多还没有上了刺刀的步枪高。他们就端着比自己还长的枪上阵拼命。如果他们活着，都已是七八十岁的老人了。他们也会在自家的橘园里吸着小口的香茶，悠闲地看着儿孙，温暖地颐养天年。可他们为了别的中国人能有这一切，死掉了。”

//摘自张梦云新浪博客

陈诚之子陈履安参访石牌保卫战遗址

陈履安参访三峡石牌保卫战遗址。董晓斌　摄

陈履安在父亲陈诚的照片前留影。董晓斌　摄

9 月 23 日至 24 日，国民革命军一级上将陈诚之子、台湾陈诚文教基金会董事长陈履安，来到位于湖北宜昌的三峡石牌保卫战遗址及抗战纪念馆参观访问。石牌保卫战是 1943 年 5、6 月间由第六战区司令长官陈诚总指挥的一场战役。这场胜利挫败了日军入峡西进的美梦，遏制住了日军肆意践踏的铁蹄，是抗战的重大军事转折点。

//中国新闻网，2015 年 9 月 24 日

1942 年 12 月叶挺被押至恩施时，最初住在恩施民亨社东门招待所，两个月后被移住西郊朱家河附近一个村子的一间平房里。这时，经过南方局多方设法争取，终使李秀文和杨眉获准来到该村舍陪同叶挺住了一段时间。……慰劳团于 1943 年 6 月 23 日抵达恩施，24 日陈诚设宴招待慰劳团成员，陆诒乘机找到原陈诚秘书、时任湖北省政府委员的朱代杰，说明有周恩来亲笔信一封要面交陈诚，希予以转告。朱代杰在武汉会战时就与陆诒相识，听说这位记者携有中

共要人周恩来的书信需面交顶头上司，自然十分重视，便及时作了禀报。25日，陈诚单独约见陆诒，在看完陆诒转交的信以后，陈诚不等陆诒开口便爽快地说："周公信上讲的完全对，希夷兄一家就住在恩施西郊。你要去访问他，这不成问题，我会派人带你去。你将来回重庆时，望代为转达周公，希夷兄由我就近照顾，安全和生活绝无问题，请他宽心。"半小时后，陈诚叫副官陪同陆诒来到叶挺被囚禁的农舍。叶挺见是陆诒来访，极为高兴。二人是久别重逢，倍感亲切。

/郑洪泉 王明湘//营救叶挺军长·四

宴会开始，陈诚首先祝酒，他除了表示感谢各界慰问之外，主要是借机说蒋介石的好话。什么鄂西胜利全靠委员长的战略决策，完全是按照委员长的指示打的等等。接着国民党老右派、反共老手张继致词，大肆吹嘘了一番陈诚，讲话之后，各团体派人为陈诚敬酒，整个宴会厅里一片赞扬吹嘘之声。

本来陆诒想借这个机会接近陈诚，可是他这餐桌上坐的是《中央日报》、《益世报》的一帮子职业特务，行动不得。这怎么办呢？正在为难时，有一个人端着酒杯走过来给他敬酒。他一看，来人是朱代杰。朱代杰给陈诚当过机要秘书，也和周恩来有过一段工作关系，现在是湖北省政府委员。

这真是难得！干过杯之后，陆诒热情地说："武汉一别，已是五年了。今日相见，实在难得，过会儿休息室一谈如何？"

"好，好。"朱代杰热情地应着。

这时陈诚有些醉意，脸红红的，在接受记者们的采访、照相。

《中央日报》、《益世报》的这些特务们，都一哄而上，采访陈长官去了。陆诒借这机会，约朱代杰来到一间比较安静的小休息室。

“朱兄，有一事相托。”时间紧迫，陆诒当即提出了问题。

“尽力为之。”朱代杰喝得绯红的脸上笑嘻嘻的。

“从重庆来时，周公叫我带来一封信，要亲自交给陈长官。望老兄转告，请陈长官约定时间，我当面呈信。”

“可以，可以，我今日就为你转告。”朱代杰答应得十分痛快。

第二天，刚刚吃过早饭，一辆小车开到了陆诒住的招待所，陈诚派人接他去会面了。

/詹玮//抗日名将叶挺蒙难

1943 年 7 月 2 日，出席省府第四五三次会议

时间：三十二年 七月二日 星期五 上午九时

地点：恩施土桥坝本府

出席委员：陈诚 朱怀冰 朱一成 张伯谨 赵志垚 朱代杰 林逸圣 罗贡华 周苍柏

缺席委员：李石樵 刘叔模 刘千俊

//“国史馆”，“陈诚副总统文物”，湖北省政府委员会议事录（五），p. 4，典藏号：008 - 010902 - 00205 - 001

刘叔模和我有渊源，我初中同学刘重（刘仲恪）说：“刘叔模是我姨公，也就是我父亲（刘荣焌）的姨夫，但和我们不是一个刘。我爷爷在我父亲很小时就去世了，父亲受姨妈姨夫很多照顾和提携，可以说没有他们也就没有父亲的后来。因为他的关系，父亲后来参

与了蒋光鼐蔡廷锴的福建人民政府，负责宣传工作。抗战时也到湖北恩施给接替陈诚的王东原当秘书及新湖北刊物主编。”福建、湖北，这是巧合吗？还是三位前辈共同的信仰？得知刘叔模的儿子在北京晚报工作，托一零一中司马小萌学姐打听：退休多年，已经过世。遗憾。（小群）

1943 年 9 月 1 日，赴重庆研究国家建设计划事宜

9 月 1 日，本府委员罗贡华、朱代杰奉召赴渝研究国家建设计划事宜，于今日起程。

//“国史馆”，“陈诚副总统文物”，民国三十二年九月份湖北省政府大事记，p. 6，典藏号：008 - 010402 - 00004 - 001

1943 年 12 月 3 日，任“民生保险股份有限公司”公股董事

//“国史馆”，“陈诚副总统文物”，民国三十二年十二月份湖北省政府大事记，p. 3、p. 4，典藏号：008 - 010402 - 00004 - 004

1944 年 1 月 7 日，缺席省府第三十九次谈话会

//“国史馆”，“陈诚副总统文物”，湖北省政府委员会议事录（六），典藏号：008 - 010902 - 00206 - 001

1944 年 7 月 22 日，免湖北省政府委员职

国民政府令

湖北省政府委员兼主席陈诚……均免本兼各职。此令。

湖北省政府委员朱代杰……均免本职。此令。

院长　蒋中正

//“国史馆”，湖北省政府官员任免，典藏号：001032220160120a

请免人员

官职：湖北省政府委员　　姓名：朱代杰　　阶级：简任

任命年月日：廿九、三、廿八

//“国史馆”，湖北省政府官员任免，典藏号：001032220160119a

附图 朱代杰手书等

湖北省政府委员会第三五九次会议议案全文汇辑，
“国史馆”，典藏号：008－010902－00077－001

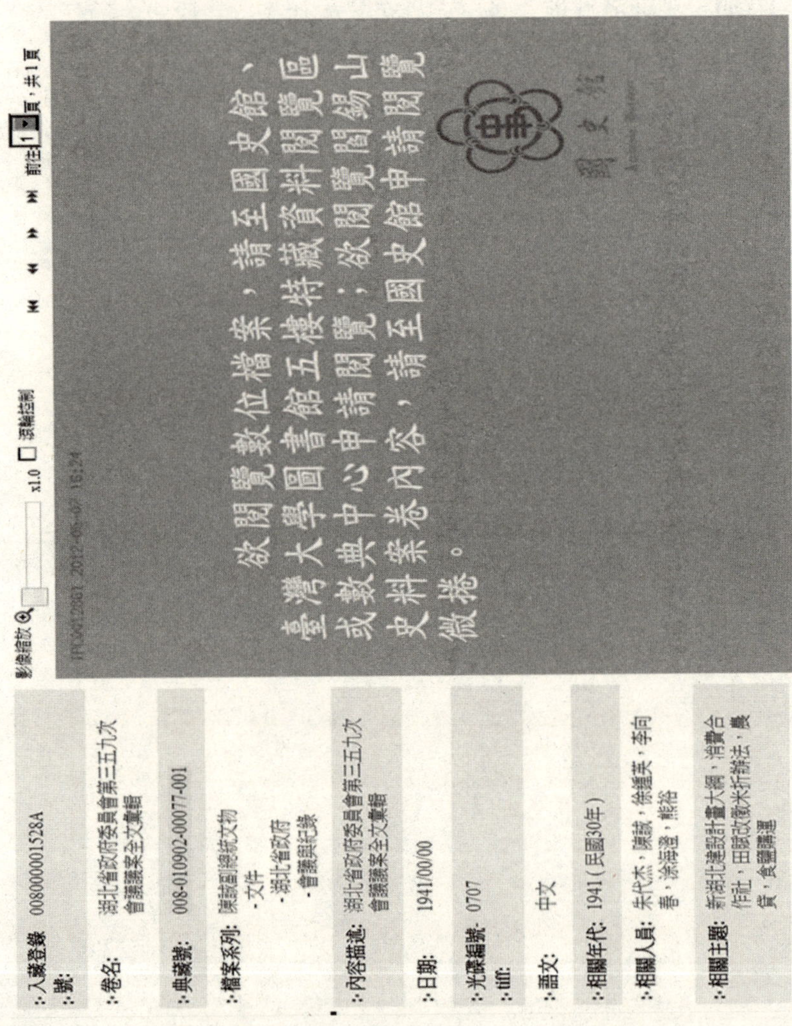

朱代杰《湖北省政府收复失地后工作纲要》，
“国史馆”，典藏号：008－010901－00021－004

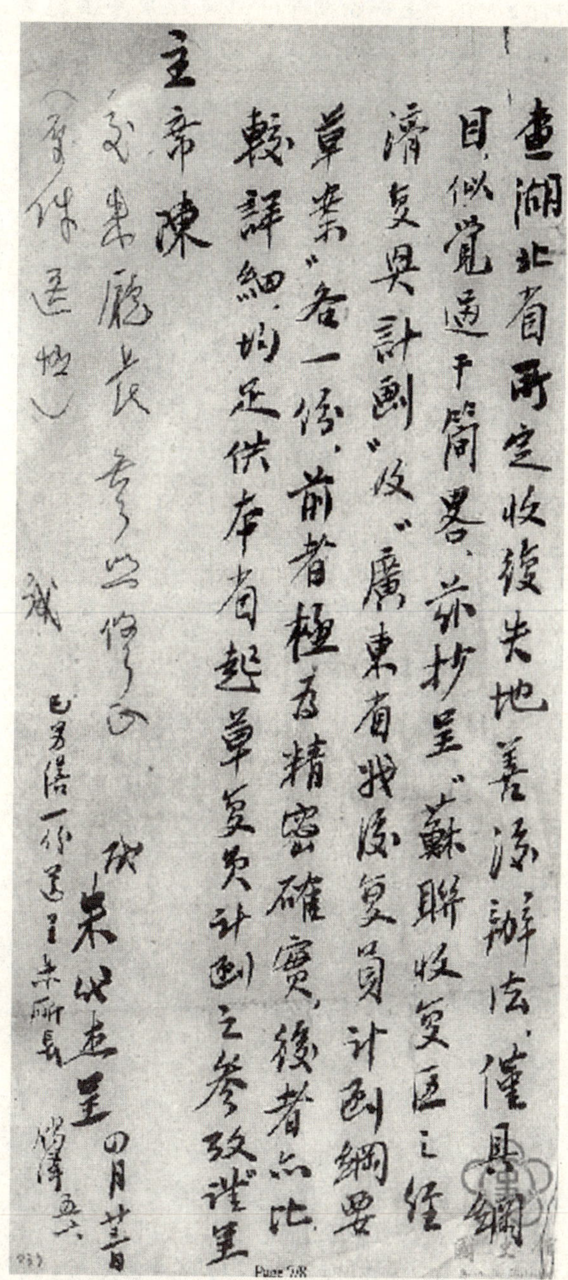
查湖北省所定收復失地善後辦法，僅具綱目，似覺過于簡畧，茲抄呈"蘇聯收復區之經濟復興計劃"及"廣東省戰後復員計劃綱要草案"各一份，前者極為精密確實，後者亦比較詳細，均足供本省起草復興計劃之參考。謹呈
主席陳
職朱代杰呈 四月廿三

交朱廳長參考為要
（附件送核）
誠
已另繕一份送呈朱廳長
五、六

朱代杰《湖北省党政军联合参观团参观湘赣闽粤四省报告书》，“国史馆”，典藏号：008－010901－00042－001

此报告书计88页，全部由父亲于咸丰旅次手书完成，面对工整小楷，不禁热泪盈眶。（小群于台北“国史馆”）

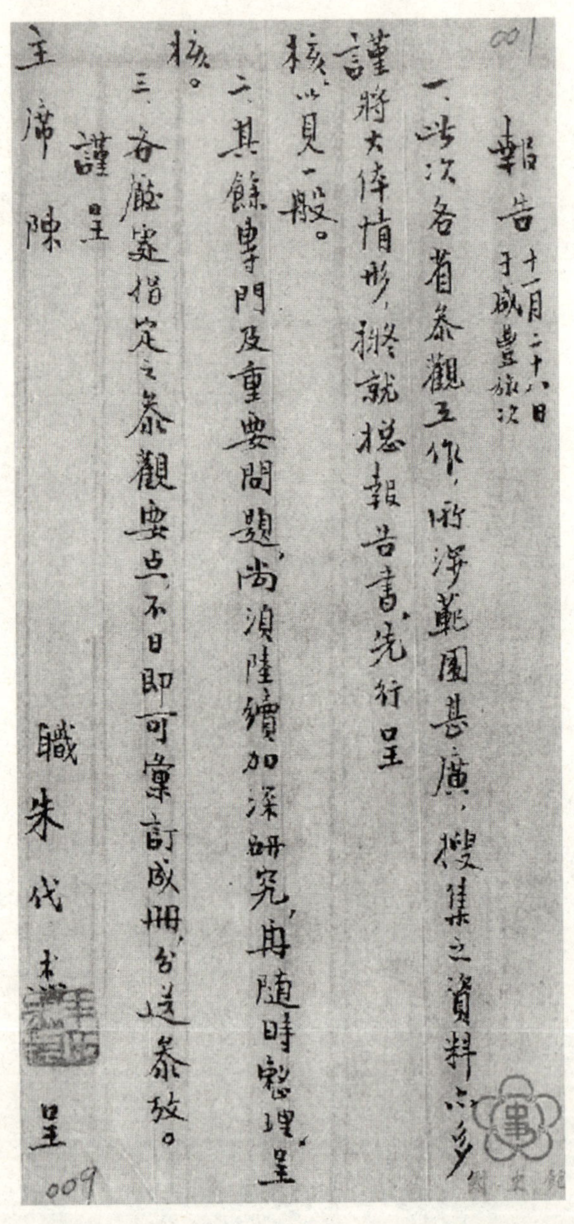

001

報告　十一月二十八日于咸豐旅次

一、此次各省參觀工作，所涉範圍甚廣，搜集之資料亦多，謹將大体情形，撮就總報告書，先行呈核，以見一般。

二、其餘專門及重要問題，尚須陸續加深研究，再隨時整理呈核。

三、各廠處指定之參觀要点，不日即可彙訂成冊，分送參考。

謹呈

主席陳

職朱代杰　呈

009

新湖北建设计划表，
中华民国三十年六月，
湖北省政府秘书处印

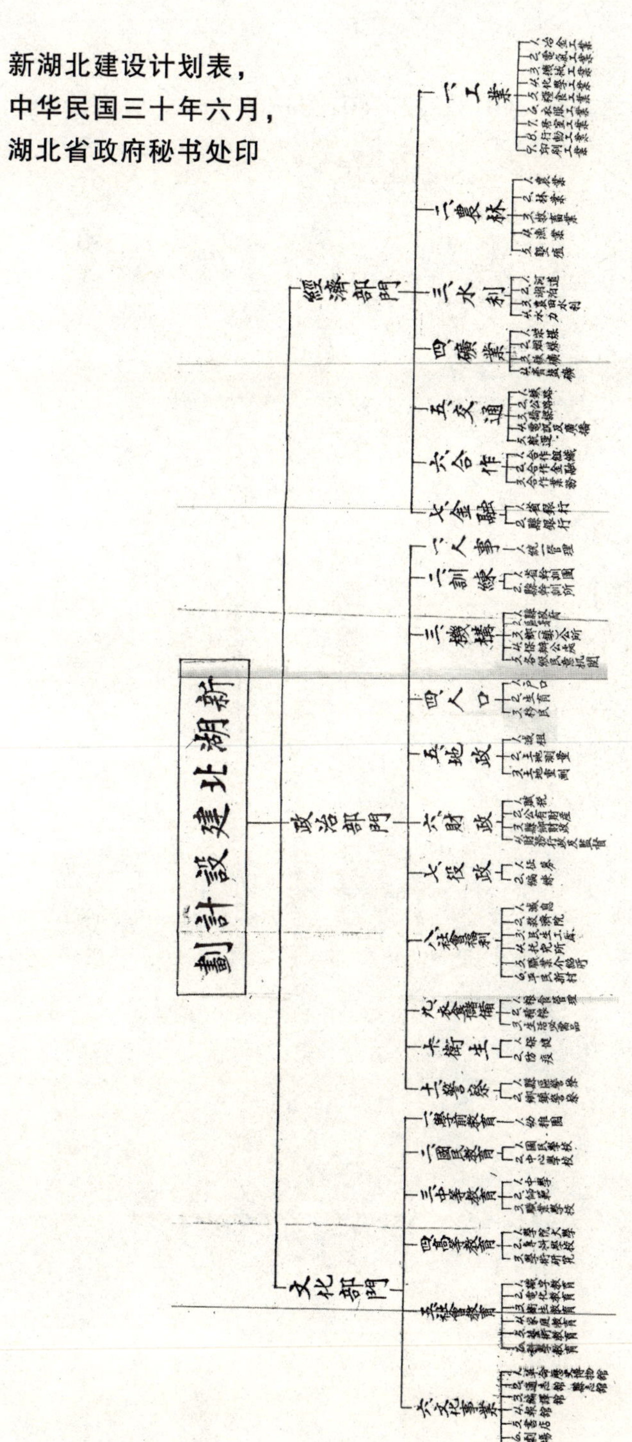

湖北省政府官员任免

“国史馆”，典藏号：001032220160120a

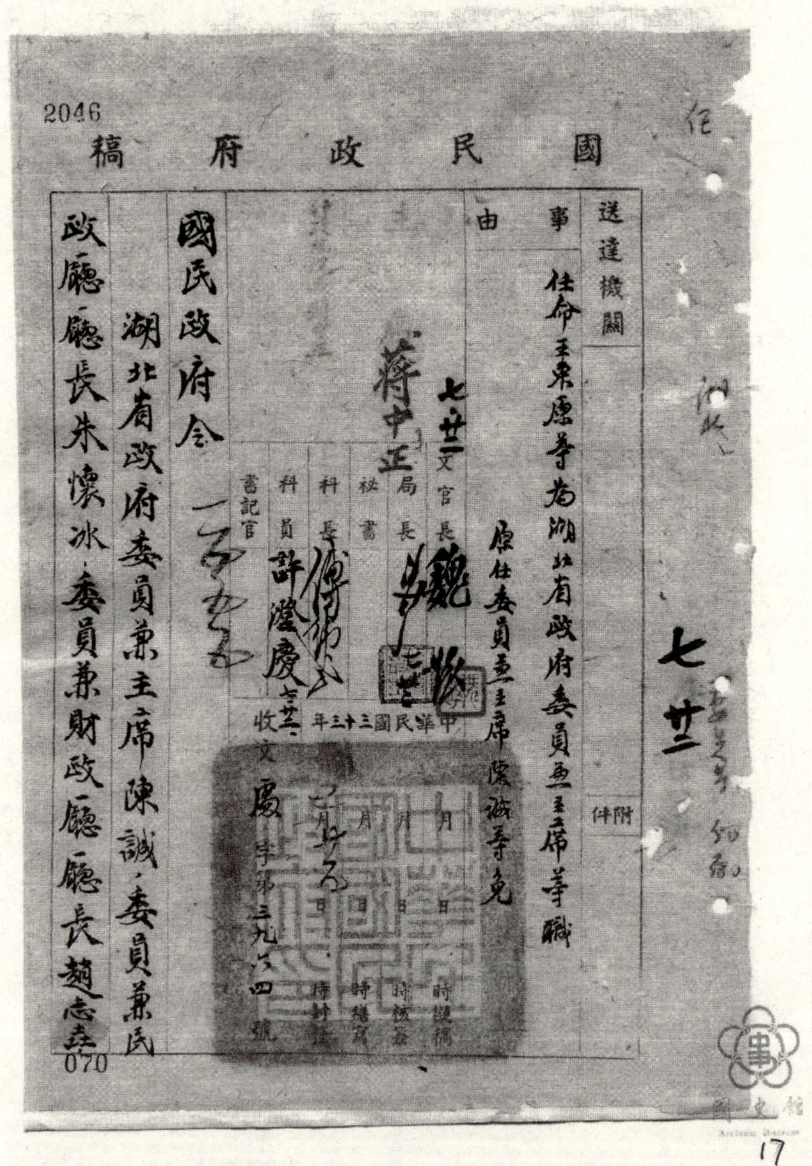
001032220160120a

2046

國民政府稿

送達機關

事由　任命王東原等為湖北省政府委員兼主席等職　原任委員兼主席陳誠等免

蔣中正

七廿一　文官長　魏

局長

秘書

科長

科員　許澄慶　七廿一

書記官

中華民國三十三年

收文　慶字第三九六四號

國民政府令

湖北省政府委員兼主席陳誠、委員兼民政廳廳長朱懷冰、委員兼財政廳廳長趙志垚

070

附件

七廿二

17

湖北省政府官员任免

“国史馆”，典藏号：001032220160121a

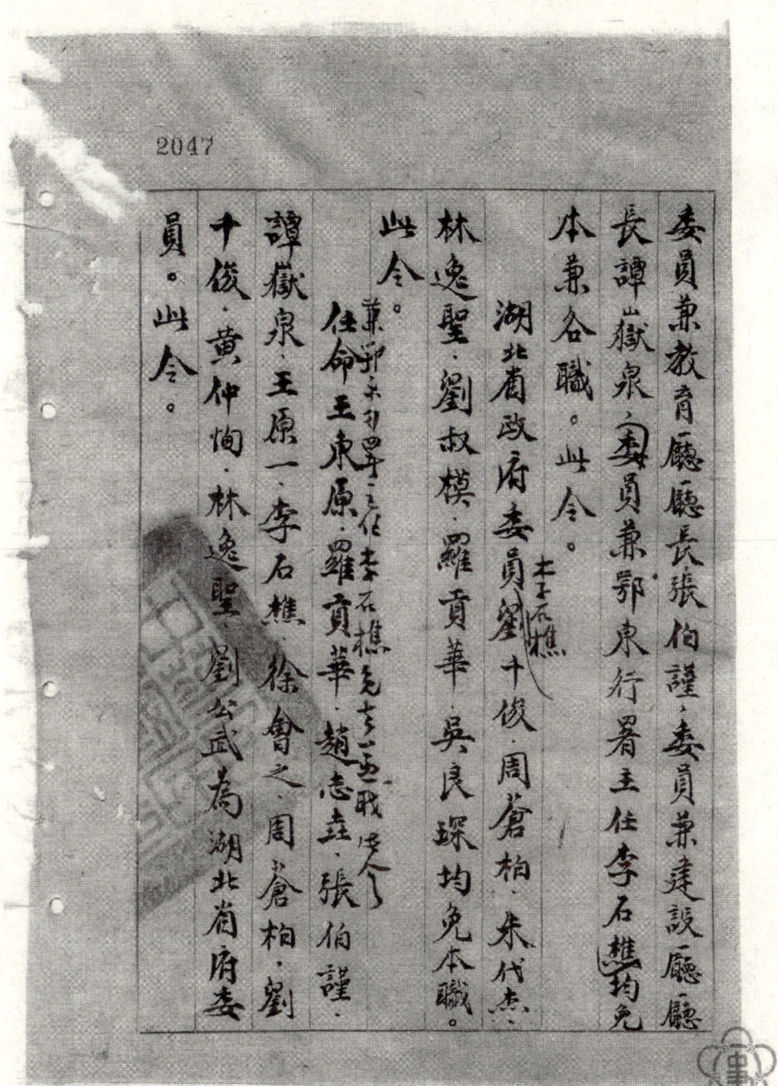

2047

委員兼教育廳廳長張伯謹、委員兼建設廳廳長譚嶽泉、委員兼鄂東行署主任李石樵均免本兼各職。此令。

湖北省政府委員劉十俊、周蒼柏、朱代杰、林逸聖、劉叔模、羅貢華、吳良琛均免本職。此令。

任命王東原、羅貢華、趙志垚、張伯謹、譚嶽泉、王原一、李石樵、徐會之、周蒼柏、劉十俊、黃仲恂、林逸聖、劉公武為湖北省府委員。此令。

18

湖北省政府官员任免
“国史馆”，典藏号：001032220160122a

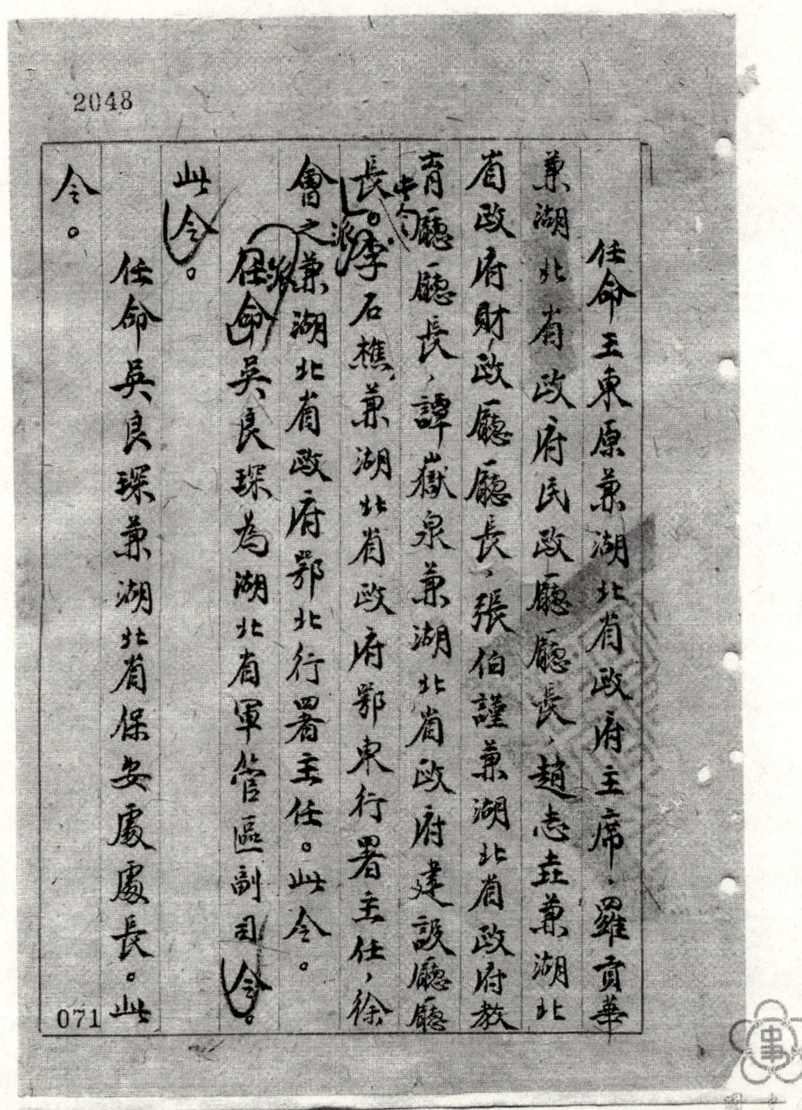
001032220160122a

2048

任命王東原兼湖北省政府主席，羅貢華兼湖北省政府民政廳廳長，趙志垚兼湖北省政府財政廳廳長，張伯謹兼湖北省政府教育廳廳長，譚嶽泉兼湖北省政府建設廳廳長。李石樵兼湖北省政府鄂東行署主任，徐會之兼湖北省政府鄂北行署主任。此令。

任命吳良琛為湖北省軍管區副司令。此令。

任命吳良琛兼湖北省保安處處長。此令。

071

福建·永安·福州

◎ （1944 ~ 1947）

《开罗宣言》发表后，蒋介石令“行政院”秘书长张厉生与国际问题研究所所长王芃生研究并拟具收复台湾的切实办法。1944 年 4 月中旬，蒋介石批准成立“国防最高委员会中央设计局台湾资源调查委员会”（下简称“台调会”），作为收复台湾的筹备机构，任命陈仪为主任委员。陈仪曾两度负笈日本，在国民党内有“日本通”之称。

5 月，“台调会”开始起草台湾接收计划纲要，就收复台湾后施行何种行政体制问题展开讨论。朱代杰、沈仲九、林中的看法是：“台湾完全与闽省（即闽南）相同，而且在日人占领之下，其民族思想特别浓厚，所以台湾不宜视同蒙、疆等地，应视为内地的一省，但情形容有特殊，有些设施可暂与各省不同。”

/褚静涛//试论光复前后台湾省建制之过程

与会名单包括王又庸、朱代杰、邹静陶、周范文、许鹏飞、徐晴岚、赵康、沈仲九、周一鹗、何孝怡、林忠等人。是为在接触台籍人士之前的会前会，统一口径的准备十分……

/张翰中//战后初期台湾货币改革之研究

台湾光复时，对恢复建省的态度，主要有四种：一、看作特殊区，如蒙古、西藏、新疆。二、视同各省。三、折中，既不与蒙古一样，也不与各省完全一样，在两者之间。四、延用日制，维持现状。持第四种态度者认为，台湾离开祖国50年，政治、经济、建设以及风土习惯和国内相差很远，希台湾收复以后五六年内以维持现状为目的，“原有的总督府，只须名称的取消，改为省政府。原来的总督府的机构不予更动，内地各省政府的机关太多，于台湾人不习惯。地方自治不必变更，倘若改为几十个县，档案的划分即生困难”。

在1944年7月13日“台湾调查委员会”座谈会上，中央设计委员王又庸主张第三种态度：

“因为台湾既不似朝鲜，亦不类新疆、蒙古等。但如完全视同行省，在条件上亦有不同。本组以为台湾收复以后，不能与各省采取同一办法，但应逐渐与各省趋于一致。”

而中央设计委员朱代杰则主张第二种态度，他认为第三种态度也可以说是第三种态度的另一说法。因为它是实行第二种说法的一种过程，一种手段，其目的仍是第二种态度。我们必须注意者：“（一）台湾现在有三种民族，一是蕃人，二是日本，但人数都很少，三是台湾人，人数最多。所谓台湾人，实则就是闽广人，所以台湾民族与各省一样，与蒙古、新疆、西藏等地之有特殊民族完全两样。（二）台湾在满清被日本占领以前，本已成为一省，设有巡抚。（三）

台湾不像蒙、疆、藏等地，有特殊的宗教势力及风俗习惯。根据上述三点，本人以为台湾应当作内地一省看待。”

/朱庆葆 曹大臣//抗战胜利后影响台湾建省诸因素分析·三

从1944年到1966年，父亲始终与祖国统一大业息息相关。从原中央设计局的“台调会”，到后来直属中央的“解放台湾小组”，父亲一直在台湾回归大陆的民族伟业中贡献着自己的力量。而他关于“台湾应当作内地一省看待”的政治见解，至今读来令人钦佩。

1944年12月11日，任命朱代杰为福建省政府委员

行政院公函　中华民国　卅三年十二月十一日发出

本院第六七九次会议决议：“福建省政府委员兼秘书长程星龄请辞委员职务应予照准遗缺任命朱代杰继任”相应函请

查照转陈派免。此致

国民政府文官处

院　　长　蒋中正

代理院长　宋子文

//“国史馆”，福建省政府官员任免，典藏号：001032220114174a

1945年2月12日，任命朱代杰福建省建设厅长

行政院公函 中华民国 卅四年二月十二日发出

本院第六八六次会议决议：“福建省政府委员兼建设厅厅长朱玖莹请辞厅长兼职应予照准任命该省政府委员朱代杰兼任建设厅厅长”相应函请

查照转陈派免。此致

国民政府文官处

院　　长　蒋中正

代理院长　宋子文

//“国史馆”，福建省政府官员任免，典藏号：001032220115018a、001032220115019a

建设厅厅长　朱代杰　1944.12.20～1947.9.29

//福建省省情资料库新闻系统

建设厅厅长　朱代杰　1945.2.16～1947.9.29

//福建省志

奉

主席谕：“朱代杰先生已任闽省府委员，本府顾问职务应予解聘”等因特达。

查照为荷

此致

秘书处

湖北省政府人事处启

三十四年（1945）六月三日

//湖北省档案馆，档号 LS1－2－286/6

父亲去福建就任之前，曾回乡省亲（唯一的一次回乡），并与母亲李冠群在四川成都成婚。这张相片，是父亲为相亲特别照的。我们没有见过他们的结婚照。由于身份特殊，父亲从不与家人合影，以免受到牵连。

据母亲回忆：当时爷爷已去世，奶奶对母亲的评价是胖嘟嘟的、白生生的、笑眯眯的。母亲毕业于四川大学中文系。父亲的前两位太太均无出且不谙家政，只有母亲上得厅堂，下得厨房，相夫教子，终身相守。母亲这张相片是1948年在上海照的，别的照片都在“文革”中被毁。

榕厦公路机械建筑，朱代杰即离沪返闽，闽建厅长朱代杰，为榕厦公路之兴建，向中央请示，并与联总行总哈商，奔走京沪间达一月之久，兹已有端倪。

//国家文化资料库

1945年，朱代杰在《新福建》发文《义务劳动与交通》

义务劳动与交通

朱代杰

抗战已入第九年度，一切胜利之左券，有赖于军事，更有赖于经济，在经济发展阶段，自以人力为基本因素之一，则发挥义务劳动而培植生产，恢复交通，实为刻不容缓之举。国民政府此次废止二十六年十月颁布之国民工役法，而特颁国民义务劳动法：其主旨即在此。本省自奉到中央电令之日起，即依照该法之规定，斟酌地方公共事业之需要，于三十四年度分别规定，本省各县市（区）推行国民义务劳动应予注意事项，及同年度第一期国民义务劳动作业计划，切实督导，广泛宣传，务使人民家喻户晓，乐于遵循，造成一种朴实劳动风气，如劳动服务团之组织，工作干部之选训，工具之准备，地区之勘定，缜密筹划，次第实现。

义务劳动之范围，计有五项：（一）筑路，（二）水利，（三）自卫，（四）造产，（五）地方公共福利。因限于篇幅及时间之限制，兹以筑路事关交通范围，略为阐述如次：

公路交通工程，概分修筑路基及铺修路面两项。

修筑路基，包括填土、挖土、借土、废土。铺修路面，包括碎石路面、沙土路面。关于技术之指导、工料之分配、均有分别详载于本省社会处编印《国民义务劳动手册》内《各项劳动须知》中，不再赘及。要之，吾人遵循国父“人工及资本资本生机器”之遗训，务使一般民众彻底了解义务劳动之意义与功效，而以“人民感情便利，地方得以进步”为原则，交通恢复及发展，实利赖之。

//新福建，1945年，第7卷，第6期，p. 31

榕厦公路之兴建，依赖于国民义务劳动！原以为，只有共产主义才有义务劳动。抗战胜利后，父亲便全身心投入经济建设，筑路，水利，著书立说，有实践，有理论，为民谋利，影响深远。

国民的楷模——朱代杰忙着修路，彭光亚加强宣传。责任者：中央社，出版年月：1946 年 01 月，出版社：民言报. 来源：民言报社。

//青岛数字档案馆

抗战后期，为维持和发展当时福建比较开明的政治局势，我建议刘建绪（福建省省长）对省政府的人事进行调整，致使那些被调免或所求未遂者积恨在心。

1945 年 7 月发生的福建永安大狱，株连了许多革命者和进步青年。著名的国际新闻评论家杨潮（笔名羊枣）就是在这次大狱中牺牲的，这是我国文化界的一大损失，故亦被称为羊枣案件。当时，我担任国民党福建省政府（设在永安）秘书长，也因此受到蒋介石的迫害。……

1944 年，抗日战争形势发生了一个大变化。……

为了维持和发展当时福建比较开明的政治局势，我们共同商谈过，对当时省政府的人事有必要作适当的调整，通过我先后向刘建绪建议：以严泽元继黄珍吾为保安处长，以朱代杰继朱玖莹为建设厅长，以李黎洲继徐箴为教育厅长。……徐箴是中统头目，朱玖莹是反共顽固分子，两人在业务上都是外行，所以刘也同意我的建议，让其去职。朱代杰原是陈诚的左右手，是我代表刘建绪去湖北恩施访问陈诚时，商请陈诚派来福建协助刘建绪的。朱有一定的进步思想，来闽后，对我颇为亲近。……

8 月初，刘建绪接到蒋介石来电："请程星龄兄来渝面谈，蒋中正手启。"

这时，又有人趁机造谣，说我是“镣脚铐手被押送重庆去的”，在福建一时广泛传播，影响很大。其实，我是同陈诚一路去渝的。那时，陈诚视察东南地区，经永安回重庆，我就便搭陈诚的专机赴渝。陈曾在1940年受何应钦排挤，被外调六战区长官兼湖北省主席，我曾代表刘建绪专程去恩施（湖北临时省会）访问，借以削弱或消除陈、刘之间的宿嫌，并请陈推荐人才为刘臂助。陈很高兴地推荐了朱代杰。1944年底，朱即来闽继朱玖莹任建设厅长。陈路过永安时，朱向陈缕陈了杨案真情，力言我并非共产党员。这是我离永安前夕朱代杰对我讲的。

/程星龄//羊枣案件的前前后后

程星龄于1948年9月回长沙后，参与湖南和平起义活动，为程潜与中共湖南地下组织的联络员。父亲在给北京铁道学院的简历中，把湖北省政府委员写成湖南，可能一为避陈诚嫌；二湖南有程星龄给写证明材料。我在要求入团时，交给团组织的父亲手写的简历，和铁道学院的一样，所以，我记得很清楚，是湖南省政府委员，这次作这个辑注，才发现，根本没有湖南的资料。（小群）

1946年元月，张天福接到在福建省政府工作的挚友林一的电报，说政府方面有要事请他返榕商议，晤面时才知是省农业改进处处长宋增榘辞职去台湾将近一年，而这个空缺尚未物色到继任人选。林一向省建设厅厅长朱代杰推荐由张天福出任农业改进处处长一职，朱代杰同意后并得到刘建绪省主席批准，这才将张天福从崇安招了下来。

/秦威//世纪茶人：张天福

内容描述，朱代杰来函—印度经济建设记划纲要. 时间，起，0000 - 04 - 24. 光碟片编号，TIFF 档，01 - 0118，01 - 0119. 影像使用限制，开放. 原档使用限制，不开放……

//“国史馆”，“陈诚副总统文物”典藏号 00801010800014039

朱代杰來函全文如下：

主席钧鉴，兹将《印度经济建设计划纲要》呈阅。并附志数点如下：

一、本书今年出版，设计局于外交部获得后，译印成中文本，并加以提要，但最好阅读全文，始能洞悉其用意所在。

二、本书并非官方文件，而系私人合编，其中只悉有塔塔（G. R. C. Tata）者，为著名之印人工业家，故可视为代表一部分印人之意见。

三、全书根据科学方法，提出具体的民生需要，及适应此需要之生产规模与资金之谋划，博大精深，洵足参考，从而了解印度在若干方面之发展，如国民之富力、交通，及一般之调查研究工作等，均较我国为高，尤足令人猛省。

四、书中对于国防及军需工业等，均缺而不论，且虽以工业化为重心，仍再三申明印度将继续为农业国家，窥其用意，当在力避英人之反感，故对于一般政治问题及经济政策等，亦未发抒意见。

五、年来奉命从事研究国家建设，常感参考资料缺乏之苦。读此册后，深觉其论断之透彻与分析之具体。较之苏联、德、日等国，仅为其主观宣传而发布之文件，尤饶有参考价值也。

职朱代杰谨呈（1946 年）四月二十四日

039

朱代杰來函

主席鈞鑒。茲將印度經濟建設計劃綱要呈閱。並附誌數點如下：

一、本書今年出版。設計局於外交部獲得後。譯印成中文本。並加以提要。但最好閱讀全文。始能洞悉其用意所在。

二、本書並非官方文件。而係私人合編。其中祗悉有塔塔 G.R.D. Tata 者。爲著名之印人工業家。故可視爲代表一部份印人之意見。

三、全書根據科學方法。提出具體的民生需要。及適應此需要之生產規模與資金之籌劃。博大精深。尚足參考。從而了解印度在若干方面之發展。如國民之富力、交通、及一般之調查研究工作等。均較我國爲高。尤足令人猛省。

四、書中對於國防及軍需工業等。均缺而不論。且雖以工業化爲重心。仍再三申明印度將繼續爲農業國家。揆其用意。當在力避英人之反感。故對於一般政治問題及經濟政策等。亦未發抒意見。

五、年來奉命從事研究國家建設。常感參考資料缺乏之苦。讀此冊後。深覺其論斷之透澈與分析之具體。較之蘇聯德日等國。僅爲其主觀宣傳而發佈之文件。尤饒有參考價值也。

職朱代杰謹呈四月廿四日

石叟叢書 附存：友聲集 七七

085

朱代杰来函影印件

/陈诚//石叟丛书 附存 友声集 p. 77

1946 年 8 月 23 日，长子小英生。

小英，朱其英，1969 年毕业于北京师范大学英语系。1972 至 1987 年在西宁省教育厅任普教处副处长等职。1991 年后在中国正大集团、南京三爱公司、江苏真慧影视公司等单位任企划管理工作。

因健康原因，未参加本书编写。

母亲寄给七妹李章叙的；右边是相片反面母亲亲笔：小英七十天照像，三十五年（1946 年）十月摄。摄于福州时代照相附设隔邻花园。母亲原名李章黻。

妈妈说，福建人特别有意思，没事儿就去理发馆，然后再进照相馆，上头油光水滑，下面却裤衩拖鞋。

榕厦公路机械建筑　朱代杰即离沪返闽

【中央社上海六日电】闽建厅长朱代杰，为榕厦公路之兴建，向中央请示，并与联总行总哈商，奔走京沪间达一月之久，兹已有端倪，据悉，联总当局已允供应筑路机、开山机等二百卅单位，行总则允拨面粉充作筑路工人工资。交通部长俞大维，亦曾召见朱氏，对零星费用卅亿元，允拨十五亿，余由地方筹措，朱氏定八日离沪返闽，积极推进筑路事宜。按我国公路以机械建筑者尚属首次，该路达成后，将为我交通史放一异彩。

//《榕厦公路机械建筑 朱代杰即离沪返闽》，1946 年 10 月 8 日《民报》第二版（原件见本章后附图）

第四节　农林特产税（山林税）福建山海资源丰富，农林特产生产和渔埕养殖历史悠久。早在唐代即有“天下所出竹、木、茶、漆，皆十一税之”（《旧唐书·食货志》）的记载。宋、元、明各代相沿，号为“抽解”或“抽分”。民国时期，山林特产在福建财政上的地位更加突出。以民国25年（1936）为例，“当年省地方岁入预算2000万元，田赋占240万元，而主要取自特产的特种营业税，为220万元。另据海关报告，福建木材、茶、纸三项自民国元年至28年平均每年输出2450万元，以5%关税计算，可收税120万元，以上特种营业税与关税合计共收340万元，超过全省田赋40%”。（朱代杰《福建经济发展的途径》，《福建经济问题研究》第一辑（1947），第20－22页）。另据统计资料：“民国21年至25年的福建平均输出值中，特产一项占85%，年达2800万元之巨，这是过去福建用来平衡进口贸易，用来提取民生所需的工业品的主要资源。”（朱代杰《福建经济发展的途径》，《福建经济问题研究》第一辑（1947），第20－22页），但是正式成为一个独立税种则始自革命根据地苏区的山林税。中华人民共和国成立后改为农林特产税，包括海埕养殖的特产税。

//福建省情资料库

41926 福建经济发展的途径　作者：朱代杰　出版社：福建省政府建设厅经济研究室

//百家店同城交易网站

民国35年（1946年）12月9日 福建省建设厅厅长朱代杰等来

古田县视察并复查古田溪水力勘测情况。

民国 35 年（1946 年）12 月 福建省建设厅制订古田溪第一段水力发电工程计划。

//古田溪水电站，百度百科

福建省建设厅请拨开发九鲤湖及龙亭水力发电筹备费提案

（1946 年 12 月 23 日）

查本省仙游九鲤湖古田龙亭水力发电经本厅派队勘测设计后，现九鲤湖测量及计划均已完成，龙亭测量亦已大部就绪，并经与台湾电力公司商议移让机器合作及与华侨兴业公司、福建经建公司合资经营，并商请行总拨给工赈面粉藉作工资，暨请由资源委员会指派水电专家来闽复勘，正在积极筹备，将来拟由本省省政府、资源委员会、台湾电力公司、华侨兴业公司、福建经建公司合组福建电力公司筹备处。关于筹备期中所有复勘补测及接洽移运机器各项川旅费用约须一亿元，由上述五机关分筹，每机关各先筹垫二千万元，此项筹备费用将来归该公司工程管理费项下报支，为公司全体资金之一部，现因需用迫切，拟请先由省库垫拨该项筹费二千万元以上应急需。是否有当，理合检同筹办九鲤湖及龙亭水电述要壹份提请公决。

附筹办九鲤湖及龙亭水电述要一份

委员兼建设厅厅长朱代杰

筹办九鲤湖及龙亭水电述要

一、筹办之缘起及与各方接洽之经过

查本省仙游九鲤湖及古田龙亭两处瀑布蕴蓄水力极富，为各方重视，第以缺乏详细测量及设计图表，故无从开发利用，代杰接任后，即以开发并利用是项动力为建设目标，以达本省电化理想，最初先进行九鲤湖方面，请本省企业公司投资，又委托华北水利委员会担任测量，并请本省企业公司之技术人员担任设计，行之经年，计划完毕，计可发生电力 6700 匹马力，此系九鲤湖第一次计划。该计划嗣经本厅技术室详加研究，认为尚未能大量利用水力。复于本年二月间饬由水力局组队另觅输水道精密测量设计，十月间又计划竣事，计可发生电力 10500 匹马力，此系九鲤湖第二次计划。而龙亭方面之进行系在九鲤湖之后，本厅于本年五月间组队测量，十月初测量毕，将该瀑布可利用之水与发生之电力作简略之报告，其电力约可发生 78 万匹马力，现正在继续设计。又本年十月间，因闻台湾电力公司设在东海岸之电厂其拟停办，机器可移让福建，再以华侨兴业公司亦投资办福建电力公司，当时代杰即电约台湾电力公司经理刘晋钰到沪，并将九鲤湖计划、龙亭报告亲自携往上海与华侨兴业公司经理郑一、台湾电力公司经理刘晋钰、经济部驻沪特派员任家昆共同商讨，经各专家研究，认为九鲤湖第二个计划较有价值，佥议由台湾电力公司将其停办之电厂水力发电机等配合本省九鲤湖并龙亭及其他各处发电之用，作台湾电力公司投资福建电力公司资金，其他土木设备由华侨兴业公司、福建经建公司及其他实业界人士会同本省政府投资办理。惟因台湾之电力公司原系资源委员会百分之六十资金与台湾长官公署百分之四十资金合组而成。台湾电力公司刘经理虽已将此项与福建电力公司合作办法征得台湾长官公署许可，但未请示资委会，故未决定，十一月初代杰与刘经理在沪会商后乃同往南京谒见资委会钱委员长商议此事，甚蒙钱委员长赞许，并承介该会电业处陈处长皓民、水力总工程处黄处长育贤，将九鲤湖计划等精密审查惠予指示，并派工程师徐树勋、林挺藩二员前来协助，已于本月九日由本厅技术室主任章锡绶、技正杨廷玉、清华大学工学院院长魏嘉炀陪同徐林工程师前往古田龙亭实地复勘，均认为极有开发之价值。惟须补行测量设计。十四日回榕。旋复于本月十七日由本厅技术室主任章锡绶及技正蔡文元陪同徐林两工程师再往九鲤湖九龙江及南靖安溪等处继续复勘，约两三星期方可回榕。

二、电力之用途与筹备之步骤

在九鲤湖发生电力，可供闽南沿海之食盐电解工厂、制冰厂、制糖厂及罐头鲜菜木浆厂用。龙亭发生电力，除供给当地木浆厂、锯板厂使用外，尚可输送水电至福州市区以补火力电厂之不足。故本省亟宜根据善后原则请求善后救济署拨发面粉藉利创设，以此面粉价值作为本省资金充工资费用，以华侨方面投资充作材料费用，同时配合台湾电力公司或资委会投资之电机器材，则全部工程可期完成，兹预计于筹备期中三个月内达到下列目的：

（一）本厅将九鲤湖及龙亭两处计划之设计图表等编拟完竣送请行总拨粉。

（二）将华侨投资集合专款储藏，将台湾电力公司同准备折运机器开始装运。（以下略）

//福建省档案局

民国36年（1947年）1月，福建省建设厅批准古田溪第一段水力发电工程计划。

//古田溪水电站，百度百科

三、福建省政府为积极进行开发本省水电事宜，业经第504次委员会会议议决先行成立本公司筹备处，并指定建设厅朱厅长暂行兼代筹备主任籍利策划报请公鉴。

//福建省档案局

福建电力股份有限公司筹备处第一次筹备会议会议录

日期：民国三十六年五月十日时间：上午九时

地点：福建省政府建设厅会议室

出席：丁超五　陈培锟　张光斗（徐树勋代）　郑揆一（吴师基代）　朱代杰　刘登瀛　潘圭绥　林友龙　杨廷玉　林熔　杨永修　黄先修

主席：朱代杰　　　　记录：赵师元

行礼如仪

甲、报告事项

一、报告筹划开发本省水力发电经过情形。

//文件辑存，成果资源网

福建電力股份有限公司籌備處第一次籌備會議會議錄

日期：卅六年五月十日　時間：上午九時

地點：福建省政府建設廳會議室

出席：丁超五　陳培錕　張光宇　徐樹勛代　鄭抱一　吳師基代

朱代杰　劉登瀛　潘圭綏　林友彬　楊廷玉　林鏻

楊永修　黃先修

主席：朱代杰　紀錄：趙師元

行禮如儀

甲 報告事項

一、報告籌劃開發本省水力發電經過情形

一、正式參加發起籌組福建電力股份有限公司已有福建省政府資源委員會台湾電力公司華僑興業公司福建經濟建設公司福建省銀行及福州電氣公司等七單位

一、纪事

民国三十六年（1947 年），朱代杰等在《福建经济问题研究》中提出福建省如何由农业社会发展到工业社会。

民国三十六年（1947 年），朱代杰等在《福建省经济建设五年计划（草案）》中提出福建省建设的目标和重点，期程与区域，经营方

式与原则等。……

二、成果

民国三十六年（1947 年），《福建经济问题研究》，福建省建设厅经济研究室朱代杰、季天佐等执笔。……

民国三十六年（1947 年），《福建省经济建设五年计划（草案）》印行，朱代杰主编，内分总记、分论及附属 3 篇。……

//福建省情资料库

民国三十六年（1947 年），《福建经济概况》由福建省建设厅出版，分 12 章，最后一章“略论战后福建之远景”，认为“本省天赋尚厚，如能有大量资本与人才，善于利用天然赋予之富源，积极开发交流与动力，发展特产及特产加工，进而以特产加工为桥梁实现工业化之目标，一面厉行土地改革，彻底改变封建关系，重建有利于建设之社会基础，展望本省经济，实有其灿烂之前途焉！”这些观点至今仍很有参考价值。

//福建省情资料库

福建经济概况，朱代杰，季天祜主编 出版者：福建省政府建设厅 出版地点：［福建］出版时间：民国 36 ［1947］载体形态：328 页。

//中国国家图书馆特色资源，民国专栏，民国图书

福建經濟概況

福建省政府建設廳編印

中華民國三十六年九月

福建經濟概況

主編 朱代杰 李天祜

校訂 鄭　畢 張樹膺 劉子崧

董家謙 邵尚文

編撰 王振邦 黃　齊 錢蓀夫

陳忠良 董秉祺 方振經

李樹綬 陳祖模 吳　楨

黃春園 張壽頤 謝良熾

提供資料 各有關機關

中華民國三十六年九月初版

1947 年 10 月 15 日，辞去福建电力股份有限公司主任职

福建电力公司筹备处会议摘要 卅六年十月卅日

福建电力股份有限公司于本年十月十五日在福州召开临时筹备会函送会议记录兹摘要如下：

一、该处朱前主任委员代杰辞职改聘黄厅长金涛兼任……

//“国史馆”，福建电力公司筹备处临时筹备委员会会议纪录，典藏号：003－010101－0515－0005a

上引诸条确实振聋发聩，因为无论是台湾的政治定位，还是《印度经济建设计划纲要》的借鉴作用，还是《福建省经济建设五年计划》和《福建经济问题研究》等著述的现实意义，尤其是在《福建水利发电工程计划》的运作资料中，均明显体现出父亲对于民族大业与国计民生的智慧和才干。据此，父亲与那些夸夸其谈的政客，损公肥私的贪官分出泾渭。而他为国为民、兴利除弊的精神境界与辉煌政绩将与山河同在，共史册永存。

附图 民国政府任免令等

福建省政府任免，
“国史馆”，典藏号：001032220114177a

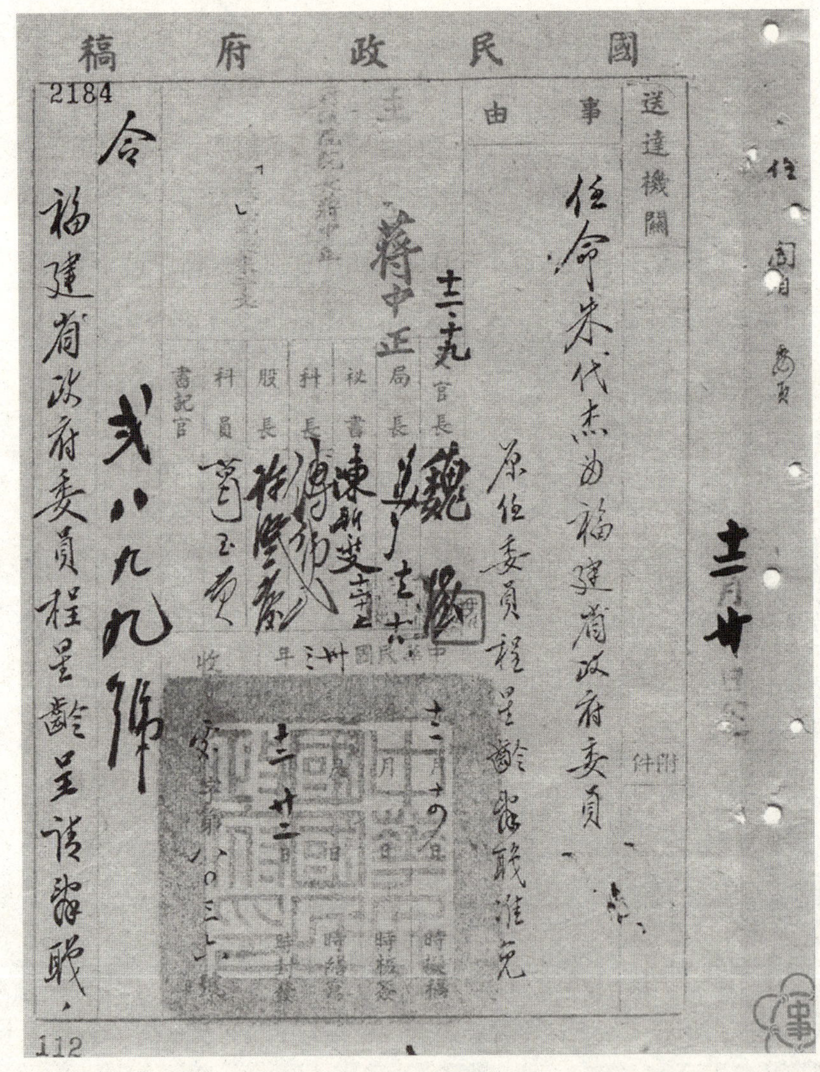
国民政府稿

2184

令

福建省政府委员程星龄呈请辞职，
戌八九九号

事由：任命朱代杰为福建省政府委员
原任委员程星龄准免

送達機關

蔣中正

112

福建省政府官员任免，

“国史馆”，典藏号：001032220115022a

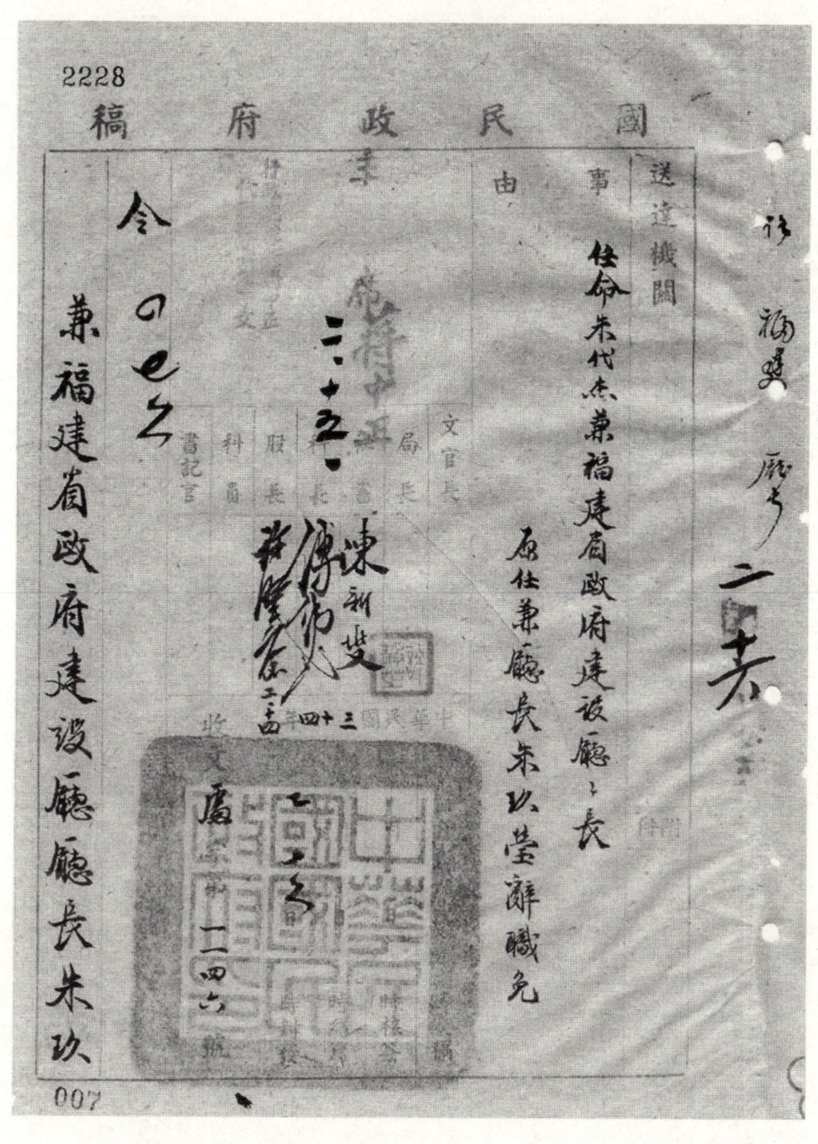

2228

國民政府稿

送達機關

事由 任命朱代杰兼福建省政府建設廳廳長 原任兼廳長朱玖瑩辭職免

令

兼福建省政府建設廳廳長朱玖

文官長 局長 科長 科員 書記官

中華民國三十四年

收文處

007

榕厦公路机械建筑 朱代杰即离沪返闽，
1946 年 10 月 8 日《民报》第二版

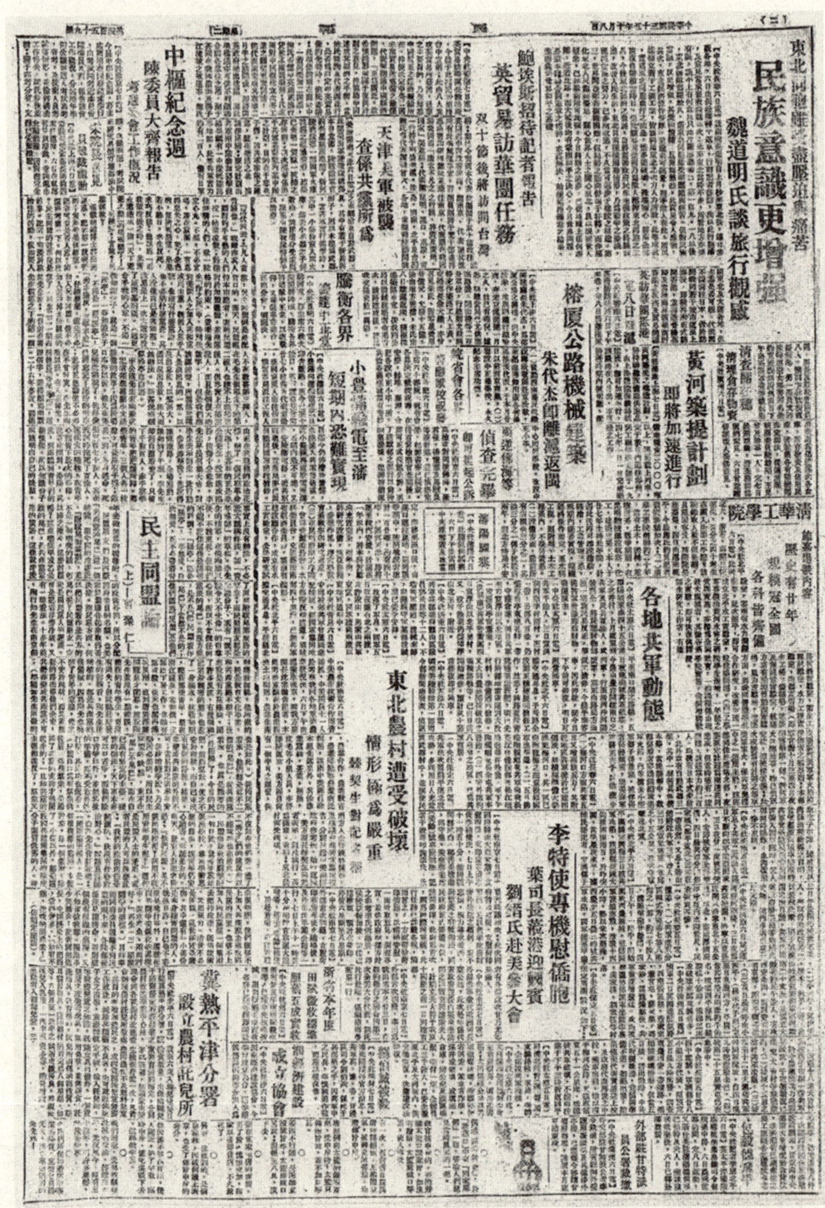
民族意識更增强
魏道明氏談旅行觀感

英貿易訪華團任務

天津美軍被襲 查係共黨所為

中樞紀念週
陳委員大齊報告

榕厦公路機械建築
朱代杰即離滬返閩

黄河築堤計劃
即將加速進行

偵查完畢

小豐滿電至潘 短期內恐難實現

清華工學院

民主同盟論

各地共軍動態

東北農村遭受破壞
情形極為嚴重

李特使專機慰僑胞
葉司長蒞港迎國賓
劉鍇氏赴美參大會

冀熱平津分署
設立農村託兒所

成立協會

沈阳·上海

◎　（1947～1951）

（1947年10月）23日，朱代杰来言大局殊可虑，陈诚在东北情况甚危险。

//海桑集——熊式辉回忆录，p. 645，明镜出版社，2008年。

这一节的题目叫“北平退居”，此时，熊在北平养病，情绪低落，对局势悲观，从此淡出政坛。父亲在中央设计局为熊式辉所倚重。熊式辉1945年9月，任东北行营（后改行辕）主任，主持东北接收及对苏谈判，1947年8月，免东北行辕主任职。接任者为陈诚，但任期更短：1947年8月29日～1948年2月5日，只有五个月。

1947年12月2日，行政院公函，简派朱代杰为国民政府主席东北行辕政务委员会委员卅六年十二月二日本院第卅二次会议决议：“国民政府主席东北行辕政务委员会委员王化一呈请辞职应予免职，

遗缺简派朱代杰继任”相应函请查照转陈派免。此致

国民政府文官处

院长　张群

//“国史馆”，各政务委员会官员任免，典藏号：001032107012143a；001032107012144a

报 呈　　　　职 朱代杰拟

东北经济生产各部门配合原则

窃查东北现有各生产厂矿所遭遇之困难，大体均相似，即交通、动力、原料、资金及安全五大问题是也。解决之道，合办则易，分办则难，谨分呈原则如下：

一、关于管辖指挥者，现时管辖系统，计有资委会、经济部、交通部、联勤部、生产局等，各自为谋，为配合军事起见，虽可不变更原有隶属性质但行辕须加强统一指挥，以收合筹之效。

二、关于经营范围者，现实情况既与当初和平接收企图正常生产建设之局势不同，自不能无限制而普遍复工，应明定目前经营范围，以军需及民生之急需产品为限，其目前开工条件不具备者均予归并或停工另案处理。

三、关于生产技术者，各生产单位之技术设备成品种类及质量等，均各自为谋，倘能配合则可大量节省人力、物资之浪费。

四、关于资金运用者，各厂矿同属公营，且均由行辕统发经费，若各单位间之往来，利用划拨办法，不必付现，则可大量节省钞券之使用。

五、关于采购运销者，各单位之原料储备、产品运销、车船使

用，及关内外之输出输入，若能配合，亦可大量节省运销方面之各种浪费。

六、关于配合军事者，各生产单位，苦于不能在安全中生产，故安全及秩序须予确保，尤以部队方面，在不妨碍作战要求之条件下，如使用车船，征工征料等，须尽量节省，且力求配合，以便利各项生产之进行。

七、关于配合机构者，东北各工矿生产单位，数以千计，其技术及经营各方面之问题，性质均极复杂，欲在短期内完成合理统筹之目的，势不可能，拟先由行辕试行经济会报，遴员主持。每周定期召集，使有关各单位沟通意见，免除隔阂，逐渐能以相互配合方式，解决困难，如此，一方面可避免急剧变动，影响生产；一方面以渐进方式，奠定计划经济之基础。

//“国史馆”，陈诚“副总统”文物，东北问题参考资料，典藏号：008－010506－00009－010

先后任……东北行营生产局局长等职。1947 年到上海任上海交通大学教授。

//北方交通大学志，p. 860

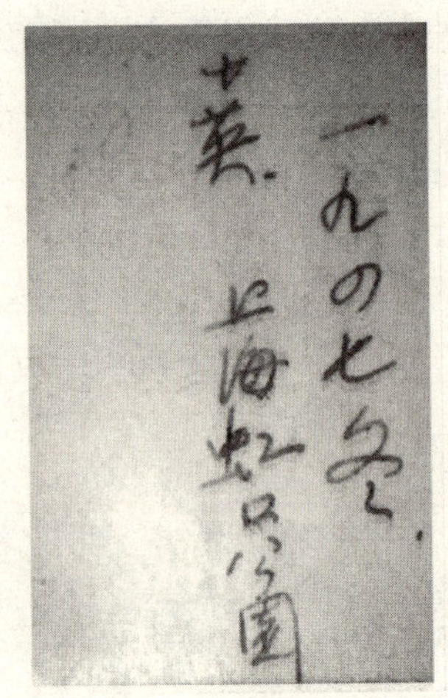

相片反面父亲亲笔“一九四七冬，小英，上海虹口公园”，证明：父亲于1947年9月29日，结束福建建设厅的工作后，携家赴上海任职。母亲在相片反面纪年用民国；而父亲却用公元，不知何故。

这是父亲唯一的一张与家人合影。由于他的特殊身份，我们没有全家福，也从来不在墙上挂照片。这张例外，是一位记者朋友在公园抓拍的，父亲没有舍得毁掉。

本书文前的标准像，曾挂于当年福建省政府大厅，应该是父亲最中意的，因为那张和箱子一样大的相片，一直保存在那支牛皮手提箱里，我们都见过的。

于1948年1月21日至23日选出，第1届中华民国立法委员……李伯玉、曾德威、宋孔徵（民社党）、李劲夫、朱代杰……

//维基百科

《福建古田溪水力发电工程计划》，朱代杰，80，1948.

//1948年第1卷第2期，大成老旧刊全文数据库

1948年9月7日，陈诚与妻书

曼意妹鉴：

六日函读悉，仍希勿过劳为要。因病未复元，如过劳更不易恢复也。至台湾，冬服可少带。惟冬季如回京、沪，途中冬衣不能不稍为准备耳。我冬季大衣，即带夹披风可也。淳如（赵志垚）已谈过，我不愿在沪久住，以我们性情及经济情形，均不许可。青田老家既不能回去，故只有在台湾打算。至于做官，纵身体完全恢复，亦非所愿，而党官更不必言矣。我日来甚好，早饭至午饭中间，仅一杯汤已感不够，连日大吃饼干，已交代自明日起加一鸡蛋矣。又下午点心，两日来改吃饺子，可吃十几个。昨（朱）代杰来看我，说比在江湾为胖。可惜无磅，不知体重加了多少磅？（任）显群兄又送来果甫四小盒，尚可吃。悔吾兄（郭忏）由青岛带来苹果一箱，已分送伯陵（薛岳）三十个，除酌留外，拟带京给孩子们吃，可惜无人回京。又淳如送来鸡、鸭各二，今日率真（桂永清）又来谈，嘱我坐重庆兵舰赴台，一昼夜可到。我以为以我目前之身分，恐有不便。彼云该舰早拟开台，并非为我也，其情可感。如何，待你来沪再定。（谭）伯羽兄迁新屋，请代贺。并告以不另函贺矣。（张）厉生兄代刻送医生之图章已带来，尚妥当，即分赠各医生。惟前致电耿司令请垫款，迄未得复电，不知款已垫付否，为念。即祝健康。修兄启。九月七日。

老母亲维他命B有无照吃，情形如何盼告我。

//“国史馆”，“陈诚副总统文物”，陈诚家书（十六），典藏号：008－010201－00016－002；另见《陈诚先生书信集·家书》p. 571、p. 157（手书），“国史馆”，二〇〇六年七月版

“昨代杰来看我，说比在江湾为胖”，说明父亲和陈诚夫人也很熟，探视的时间：1948 年 9 月 6 日，距离陈诚去台湾的时间：1948 年 10 月 6 日，只有一个月！从此两岸隔绝，真是风云莫测啊！

陈诚 1948 年 2 月 5 日离开沈阳赴上海治疗胃病，6 月于江湾国防医学院做手术，胃切除三分之二，10 月 6 日赴台北阳明山疗养。此间，因东北战局失利，舆论要求蒋介石“挥泪斩马谡”，令其心灰意冷：“至于做官，亦非所愿，而党官更不必言矣。”但连他也没料到会败得那么快，还说“冬季如回京、沪……”

信中充满生活情趣：饼干、鸡蛋、饺子、磅、果脯、苹果、孩子们、鸡、鸭；刻图章赠医生……于身心俱疲时，实属难得了。

此时我三个月，随母亲回成都老家避战乱去了；可能也是父亲未随陈诚赴台的原因之一吧？（小群）

1948 年 7 月 5 日女儿小群生。

相片反面母亲亲笔“小群五个月照片特别寄来给爸爸”，证明，1948 年底，妈妈带我回成都老家了。那是我第一次坐飞机，当然是听妈妈说的，我不可能记得的。

妈妈说，上海时，巴金和冀朝鼎是我们家的常客。巴金的大姨子萧珣是妈妈最要好的朋友。巴金是四川老乡。

“文革”后小雄曾去上海，见到在出版社工作的巴金的弟弟，他用手比划着低处：“你走的时候才这么点儿!”

冀朝鼎（1903～1963）是闻名中外的清华甲子级的，是新中国外贸事业开创者，1941 年从美返国，受党指派，以外贸专才身份见信于孔祥熙，任职其麾下，为党提供了许多极其重要的情报。妈妈听他讲过不少孔祥熙和宋蔼龄的故事。

与陈诚夫人谭祥有往来，我们见过她送给母亲的精致坤包。

现存陈诚夫人送波斯登手包

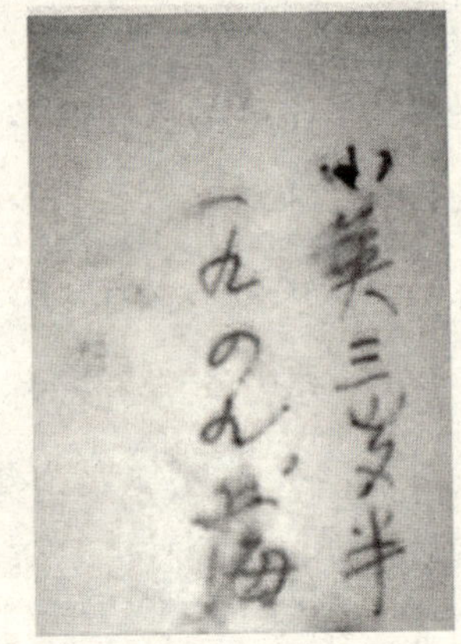

相片反面父亲亲笔“小英三岁半，一九四九，上海”，证明当时，全家在上海。仍然用公元纪年。

小群一岁于上海

1950年1月20日，上海，次子小雄生。

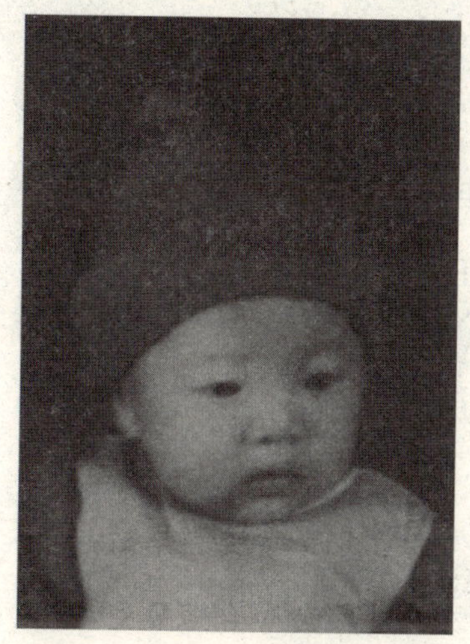

小雄60天于上海影都照相馆

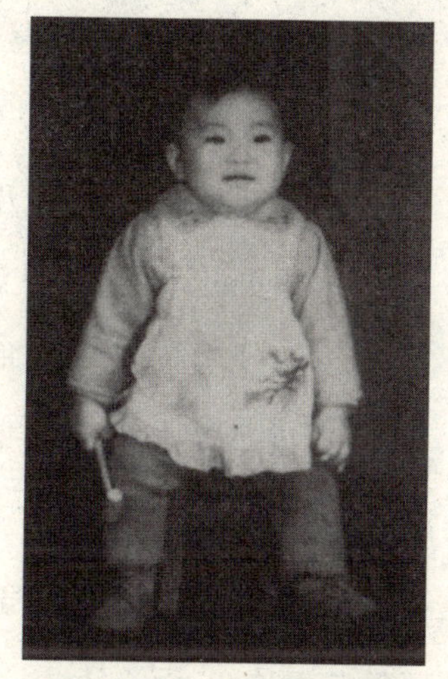

小雄周岁于上海影都照相馆

小雄，朱仲雄，1969年毕业于北京工业学校铸造专业，后任职于北京第六机床厂、北京机电研究院。因健康原因，未参加本书编写。

人事登记片稿

封皮

军事委员会委员长侍从室 人事登记片稿　卅一年二月十一日制

朱代杰　四川

人事登记稿　卅一年三月八日

调查报告　卅五年一月卅一日

（第一面）

朱代杰　男　四川　成都

出生：民国前九年

永久通讯处：成都新半边街五十六号

学历：上海南洋大学机械工程学士 苏联列宁学院毕业

经历：工程师 处长 科长 秘书长 厅长 省政府行署主任

湖北省政府委员 廿九年四月

中央设计局特种计划组专任设计委员兼召集人 卅三年七月

福建省政府委员 卅三年七月

福建省建设厅长 卅三年十二月

国防部上海造船厂厂长

东北行辕政务委员会委员

（第二面 第三面）无

（第四面）

其他：葛覃卅一年一月述：系陈诚之政治参谋

在上海造船厂任内并办理接收日本赔偿军舰事宜

（据湖北省府职员录及主任条谕）

调查报告

朱代杰　四十岁　四川人

湖北省府委员

上海南洋大学及苏联列宁学院毕业

曾任工程师处长秘书长厅长行署主任等职

人：仪态端正，性情和蔼，生活俭朴，抱负不凡，忠诚切实，理解力颇强，新湖北建设计划大部分出于其手，语言清晰，魄力亦大，惟不喜交际，社会舆论颇佳，为陈诚之旧部。

事：自民国廿九年夏任职以来，对于省府会议交付审查事项，颇能竭尽智虑，以赴事功，可作独当一面之才。

卷外有关文件一览

日期	次序	根据文件
卅三、八、十、	一	卅三、七、十九、大公报
卅三、十、十六	二	七月动态表
卅四、一、六、	三	卅三、十二、廿一、国民
卅四、三、十七、	四	二、十七、大公报
卅五、十、廿三、	五	福建省政府三月职员录
卅六、九、廿六、	六	八、廿五、益世报
十二、廿三、	七	十二、十八、公报
卅七、五、十三、	八	卅七、五、八、公报

//朱代杰人事登记稿（1942. 02. 11－1948. 05. 13），“国史馆”，军事委员会侍从室，入藏登录号：129000018736A

小英　小群　小雄 1951 年秋于上海影都照相

附图　陈诚手书等

陈诚与妻书，《陈诚家书》p. 156

曼意妹鉴
六日函读悉，所希勿
过劳为要。因病未复元，不过劳
更不易恢复也。至台湾冬服可少带，
惟冬季如回京沪途中冬衣不能
不精简准备耳。我冬季大衣即带来
披风可也。清儿已读过，我不能在沪
久住，以我们性情及经济情形均不
许可。青田老家既不能回去，故
004

只有在台灣打算至於做官俟身體完全恢復亦能顧而覺宦要不必言矣我日來甚好早飯至午飯中間從一極湯已感覺須連日大吃餅干已戒代自明日起於一鷄蛋矣又下午點心兩日來改吃餃子可吃十幾個作代本來看我近比我仁佇為勝月子精年初不斷體周書於了

005

朱代杰传

各政务委员会官员任免，
“国史馆”，典藏号：001032107012147a

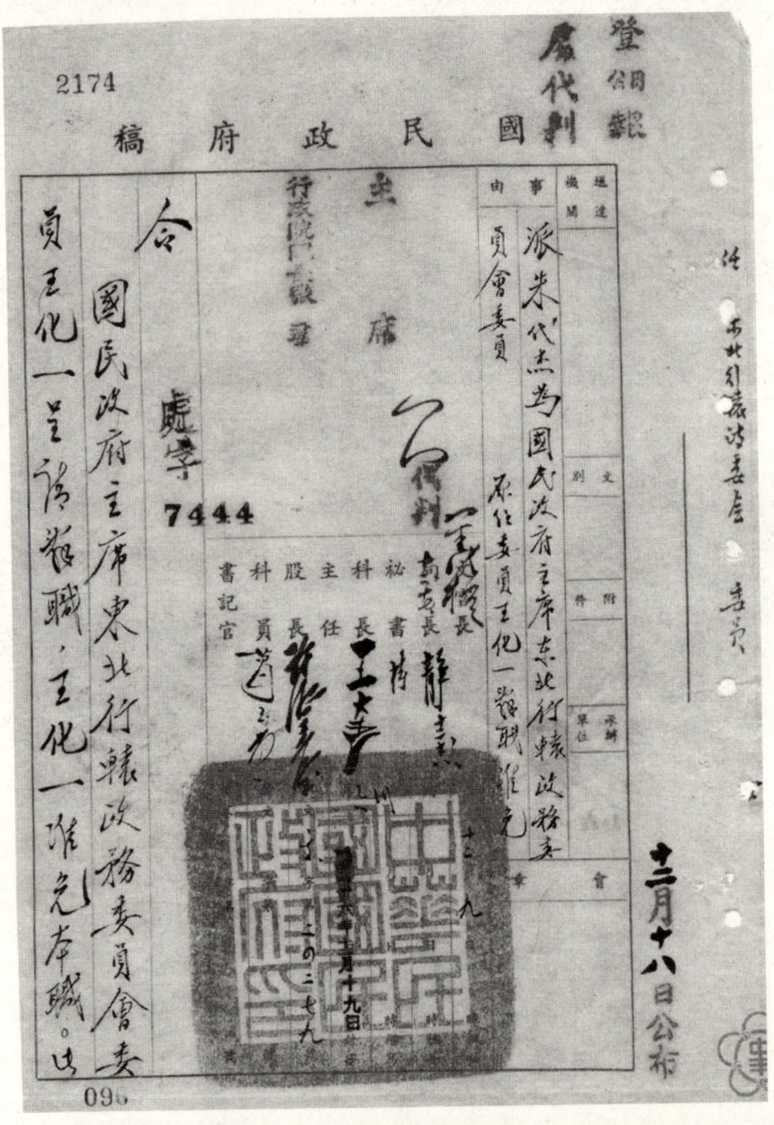

2174

國民政府稿

登報

事由：派朱代杰為國民政府主席東北行轅政務委員會委員
原任委員王化一辭職准免

主席

處字 7444

秘書長　科長　主任　股長　科員　書記官

令
國民政府主席東北行轅政務委員會委員王化一呈請辭職，王化一准免本職。此

十二月十八日公布

096

朱代杰人事登记片稿，履历，

“国史馆”，入藏登录号：129000018736A

軍事委員會委員長侍從室

稿片記登事人

21494

1600

姓名：朱代杰

性別：男

籍貫：四川成都

出生：民國前九年

通訊處：成都科甲巷門牌五十六號

學歷：上海南洋大學　機械工程　學士

蘇聯列寧學院　畢業

經歷：

東北行轅政務委員會委員

國防部上海造船廠廠長

福建省建設廳廳長

福建省政府委員

中央設計局設計委員

湖北省政府委員

省政府行署主任

處長

秘書長

科長

處長

工程師

朱代杰人事登记片稿，评语，
“国史馆”，入藏登录号：129000018736A

朱代杰　四十岁　四川人

湖北省府委員

上海南洋大学及蘇聯列寧学院畢業
曾任工程师、局長、秘书長、廳長、行署主任等職

人：儀態端正，性情和霭，生活儉樸，抱負不凡，忠誠切實，理解力頗強，於湖北建設計劃大部份出于其手，語言清晰，魄力亦大，惟不善交際，社会輿論頗佳，為陈诚之舊部。

事：自民廿九年夏任職以来，對于省府会議交付審查事項，頗能竭尽智慮，以赴事功，可作獨當一面之才。

湖北省幹部人員調查報告

北京·北方交大材料系

◎ （1951～1966）

1951 年

1. 被聘教授：

   朱代杰

2. 被聘副教授：

   杜度　徐修品　佘守宪　李守洪

//北方交通大学志，p. 327

据祝厚元大哥回忆，父亲从上海来京办调动，与骆启荣伯伯一家，都曾寄宿于冀朝鼎父亲冀贡泉在北京的大宅院。傅作义起义的秘密会议常在那召开。

母亲说，1951 年来京前，中央原安排父亲任国务院参事，但被他谢绝了。父亲坚持作实事的原则，由上海交大调北方交大继续教书。

刚到交大时很难，那些留学欧美的专家对“材料学”比较生疏，就把父亲分配到无人问津的材料系，父亲虽是学铁路机械的，但毕业后并未搞本行，没资格挑选。但父亲毕竟搞过多年的经济工作，经过艰辛的努力：搜集有限的资料，自己翻译外文参考书，下现场考察……终于攻克难关，填补空白，打开了局面。

1952 年小英 小群 小雄
于北京紫房子照相馆

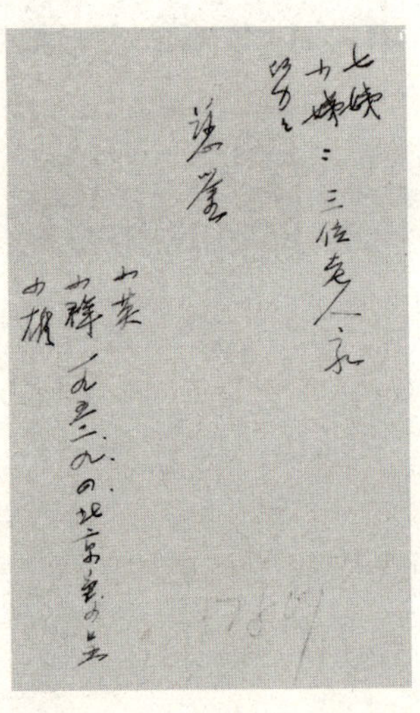

七姨 小姨 舅舅　三位老人家　慈鉴
小英 小群 小雄　一九五二．九．四．
北京寄呈

全家从上海搬到北京，是 1951 年年底，天气异常寒冷，北风呼呼，小雄走在街上，冻得大喊“吹死快啰！（四川方言都是平声）”。当时，铁道学院新址还在建设中，我们暂住在西四一带的宝禅寺，有天夜里，不知是谁起来开了灯，我一睁眼，看到墙上爬满蝎里虎子，吓得大哭，妈妈说它是吃蚊子的好虫，不害人，但是那一幕，太恐怖，至今难忘。

这张相片是 1952 年夏天在紫房子照相馆拍的，妈妈寄给成都的七姨、小姨、舅舅三位老人家。1953 年才搬到西直门外的铁道学院，很荒凉，夜晚常常听到狼嚎，外墙上涂了好多吓唬狼的白圈。有次，我们三个在外面玩，忽然跑出来一只羊，用犄角乱顶，我们连滚带爬地逃回家，它还在门口徘徊了好一阵子，所以羊和狼一样，也不好惹。

1953 年 10 月下旬，妈妈去医院生小明弟弟，爸爸叫出租车去接，在上海，他可是自己有车有专职司机的，妈妈踉踉跄跄从车上下来，一看到我们，眼泪就流下来，生孩子就是过鬼门关——当时并不知道，只是第一次看到妈妈哭，以前觉得父母是不会哭的。我们仨都是在上海家里生的，有私人医生，只有小明是在医院，所以，后来我们开玩笑说他不是我们家人，抱错了。(小群)

1953 年 10 月 22 日，三子小明生。

1951 年的北方交通大学

(苏) Г. М. 吉米契夫 (Г. М. Демичев) 著；朱代杰译　出版社：人民铁道出版社。今天收拾书籍，发现偶还有一本 1955 年版本的仓库管理，作者是苏联的 Г. М. 吉米契夫，分上下册。还有翻译者朱先生的亲笔签名，呵呵，咱也算是当了把追星族！书中介绍的是各种物资的仓库存储、搬运、收发等的方法，尤其是对每种物资的搬运设备进行了详细的介绍，还配有图片、公式等！对比我们现在的专家的著作，至少有两点不同：吉米契夫著书中的技术介绍得很详细，而我们专家编的书中更多的是泛泛的定义！

//物流论坛，物流沙龙

小雄 小群 小英 1953 年于北京铁道学院

据邻居张剑非教授家大小姐回忆，小时候，她跟着爸爸到我们家串门，我正在父亲跟前玩儿呢，看见来客人了，很礼貌地打过招呼后，就退到别的房间去了。张伯伯夸赞我“好乖哦”，父亲满脸的自豪与得意“我这个女儿金不换”。张家大姐说：“你当时就像个瓷娃娃。你爸没白心疼你啊，到了儿是你把他的传记完成了。”这张照片的我就是那个瓷娃娃。(小群)

《铁路材料技术供应计划》，作者：朱代杰编著，出版社：人民铁道出版社，出版日期：1957 年 7 月第 1 版。

//铁路线路工程，图书分类

《铁路材料技术供应计划》前言

在我国建设社会主义时期，掌握生产资料计划分配的材料技术供应工作，实具有重大的意义。从近几年的情况看来，要正确地组织材料技术供应，还须加强这部门工作的计划性，才能适应国民经济有计划按比例发展的要求。

《铁路材料技术供应计划》
封面影印件

材料技术供应计划是一门新的经济科学，目前这方面的书籍还不多见，实际工作的参考资料尤感缺乏。作者本着教学经验以及向苏联和现场学习的体会，写成此书，目的在于根据国民经济计划原理并结合铁路部门实际情况，对材料供应计划的理论与实践问题，试作一次比较有系统的论述。

材料技术供应的范围很广，本书仅限于供应计划方面的研究，且以铁路为主。至涉及一般国民经济及工业企业的材料技术供应原理时，也择要叙述，以资论证。

在有些尚非定论的问题和对实践联系理论分析的问题上，作者遵照党和政府“百家争鸣”的号召，提出了一些自己的意见。但由于个人经验缺乏，学识浅陋，书中的缺点和错误在所难免，希望先进的专家学者、现场工作同志和读者们加以批评和指教。

本书在写作过程中，得到铁道部材料供应局马家驹、刘汉维，北京铁道学院刘德滋、乔润、李绍周、金若楠、朱长富、袁士高诸同志的鼓励和帮助，谨致谢意。

朱代杰

1957 年 2 月于北京铁道学院

父亲带学生实习时，注意到现场的同志们人手一本的正是《铁路材料技术供应计划》，得知作者到来，纷纷围上来找他签名。（小群根据小英口述整理）

前　言

在我国建設社会主义时期，掌握生产資料計划分配的材料技术供应工作，实具有重大的意义。从近几年的情况看来，要正确地組織材料技术供应，还須加强这部門工作的計划性，才能适应国民經济有計划按比例發展的要求。

材料技术供应計划是一門新的經济科学，目前这方面的書籍还不多見，实际工作的参考資料尤感缺乏。作者本着教学經驗以及向苏联和現場学習的体会，写成此書，目的在于根据国民經济計划原理並結合鉄路部門实际情况，对材料供应計划的理論与实踐問題，試作一次比較有系統的論述。

材料技术供应的范圍很广，本書仅限于供应計划方面的研究，且以鉄路为主。至涉及一般国民經济及工業企業的材料技术供应原理时，也擇要叙述，以資論証。

在有些尙非定論的問題和对实踐联系理論分析的問題上，作者遵照党和政府『百家爭鳴』的号召，提出了一些自己的意見。但由于个人經驗缺乏，学識淺陋，書中的缺点和錯誤在所难免，希望先进的專家学者、現場工作同志和讀者們加以批評和指教。

本書在写作过程中，得到鉄道部材料供应局馬家駒、刘汉維，北京鉄道学院刘德滋、乔潤、李紹周、金若鈵、朱長富、袁士高諸同志的鼓励和帮助，謹致謝意。

朱　代　杰

1957年2月于北京鉄道学院

《铁路材料技术供应计划》前言 影印件

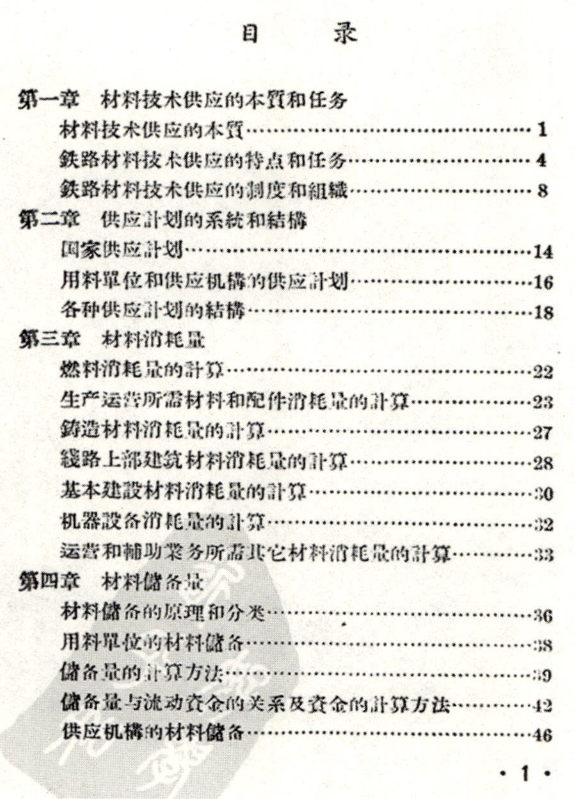

目　　录

·1·

《铁路材料技术供应计划》目录第一页影印件

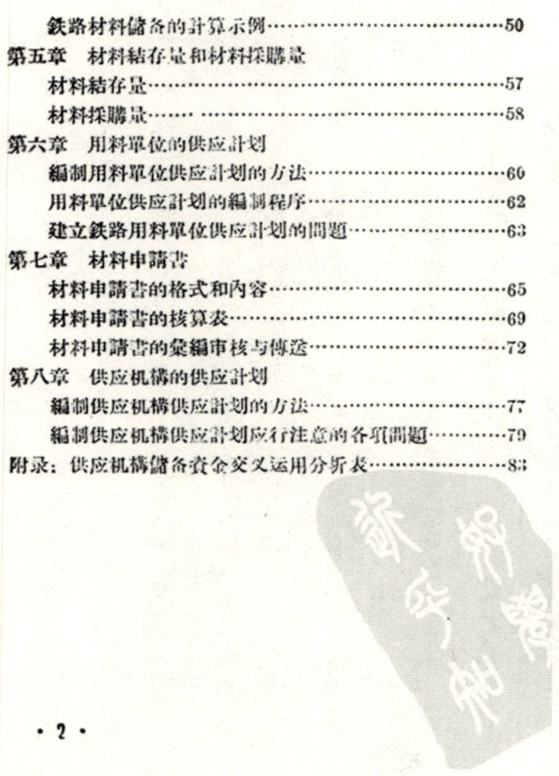

·2·

《铁路材料技术供应计划》目录第二页影印件

在反右运动期间，父亲把“百家争鸣”用在了“材料技术供应计划”这门新兴的经济学科上，在填补空白的同时也躲过一劫。

小英 小群 小雄 小明 1957 年 8 月于北京动物园

这张照片里的我，小学二年级，小学同学孙明回忆，课外学习小组在我家，一次，父亲下班早，学习小组还没散，小伙伴看到家长有些慌乱，特别是父亲还穿着一件长袍马褂，母亲赶快过来解围，挨个把同学们很郑重地介绍给父亲，父亲微笑着依次点头打招呼。孙明说：“好像忽然长大了，变成大人了，因为还从来没有受到过这样的尊重。”此例说明父亲母亲平等待人，童叟无欺。这也是小明的第一张相片，铁道学院在北京西郊，去照相馆不方便了。(小群)

1958 年，调铁道部路史组从事路史研究工作。

朱代杰，北京，北京铁道学院，1964 年，21 页

试论马建忠的铁路思想；Shi Lun Ma Jian…… 朱代杰；Zhu Dai Jie

//apabi 数字资源平台

我发表过马建忠语法方面的论文《马氏文通的作者不容混淆》；没想到父亲也曾研究过马氏的铁路思想！小英总喜欢引用父亲的"马建忠曰：洋人好游……"，应该就是这篇论文的开头语。(小群)

1964 年，中央直属解放台湾小组重新启动"特殊任务"，准备让父亲去香港与陈诚联系。因为是国家绝密工作，此事即使在解放后，仍然瞒着家里。这次，组织上考虑到他的健康状况及子女幼小，决定告知母亲（家庭妇女），他将要离家去执行"特殊任务"，及联系人姓名：王武成、孙秀福。后因陈诚去世，未成行。

我对孙秀福有印象，那是一个胖胖的戴眼镜的叔叔，他好像没敲门就进来了，然后面无表情直奔父亲的书房，两个人关起门来不知谈的什么。他走后我对妈妈说："刚才那个人是特务。"妈妈说："小孩子别乱讲话。"爸爸听着脸上并无愠色。(小明)

那年，父亲心情大好，所以才破天荒给我们讲了一次他的故事，讲到北伐时，他两眼放光："二十四岁就是上校处长，而且是周恩来所在党小组组长！"因为回忆起与骆启荣伯伯当年在上海小阁楼上吹箫，还特别去王府井买了一支箫，结果把钱花光了，差一分车票钱，走回来的。妈妈埋怨："也太呆了，七分钱不够，可以买五分的，也不用走那么远！"

周末，住校的我们都回到家中，还开过家庭晚会，爸吹箫，小英拉小提琴，妈唱歌，我跳了一段在学校舞蹈队学的鄂尔多斯，我用妈的眉笔、口红化的妆，穿了一件开身连衣裙，当蒙古袍子，头上扎了一条头巾。（小群）

暑假，铁道学院安排教授在香山疗养，爸爸特别接全家过去玩了一天。

1965 年 3 月 5 日，陈诚过早离世，老友未能重逢。

1965 年小英高中毕业，父亲通过关系打听到，我们这样的出身，北大、清华是不收的，小英第一志愿就报了北京师范大学。同年小雄初中毕业，报考了半工半读的北京工业学校。当时妈妈给我们的解释是，父亲身体不好，恐怕供不完我们四个孩子都上大学，因为那两个学校都免饭费。小雄当时很不平衡："为什么哥哥姐姐都上了高中，就不让我上?"现在回想起来，这个事情对父亲的打击太大了：自己为国家民族忍辱负重，结果却影响到了孩子们的前途！（小群）

1966 年 6 月 5 日，父亲因突发心肌梗塞去世。

1966 年 6 月 5 日下午，妈妈和小哥送父亲去医院，我在家等着。不久，小哥就回来了，我问："爸呢?"他说："死了。"同时从兜里掏出爸的遗物：一支派克笔，七毛八分钱。（小明）

父亲生前对《故乡的亲人》这首歌情有独钟，屡以洞箫于月下吹之。借此刊出家藏《外国名歌 200 首》原样，聊寄哀思：呜呜咽咽，音犹在耳，拳拳游子，魂何以归。

故乡的亲人

1＝D $\frac{4}{4}$

中速

〔美〕斯·福斯特词曲

邓映易译配

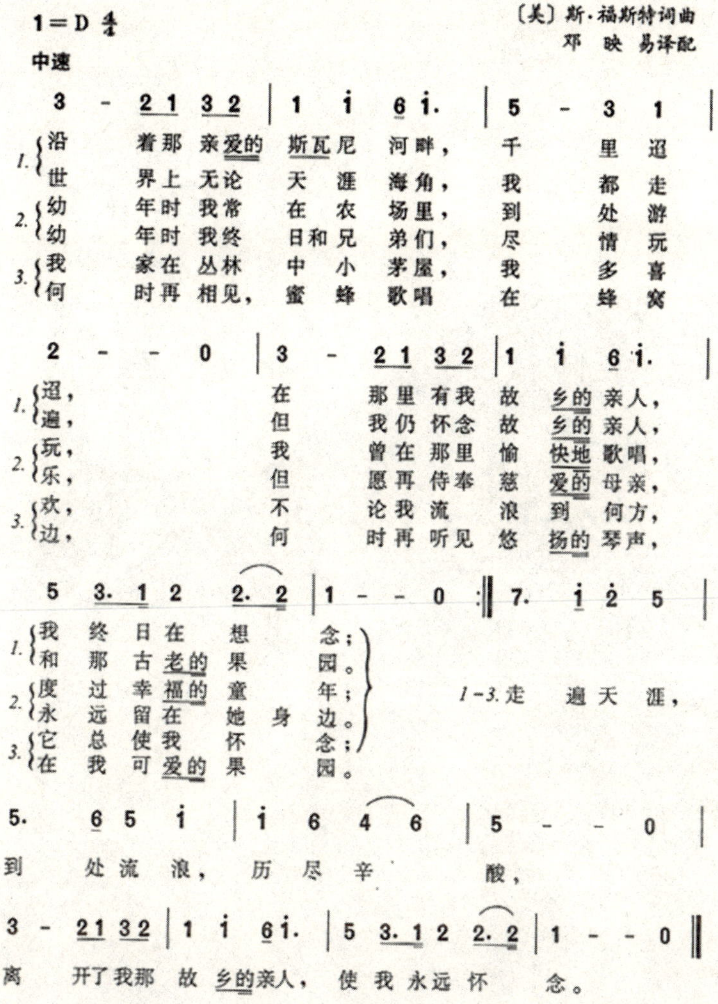

3 - 21 32 | 1 1̇ 6 1̇. | 5 - 3 1 |

1. 沿着那亲爱的斯瓦尼河畔，千里迢
   世界上无论天涯海角，我都走
2. 幼年时我常在农场里，到处游
   幼年时我终日和兄弟们，尽情玩
3. 我家在丛林中小茅屋，我多喜
   何时再相见，蜜蜂歌唱在蜂窝

2 - - 0 | 3 - 21 32 | 1 1̇ 6 1̇. |

1. 迢，在那里有我故乡的亲人，
   遍，但我仍怀念故乡的亲人，
2. 玩，我曾在那里愉快地歌唱，
   乐，但愿再侍奉慈爱的母亲，
3. 欢，不论我流浪到何方，
   边，何时再听见悠扬的琴声，

5 3.1 2 2.2 | 1 - - 0 :‖ 7. 1̇ 2̇ 5 |

1. 我终日在想念；
   和那古老的果园。
2. 度过幸福的童年；
   永远留在她身边。
3. 它总使我怀念；
   在我可爱的果园。

1－3. 走遍天涯，

5. 65 1̇ | 1̇ 6 4 6 | 5 - - 0 |

到处流浪，历尽辛酸，

3 - 21 32 | 1 1̇ 6 1̇. | 5 3.1 2 2.2 | 1 - - 0 ‖

离开了我那故乡的亲人，使我永远怀念。

在经历了莫测的政治风云与繁难的经济工作之后，父亲终于驶进“平静”的学术港湾。在铁道材料学科的创建与中国铁路史课题的研究中发挥了重要作用。

北京铁道学院54区43~48号门洞，我们曾经的家，1954年刚刚搬来时住在43号 — 左边，一层；后来搬到左边，三层 — 47号。

录辛弃疾词，以抒发父辈一代豪杰报国壮志：

破阵子

为陈同甫赋壮词以寄之

辛弃疾

醉里挑灯看剑，
梦回吹角连营。
八百里分麾下炙，
五十弦翻塞外声，
沙场秋点兵。

马作的卢飞快，
弓如霹雳弦惊。
了却君王天下事，
赢得生前身后名。
可怜白发生！

身　后

1966年6月5日，星期天，在一零一中住校的我，头天刚刚回家，可一大早，公用电话员传话来：让回校闹革命。当时工作组已经悄悄进驻交大了，“文革”风暴已显端倪。敏感的父亲肯定察觉了，他当时心口疼，用手摁着，靠在床头嘱咐我：“不要瞎提意见贴大字报，多看看，少说话。”没想到竟成为临终遗言！我还以为是1957年反右的阴影呢，这次作传看了《东大学潮》和《江浙同乡会》的资料，才知道是再往前推三十年——1927年留苏时学潮的教训！（小群）

父亲去世于“文革”初期，各级领导瞬间瘫痪，多亏在瘫痪前已经领取了500多元＝两个半月的抚恤金，否则真要饿死了，因为我们家一分钱存款都没有。母亲多次去国务院外事办公室求诉（因本人无工作，子女均在读学生，生活无着），爸的老友外办主任李一氓管解放台湾的事，还找过姚仲康、童小鹏等，还给周恩来、董必武、朱德等写过信。

母亲的求诉，终于起了作用，1968年春，铁道部根据上面精神，指示铁道学院，发给母亲每月30元生活费，子女由在读学校提供助学金，退还所有抄家物品。铁道部的那个文件我是见过的，我陪母亲一起去革命委员会，他们出示过。我在一零一中，1969 年插队前，是领过助学金的，每月 8 元。记得我去申请时，教务处的老师非常不屑，但他到铁道学院去调查后，立刻改变了态度。(小群)

当然，500 块钱支撑不了两年，全凭应伯母（北方交大应尚才教授夫人）大力接济，此恩此情，我们没齿难忘！

另外，成都的七姨李章叙也给予很大帮助。

1970 年春，北京铁道学院军宣队政委焦王健及秘书二人来到 54 区 47 号，当时，妈、我和小哥在家，妈问明来客身份，就让我们俩去小屋，她在大屋待客。大概半小时客人走后，妈很激动地打开小屋门儿，我看见她左手里掐着一大摞 10 元面额（当时最大面额）的人民币，口中对我们连声说道："有救了！有救了！"然后把我们叫到大屋，详细通报了焦政委的来意。

其一，焦政委代表学院，转达了中央有关组织对朱代杰的政治结论，大意是："北京铁道学院教授朱代杰，在历史上曾为我们做过一些工作，起过一些作用。对他的家属应予适当安置。"

其二，自朱代杰去世至今，一次性补发人民币 × × 元，今后每月在学院财务处领取人民币 × × 元的生活补助。待长子朱其英毕业后，分配至铁道部工作，以便照顾全家。

当时我们都特别激动，因为生活上的问题固然重要，但是爸爸的政治结论才是最为重要的！从我个人来说，当时只有一个感觉，就是：组织是可靠的，皇恩是浩荡的，从那一刻开始，我再也不是"狗崽子"了。

1970年底，黑龙江生产建设兵团一师六团一营教导员在我们三连的全体大会上说：李杰明的父亲是“解放台湾小组”的。真不知道他是从哪知道的。(小明)

李杰群采访赵洪义录音（赵洪义是北方交大退休干部，《北方交通大学志》副主编）

群：您还记得“文革”初期，您到我家落实政策的具体情况吗？

赵：“文革”开始时我四清呢，刚留校，在人事处，并没见过你父亲。“文革”刚开始辩论的时候，听说有位教授送医院半道在车上就不行了，材料系的朱教授，那应该是你父亲。

四清回校后，抄家退东西，军宣队找我，任务是退还你们家的抄家物品，还有柴培生，柴培源的哥哥，还有谁，我们一块负责，让找东西，退东西，说，把他家东西找出来，全都退了。铁道学院第一个退的。我说没有退还的政策，回说，你就退。

群：就是，那时候没人退。

赵：我问，没有政审呐？回说，让你退，你就退。我又问，退什么东西呢？回答，有什么，退什么。

群：我们家没东西啊！

赵：是没正经东西，完了我们给送过去。但是没什么东西还是东西，你妈见了很高兴，因为这是政治待遇。我记得很清楚，你妈还把你们小时候画的画，拿给我们看，徐悲鸿的公鸡、马什么的。

群：那是我哥画的。为什么退？

赵：上头说的，让退。

群：上头是什么上头？

赵：不知道。就让我们办。因为当时没有上头的指示，谁敢哪？我听说你爸的档案，上面全拿走了。

让有什么，退什么，还要送到家里，54 区那小楼。我记得领带最多，我们都从来没见过，不知道怎么系，倒觉得当腰带不错，你父亲肯定喜欢穿西服。你妈挺好说话的，也不核对，就都收下了。不管怎么说，那是你父亲的遗物啊。我就管退东西，你说有补助什么的，不归我管。总之，就知道上头的指示，你父亲是一个比较特殊的人物，对家属要重点照顾。

赵：我看的资料，只有郭沫若写的《洪波曲》，好像说你爸是共产国际的，认识的那些人都是大人物。早期老党员，留苏成托派，总的印象没说好话。说了半天，二十八个半是不是你爸爸？

群：不是，我爸是反王明的。不过，我们中学也有那么说的，还说因为岁数小，是那半个。看来是从铁道学院传过去的。

赵：你看看，半个。

群：您还记得是哪年退东西吗？

赵：军宣队是 1968 年 2 月 23 日进校的，海军，政委焦王健。我是 1968 年 11 月下现场的，所以，退抄家东西应该在这段时间，1968 年 4、5 月份。

群：我爸的档案，是哪儿拿走的？

赵：那你得去问当时档案室负责人钱长顺。我这就帮你打吧。（电话中，钱长顺说，父亲档案是1968年上面要走的，有存根，是特殊人物。后来托人看交大父亲档案，存根上面写："朱代杰档案1968年被中央有关部门取走"，没有说明具体部门。）

群：当时，我妈特着急，因为她没工作，我们家一分钱存款都没有，我爸的500多块抚恤金，也维持不了多长时间。铁道学院的领导全都挨斗，没人管事了。我记得她老带着我大弟，去中南海，找李一氓，因为李一氓和我爸是北伐时的老交情了，李一氓当时是国务院外办主任，我妈知道我爸参与的解放台湾的事归他管。还找过童小鹏、姚仲康。我记得她回家后跟我们描述：中南海门口一个人都没有，我和小雄一靠近，"飕"地一下，就窜出一大堆全副武装的兵来！就把事先写好的信交给他们。

也不知道我妈找了半天，起没起作用？

赵：当然起作用了。要不然怎么会让我退你们家东西呢。上面通过铁道部给你们家照顾的。

赵洪义口述，李杰群根据录音整理

采访时间：2010年11月8日上午

关于父亲的档案

一　据1960年代铁道学院人事处处长王洪涛说，都在中央组织部，学院的档案袋里只有他自己手写的简历。我们知道的只有《洪波曲》。

二　“文革”期间1968年转交中央有关组织保存：

北京延庆千家店公社革命委员会：（李杰群当年插队处）

朱代杰（系我院教授，已病故）的问题已查清，于1968年已将他的档案全部转交中央有关组织保存，现将中直西苑机关的信寄给你们（见本书大事年表最后）。

北京铁道学院革命委员会

1972年10月19日

三　1970年初送交西苑机关：

解放军驻北京铁道学院毛泽东思想宣传队指挥部：

兹收到你部派人送来的朱代杰档案材料一袋。（保卫档案、人事档案及聘书和信件等。）

此致

敬礼

中直西苑机关

1970年2月25日

中共中央西苑机关用笺

解放军驻北京铁道学院毛泽东思想宣传队指挥部：

兹收到你部派人送来的朱代杰档案材料一袋。（保卫档案、人事档案及聘书和信件等。）

此致

敬礼！

中直西苑机关

1970年2月25日

中直西苑机关 ★ 传达室

可能后来解放台湾小组的档案归到西苑机关了。西苑机关和铁道学院的信，是我亲眼所见：1972 年秋，插队知青纷纷被推荐上学或招工，却没我份儿，去问公社副书记韩自琛原因，答曰：“你父亲历史复杂。”“我父亲上面 1968 年就作过结论的，没问题啊?”“可是你档案里没有。”我这才回铁道学院去问，他们说不知道我们子女下落，更不可能给发文件，于是抄了一份西苑机关的信，又附了一份铁院的说明，对我说：“你自己拿回去吧，保险。要是走公函寄丢了怎么办？现在这么乱。”可惜当时既无复印，也无数码，只手抄了一份；进了档案就不让本人看了。（小群）

大事年表

1902 年 5 月 11 日生于四川成都新半边街 56 号；

1919 年 出川，赴上海，考入南洋公学（上海交通大学）；

1921 年 6 月 30 日，毕业于南洋公学中学部；

1924 年 任南洋大学学生会歌社副社长；南洋大学学生会会长；

1925 年 五卅运动中任上海学生会主席；由恽代英、萧楚女介绍，加入中国共产党；6 月底，毕业于南洋公学机械工程科；毕业后，在淞沪铁路任工程师、实习站长；

1926 年 3 月初，与李一氓、阳翰笙一道南下广州，投身北伐；

4 月 23 日，与蒋先云、袁同畴，被国民政府军事委员会政治训练部派出组织筹委会，办理改组黄埔军校特别党部事宜；

6 月 21 日至 24 日，出席北伐军总司令部政治部战时政治工作会议；

6月22日，由周恩来推荐，在邓演达麾下，任国民革命军总政治部秘书处上校处长；后兼组织科科长、宣传科副科长、科长；任周恩来所在中国共产党党小组组长；

6月23日，被委任为印刷委员会委员，负责起草该会条例；

6月24日，在大会上报告预算委员会宣传费预算原则；

7月9日，参加北伐誓师阅兵典礼；

7月中旬，与周恩来、邓演达、郭沫若、李一氓等参加多次北伐欢送会；

8月28日，与邓演达、郭沫若等到达石城矶；

9月3日，与邓演达、铁罗尼、纪德甫、胡公冕、李一氓、郭沫若等到达武昌城外；

9月9日，与郭沫若、李一氓赴汉口，设立总政治部办事处，直到10月中旬；

9月18日晚，接到总司令部秘书蒋先云信一封；

9月19日，在汉口政治部主任室与邓演达长谈两个小时；

11月7日，以主席团成员身份，出席汉口数十万群众参加的苏联国庆庆祝大会；

11月9日，接邓演达、郭沫若电报“蒋总司令行将来鄂，参加孙总理诞辰大会”；

11月11日，接郭沫若电报“总司令不来了”；

11月12日，在武昌出席数十万群众参加的孙中山诞辰纪念大会，以总政治部代表身份在大会上演讲；

11月22日，蒋中正电邓演达总政治部宣传科朱代杰撤革永不录用；

12月初，与邓演达、李汉俊、李达、毛泽东、恽代英等同任黄埔军校武汉分校政治教官；

12月25日，邓演达电蒋中正为朱代杰已遵令撤军即行离部；

1927年 1月，被中共中央派赴苏联莫斯科东方大学学习；

2月6日，与马员生等一同到达莫斯科东方大学；

与到莫斯科的刘伯承、邓演达见过面；

12月底，领导学潮，明确提出反对旅莫支部残余的口号；

1928年 2月中旬，因是学潮领袖，与马员生同被东方大学开除；找中共代表团向忠发、李震瀛申诉；

3月初，与马员生一起转入列宁学院；

4月初，被格伯乌的米利斯定为“江浙同乡会”的“首要分子”；8名首要分子是：蒋经国、朱务善、朱代杰、卢贻松、刘仁寿、黄仲美、周策、陈启科。

7月~8月，参加共产国际六大；

8月，与袁溥之结婚，董必武、钱介盘参加婚礼；

与张国焘、董必武、马员生一起下棋；

秋，某晚，拜访鲍罗廷府邸；

1929年 6月~7月，与马员生一起到列宁格勒作工业考察；在大戏院看《钦差大臣》；去列宁格勒军事政治学院看望李侠公、鲁易、童庸生、韩沅波、蒋经国等。

1930年 于列宁学院毕业后回国，在河北、西北大学等地教书；

1933年 9月，在河北永年与袁溥之离婚；

1934年 约周潮声同去福建，参加黄琪翔领导的福建人民政府，到上海，因蒋介石用军事压力，迫使福建人民政府解散；

任太原法学院经济系主任；

1937年 由董必武、黄琪翔推荐，以农工民主党身份参加抗日民族统一战线；

任国民政府军委会政治部总务厅厅长，掌经理人员训练、考核、调查登记和经费预算等事项（1938年，迁都重庆后，政治部总务厅改为第四厅，任中将厅长）；

9月，为《阵中日报》催运速印机二十部；

任中央设计委员；

1938 年 3 月 1 日，出席在汉口旋宫饭店召开的农工党第二次临时代表会议，中共领导人周恩来、叶剑英、秦邦宪应邀参会；

9 月，陪同陈诚，从武汉前往赣北劳军；

10 月，拟《三民主义文化建设与我们的责任》；

12 月，拟《湖北省中等教育资料汇编》；

1939 年 任军事委员会政治部长、第九战区司令长官、湖北省政府主席联合办公厅主任；

1 月 29 日，签报关于蒸汽车之采用；

历时三个月，受陈诚委派，率经济建设参观访问团，由恩施（抗战时期湖北省政府所在地）出发，一直乘坐木炭汽车（因当时汽油奇缺），到四川、湖南、江西、福建、广西、贵州等地，宣传推广木炭汽车；

7 月 7 日，在《扫荡报》发表文章《“七七”两周年对敌寇的透视》；

1938 年 3 月 ~ 1947 年 2 月 任中华民族解放行动委员会（农工民主党）中央临时执行委员会执行委员，任该党主办《前进日报》撰搞人；

1940 年 3 月 28 日 ~ 1944 年 7 月 22 日 任湖北省政府委员；

1940年6月~12月 兼任湖北宜昌行署主任；

1940年 负责召集湖北省政府各厅处主任主管人事人员参照各种有关法令拟定整个的人事法规；

拟定训练法规；

执笔汇辑《新湖北建设计划》等资料；

任湖北省人事考核委员会常务委员；

1941年 2月1日，负责汇编《新湖北建设计划大纲》；

3月5日，负责审查《新湖北建设计划大纲》；

3月25日，负责召集组设食盐购运处；

10月，率团赴闽、赣等地参观；

1942年 代表湖北省主席陈诚访问甘肃省主席谷正伦；

函呈陈诚《甘肃省政设施之湟惠渠整理土地办法及甘肃省各县局改组建设科办法》；

11月28日，率湖北省党政军联合参观团参观湘赣闽粤四省；

1943年 5月9日，电呈陈诚《国家建设之方案》；

6月，率省慰劳团赴鄂西石牌前线慰劳；

6月24日，帮陆诒转交周恩来信给陈诚，助陆与叶挺见面；

7月2日，出席省府第四五三次会议；

9月1日，赴重庆研究国家建设计划事宜；

1944年 4月~5月，参加台湾资源调查委员会，起草台湾接收计划纲要；

7月13日，在“台湾调查委员会”座谈会发言，提出“台湾应当作内地一省看待”的政治见解；

9月，与李冠群在成都结婚；

12月11日，任福建省政府委员；

1945年2月12日~1947年9月29日 任福建省建设厅长；

1945年 8月，陈诚视察东南地区，到永安（抗战时期福建省政府所在地），向陈诚说明羊枣案件真情，力言程星龄不是共产党员；

1946年 元月，任命张天福为福建省农业改进处处长；

4月24日，发函陈诚，谈《印度经济建设计划纲要》对中国经济建设的意义；

8月23日，长子小英生；

9月，兴建榕厦公路；为我国公路首次以机械筑路；

10 月，撰写出版《福建经济发展的途径》；

12 月 9 日，到古田县视察并复查古田溪水力勘测情况；

12 月 23 日，提交请拨开发九鲤湖及龙亭水力发电筹备费提案与筹办九鲤湖及龙亭水电述要；

1947 年 5 月 10 日，主持福建电力股份有限公司筹备处第一次筹备会议；

9 月，主编出版《福建经济概况》、《福建经济问题研究》、《福建省经济建设五年计划》；

10 月 23 日，拜访熊式辉；

12 月 2 日，任国民政府主席东北行辕政务委员会委员；

东北行辕生产局局长；

国防部上海造船厂厂长，办理接收日本赔偿军舰事宜；

上海交通大学教授；

1948 年 1 月，当选第一届中华民国立法委员；

7 月 5 日，女儿小群生；

《福建古田溪水力发电工程计划》出版；

9 月 6 日，到陈诚家看望其病情；

1950 年 1 月 20 日，次子小雄生；

1951 年 任北方交通大学材料系教授；

1953 年 10 月 22 日，三子小明生；

1955 年 翻译出版（苏）吉米契夫《仓库管理》；

1957 年 编著出版《铁路材料技术供应计划》；

1958 年 调铁道部路史组从事路史研究工作；

1964 年 撰写发表论文《试论马建忠的铁路思想》；

奉上命准备赴香港与陈诚联系，后因陈诚去世，未成行；

1966 年 6 月 5 日，因突发心肌梗塞去世。

1970 年 1 月 23 日

北京铁道学院海军毛泽东思想宣传队指挥部：

你院已故教授朱代杰，在历史上曾为我们做过一些工作，起过一些作用，对于其家属，我们意见，应予以适当安置。

中共中央直属西苑机关（章）

1970 年 1 月 23 日

附录

北方交通大学志人物小传

朱代杰（1902年～1966年6月）男，汉族，四川成都人。1919年考入上海交通大学机械系，1925年毕业。毕业后参加了第一次国内革命战争和五卅运动，同年加入中国共产党，1926年参加北伐任政治部宣传处处长。1927年大革命失败后，遭蒋介石通缉，由党组织派往苏联学习。1930年回国后与党失去联系，在河北邢台中学教书，1937年由董必武推荐以农工民主党身份参加抗日民族统一战线，先后任政治部第四厅厅长、重庆国民政府军事委员会总政治部总务厅厅长、湖南省政府委员、福建省建设厅厅长、东北行营生产局局长等职。1947年到上海任上海交通大学教授，1951年任北方交通大学材料系教授。朱代杰教授是我国较早研究材料管理学科的学者之一，他治学严谨，关心青年教师成长和材料供应学科的建设，为铁路材料管理教育作出一定的贡献。曾编写出版《材料供应计划》、《铁道材料技术供应》、翻译出版《仓库管理》等教学参考书。他参加了铁道部路史组的路史研究工作，参加编写了《中国铁路史》，发表关于材料管理教育、材料管理等研究论文多篇。

//北方交通大学志，p. 860

李杰群：拜访百岁老人陆立之夫妇

2010年12月6日，我从北京到滁州，专程拜访陆老夫妇。陆老102岁，夫人王师正92岁。因为陆老是家父朱代杰于1928年前后在苏联东方大学时的同学，从网上（林昱的博客，但与林联系不上）得知老人还健在，与滁州政协卜平老师联系后，就马上出发了。

家父1966年就去世了，由于身份特殊等原因，他对自己的过去极少谈及，甚至都很少和我们说话，担心会招来不必要的麻烦。2006年后，我才在网上发现了许多和父亲有关的资料，才逐渐地、全方位地开始了解他。最近，又发现他留苏时的老同学竟然还有一位健在，真是喜出望外！原来想，滁州不会大，市区可以步行游览，其实挺大的，走路不可能。好在卜平老师安排得细致周到，我们住的酒店离滁州政协、卜老师家和陆老家都很近，步行5分钟之内均可到达。酒店门口的公交车既能到火车站，又能到有醉翁亭的琅琊山。原以为这里有暖气，到了才知道，是淮河以南无暖气，而不是长江；好在酒店有空调。

卜老师已经和陆老电话联系了，下午3点，我们来到陆老的家，是一栋三层的片楼，楼前的空地上长着好多绿油油的小青菜，为冬日增加些许春意，再看附近楼前后的空地上都没有，想来应该是陆老种的。

楼梯的台阶很高，我们爬起来都吃力，陆老住三层，可能因为一层潮湿吧。

应声开门的是王老，陆老两年前摔了，虽然奇迹般地恢复了，但一直还没有下过楼，只是在屋内走动走动。王老看上去干净利索，给人一尘不染之感，且耳聪目明行动敏捷，根本不像九十二岁！

屋子里面收拾得整整齐齐的，围着墙的书架上，摆满了书籍，陆老在写字台前站起来欢迎我们。他看上去气色很好，脸红红的，给人平和安详之感，身形瘦小，但精神矍铄。

陆老一直坚持写作，他的文章，曾陆续在《百年潮》、《炎黄春秋》、《世纪》、《皖东文史》等期刊发表。2006 年，中国文史出版社出版了他的专著《谁主沉浮——沧桑九十年实录》。

下面是陆老亲笔赠言：

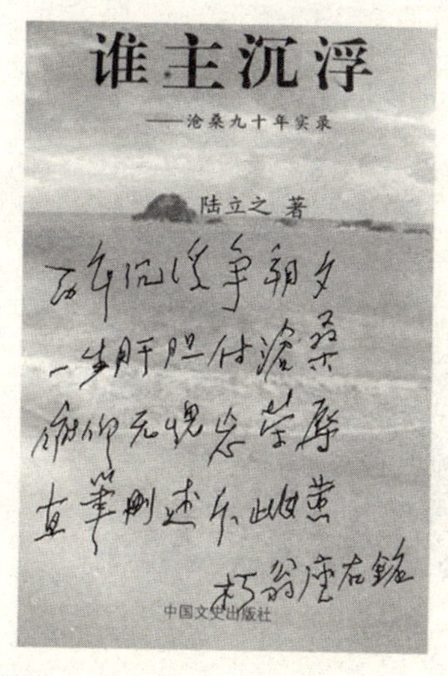

全国政协2009年7月，颁发过他荣誉证书“在纪念人民政协文史资料工作50周年之际，谨向在此岗位工作20年以上的文史工作者致以崇高的敬意。”

陆老现在写《逝水如斯——这100年的回忆录（1909－2009）》。

我给他带来张照片，是网上刘仁静留苏时的合影（后来知道是1923年照的，有张国焘和罗亦农）。我想知道合影里有没有家父和陆老。陆老拿着放大镜端详了半天，指着戴眼镜的说：“这不是老刘（刘仁静）吗?”我问：“没有您和我父亲吗?”他摇了摇头。刘仁静当时在列宁学院，家父1928年3月也去了那儿。后来刘仁静回国后娶了陆老的妹妹。

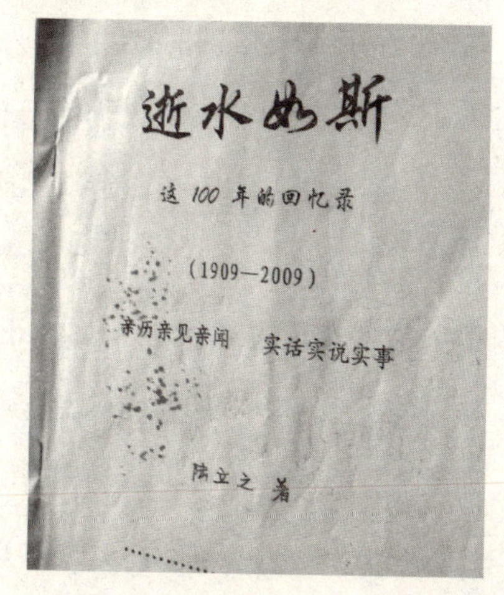

陆老听力不太好了，思维仍旧非常清晰，记忆力超强。提起东方大学的事情，他滔滔不绝。

“朱代杰我很熟悉的，住在隔壁房间，他和陈独秀的外甥吴济贤在同房间。回国以后我们还见过一面，抗战期间在甘肃兰州，我是省首席参事，他代表湖北省政府主席陈辞修访问甘肃省主席谷正伦商讨抗战事宜，我代谷接谈的。老同学见面，分外亲热，聊了很长时间，1942 年正打仗的时候，后来就又隔绝了。

“在东方大学的时候，袁溥之，我不知道是不是你母亲?”

“不是。我母亲是我爸第三任妻子。”

“袁溥之，他们在一起，在学潮时，你父亲是出来讲话的，是带头的，反对米夫，1927 年十月革命 10 周年纪念游行，中国学生走到列宁墓，就是主席团，斯大林正在讲话，中国学生用俄语喊反对斯大林口号‘列宁讲的斯大林粗暴’。后来被学校开除五人（你父亲为领袖），后又改为转校二人（朱代杰、马员生）升任高级列宁学院，另三人（李侠公、童庸生、鲁易）调入列宁格勒军政大学。马员生是河南人。

“他们夫妻很热心的，对同学的事情很关照的，我们刚去不懂俄文，他们很帮助的，袁溥之热心人，人家夫妻不调和她总是出来帮助人家，大家都叫她‘袁大姐’。

“我的腿跌断了，因为滁州的江主席送我寿字，我挂的时候摔的。不服老，2007 年 11 月 25 号，在医院睡了一个月，牵引，回家又睡了 7 个月，不能动，不能多走，到现在一直没有下过楼。

“瞿秋白 1925 年五卅时就认识，他们三兄弟我都很熟，他弟弟带着女儿来看过我。

“小崔说事，来采访过，中央台口述历史栏目，录了 10 天。”

这时，有人敲门，是位女警官，公安局看守所所长，来送地里种的新鲜菜：“陆老是值得我们敬仰的老朋友。”王老解释是他们家的常客。陆老有不少朋友和敬仰者，他的书稿，就是他的干女儿帮忙打录的。他们自己没有子女。

“中国人去苏联学习，蒋经国（比我小一岁）第一批，在中山大学。列宁死了，遗嘱让为中国培养人才，于是建立孙逸仙大学（就是中山大学）。你爸第二批，在东方大学，后来又去了列宁学院，高一级的。我是三期，原让学军事，但斯大林不让共产党搞军事，就去了东方，和你爸爸同学了。

“刘仁静赞成托洛茨基：不断革命；不赞成斯大林关起门来做皇帝。

“常州瞿秋白博物馆馆长每年都送贺卡、纪念册给我。

“现在写一百年来的史料，记性还可以，腿摔坏了。实话实说，都是我亲身经历的。

"到滁州三十七年，政协的卜平、徐茵、吴腾凰都很照顾我的。"

不知不觉，一个多小时过去，怕陆老累着，于是告辞。王老非要送我们下楼，竟然比我们下得还快！简直就是跳下楼梯的！曰"习惯了"。

滁州政协的先生们说，陆老是活着的思维清晰的、记忆力超强、表述又清楚的百岁老人，是宝贵的财富。陆老有长寿基因，哥哥陆久之一百零七岁去世，是蒋介石女婿（蒋和陈洁如养女的丈夫）；妹妹陆慎之，刘仁静夫人，健在。

瞿秋白的侄子也来看望过陆老；另外，抗战胜利后陆老送日军家属回东京，当时接待的驻日大使现在已九十二岁，在台湾，2011 年也准备来大陆看望陆老。

祝陆老健康，顺利完成《逝水如斯》。

与陈履安书

陈世兄履安先生台鉴：

吾等乃令尊旧部朱代杰子女是也。

家父与令尊之交亦久矣：黄埔激扬之畔，共襄于邓演达；民族浴血之时，追随于南北疆；两岸隔绝之际，惜别于上海滩。然家父之运亦止矣，自1951年至1966年，始终于北京铁道学院执教，或曰年少曾求学于上海交通大学，此回归本行之命也。期间多次“运动”均涉及与令尊之交，幸无大碍，遂于“文革”前，以心肌梗突发辞世，享年六十有四。

隔绝六十年，吾等亦老矣。老则老，心未死，聊赖处，忆先人。便有为父作传之想，搜集资料之举。恰逢网络传媒上回溯之风顿起：凡国民革命之途，令尊之英姿屡见；遇史料层出之笔，家父之踪影依稀。于是查文献，翻旧纸，披档案，寻照片。前后计得八万之数，惜家父一生之脉络虽清，而内里之详情杳然耳。故虽有《朱代杰传略》初稿问世，但具体之行藏则阙如也。

抱憾之余，钩沉之想愈炽，机缘巧合，获世兄通讯之址。特不嫌鄙陋，局促上书，望世兄于家父有关资料、照片及逸事诸方面，能够搜肠刮肚，兼及海捕，若能侥幸于万一，则吾等幸甚，吾等之先人亦幸甚焉！

世兄高洁并高义，只恨晤面尚无缘，若有渔樵闲谈日，天花乱坠喜无前！

音讯久断 世交未泯 言不尽意 惟祝安康

朱代杰 女 李杰群（朱小群）

朱代杰 三子 李杰明（朱小明）

顿首敬呈于2011. 11. 26

李杰群 陈履安 陈夫人曹倩2012年3月20日于台北阳明春天素菜馆

李杰群赴台北“国史馆”查档

按照大陆人事规定，本人及家属不允许到单位查档。去滁州拜访陆立之伯父时，滁州政协的吴腾凰先生指点，可以去中央及各省市档案馆，并且讲述了他为蒋光慈作传时到中央档案馆查档的经历：省部级介绍信，住在馆内招待所，全部手抄，不许复印，要住好多天，才能完成。蒋光慈 1921～1924 在苏联留学，档案很全，从入学登记表到毕业评语。父亲也是留苏的，应该有。民国的南京有，但大部分在台湾。

于是，回京后，就到单位开证明，再去北京市委换，再把证明送到中央档案馆，以为就可以住在里面开始查看了。结果那是老黄历了，已经不可以住宿，由利用部的工作人员，根据我提供的线索，手工查找，让我回家等通知。前前后后等了一个多月时间。并没有直接的资料，只有一些相关的。留苏学生资料，1924 年以前有，后来去的多了，就没有了。我提出父亲和周恩来、董必武等都有工作关系，回答说：党和国家领导人不让查。

于是，去了几趟，摘抄了和江浙同乡会有关的资料。给看的是复印件，复印纸很讲究，麻麻的，厚厚的，耐磨损。中午饭在里面的食堂吃。

这是中央档案馆。后来又去了南京第二历史档案馆，计划查民国档案。先打电话，要开单位证明及出示身份证。结果等于白白跑了一趟：他们正在电子化，一律不让查；只有电子化了的一小部分和他们出版的书籍提供。我问“何时电子化能够完成?”答“猴年马月。”“那为什么还要让我来呢?”“……”

休息时，在院子里请他们的工作人员拍照，他们说：“你要是去年（2010 年）来就好了，我们以前都是给原件看的。”我：“中央馆可是复印的。”答：“没有经费啊。”

其他省市的凭身份证就可以查阅。湖北电子化了，打电话给工作人员，立刻就查到了，有“宜昌行署主任训令”等重要文档！托朋友复印的。

上海和福建的公开放在互联网上，可以直接下载。

但是，民国的资料还是寥寥，于是冒昧投书台湾陈履安世兄（陈诚大公子：麻省理工毕业，美国博士、教授，回台后历任科委主任、经济部长、国防部长、检察院长等职，1996 年，退出政坛。现职为陈诚文教基金会董事长）。

《与陈履安书》见上文。

春节过后，陈履安办公室卫晋平先生打来电话：“院长（那边对世兄的习惯称呼）接到信后让我去国史馆查，的确有不少令尊的档案。你过来吧，我负责安排。”喜出望外啊！

2012 年 3 月 20 日，飞机抵达台北，当晚，卫先生即安排：履安世兄伉俪设宴招待。卫先生解释：因院长很忙，刚从美国回来，马上又要飞北京。

世兄伉俪很有夫妻相，文质彬彬，风度翩翩，和蔼可亲，一见如故。

我女儿、我、世兄夫人曹倩、世兄，
2012 年 3 月 20 日于台北阳明春天素菜馆

谈话内容，根据记忆，整理如下（我带了录音笔，但觉得不礼貌，没敢用）：

喜欢历史的人，都知道，我们父辈的那个年代，风起云涌，英雄辈出，二十几岁就作将军了。

父亲得知邓演达遇害的消息后，非常悲恸，给蒋介石写辞职信，要回家种地去。后来经立三（严重）先生再三劝阻，才留下。

你父亲不是共产党，也不是国民党，是第三党（即邓演达创立的农工民主党前身）。

父亲一直非常重视教育，在湖北恩施，接收了许多难民子弟，办学校，亲自当校长。

我提出正值清明，想去扫墓祭奠。世兄曰："父亲遗嘱，速葬，不建坟，不要占百姓一寸土地。当时不可能，因为蒋介石还活着，后来我就把墓地还给当地了。我们家旧址也都拆了，那一带建了中正纪念堂。几件旧家具，在国史馆。”

我去“国史馆”坐在世兄家的藤椅上

“国史馆”里藤椅家具解说：“陈诚副总统文物，套藤椅家具由一张双人藤椅、四张单人藤椅、二张双层边几以及一张大茶几组成，从相关照片中可以看到，陈诚副总统曾多次使用这套家具招待宾客。原件为香港调景岭难民赠送陈诚副总统，现存一张双人藤椅及四张单人藤椅，于2006年由陈副总统家属捐赠本馆典藏。”

解说文字旁配图：1962 年 7 月 6 日，陈诚和夫人接见外宾时用的正是这套家具，右二为陈诚，左一为陈夫人谭祥。

第二天，卫晋平先生带我去位于西门附近的“国史馆”。

“国史馆档案”目录都已经电子化，显示父亲共 136 笔：多数为陈诚文物（008 -），另外还有蒋介石的（002 -），及官员任免（001 -）和资源委员会（003 -）。

“国史馆”的湛天恩馆员及蔡宜芊馆员非常热情周到地教我怎样操作电脑，并把 136 笔的目录打印出来，便于对照查阅。档案内容正在电子化过程中，好在父亲的资料基本都可在电脑上阅览了，按照规定，蒋介石和陈诚的不能复制，只能手抄，很费时。官员任免等可以复印，一页收费两台币。

馆内没有食堂，午饭两位馆员都是自带便当，我到馆外的餐厅去吃的。

我和卫晋平先生 2012 年 3 月 21 日于台北“国史馆”门前

只有一笔：“军事委员会侍从室/朱代杰”，还没有电子化，电脑上看不到，要到老馆去看原件。湛天恩馆员帮我打电话询问，得知为父亲的个人档案，子女才允许看。又把这边派出所曾经开过的父子关系证明传真到老馆那边，批准后，第二天一大早赶到位于新店山区的老馆，门口的大石头上刻着孙中山先生的题字“国史馆”。

李杰群 2012 年 3 月 23 于“国史馆”新店馆区，“国史馆”为孙文手书

那个档案的确是父亲的个人档案，有履历、评语等等，因为是原件，要戴口罩、手套。复印后我要给钱，曰：“子女复印不收费。”又曰：“最近大陆过来的好多啊！”顺手从抽屉拿出一张申请单：是腾代远的儿子。

在电脑上看到三页父亲手书，有颜真卿被誉为“天下第二行书”的《祭侄文稿》之风，不禁潸然泪下。要求再三，湛天恩馆员帮忙递交了复制申请，几天后批准了。后来我得寸进尺，又申请了几页父亲手书和蒋介石手谕复印，离台时，还未批下来；回京后，是湛馆员通过电子邮件给我发过来的。至此，父亲传略的阙如部分，大都落实了。

湛天恩馆员和我 2012 年 3 月 30 日于“国史馆”内

蔡宜芊馆员和我 2012 年 3 月 30 日于“国史馆”内

卫晋平先生还帮忙联络到了台湾政治大学邓演达研究者陈佑慎博士，“蒋中正撤革朱代杰”电报，就是从他的论著中得知的。见面畅谈，受益匪浅。

回北京后，在台北的每一刻所感受到的真诚和温馨，仍时时涌上心头，难以忘怀。

陈博士是80后的年轻学者，学识渊博、治学严谨，可惜见面时忘了照相留念，现把他的著作展示如下，以补遗憾：

陈佑慎著《持驳壳枪的传教者》

李杰群赴俄罗斯查档日记一则

2014 年 5 月 27 日　周二　晴　16℃～30℃　莫斯科　国立档案馆

9：30 大厅集合，由李宗伦带领，去档案馆。我们一行四人，还有瞿秋白外孙女李晓云和丈夫景同生，都是一零一老三届的。李宗伦是我初中同学崔雪君的丈夫，他们在俄已经二十多年，是中俄文化交流中心和莫斯科老北京大酒店的 CEO，俄国通。这几年一直致力于档案查询工作，多数来俄查档的革命先驱后代，都得到他们帮助。

李杰群 李晓云 瓦列里馆长 景同生

档案馆的全名叫俄罗斯国立社会政治史档案馆，在红场北面的大季米特洛夫街15号。坐地铁，很方便。第一副馆长瓦列里，亲自接待，宗伦够有面子。入座后，馆长介绍说：

“非常荣幸看到中国代表团，许多后代都想来看一下父辈档案，我很愿意帮助大家，特别是关于共产国际部分，已经进行了整理，中山大学、东方大学国共两党的私人档案都在我们这里。形式各样，以文字为主，还有一些相片及胶片等等，时间段为1919年~1943年，从共产国际成立到解散。你们父辈的个人档案，1950年代中期，有部分，主要是解放后党和国家领导人的，已经交给了你们中央档案馆。

“与李宗伦先生多次合作，很愉快。先辈俄文名字，有的有好几个，请你们注意。还有一批孩子的在儿童院，也有可能在我们这，大部分在儿童院，像张太雷儿子。

“中国的有上千份，工作量比较大。复制形式有两种，光盘和纸张，一页一美元。查后记一下，列个单子，需要复制的是哪页，注明卷、宗、目，一共要多少。

“现在解密的为4%~5%，以前连这点也不能查，运气不错了。现在与叶利钦时期不一样了，那时，沾共产党就打入冷宫。现在十月革命又重新研究，重视了。”

晓云也说了几句表示感谢的话：一直想来，感谢支持。我妈妈和哥哥的可能有些在儿童院。

因为宗伦事先已经和他们联系，所以，有关档案很快就送出来了。我父亲的，2013年底，宗伦已经发现，并复制，由雪君回国时，亲手交给我。这次来，是想看看东大学潮五大领袖和江浙同学会首要分子的档案资料里面有没有互见的资料；另外老爸在列宁学院还待了两年，这个馆没有，无法提要求了。也不好意思再麻烦宗伦，他马上又有会，要出门。语言不通，没有他陪着，寸步难行。

与父亲有关的如马员生、李侠公、鲁易等，有一大摞，蒋经国的肯定早就要回去了。我浏览一遍，没有发现父亲的俄文名字“Грибоедов”。但也有意外惊喜！就是发现了马员生的相片：满脸的正直、刚毅。二十二岁踔厉风发来到革命圣地，哪料到，遭苏联肃反，蒙冤牢狱流放多年，1955 年斯大林死后才平反回国，已经五十出头！1966 年又遭“文革”之难，可贵的是，被隔离期间，全凭记忆，完成了《旅苏纪事》，间接成就了我编辑老爸传记。可惜的是，“四人帮”刚刚被打倒的 1977 年 7 月 1 日，被自行车撞倒，不幸身亡。遇难前一星期，他对鲁也参说：“中国将沿着真正的马列主义道路前进，我们的前途是无限光明的。”坚持信仰，至死不渝！隔空相望，百感交集啊！

与众不同是，马员生的相片有两张，一张是到莫斯科后拍的；一张应该是在国内照的，穿马褂戴瓜皮帽，脑后是不是留有小辫子？不得而知。

把雪君带过来的老爸传略送给档案馆，说来惭愧，我懒得拿行李，这次来没有背书，多亏雪君上次给我老爸俄档案时带回俄两本。老同学的情义无价！

一会儿，就到午饭时间了，档案馆有午餐，半自助，拿个大餐盘，点几样，然后到收银台结账，烤鱼、土豆、红菜沙拉、大列巴，很好吃。汤太咸，没有吃完。我跟宗伦商量，能不能拍马员生的相片，不是为省钱，是复印在纸上的效果太差了。

午休后，宗伦告我，已经和馆长沟通过了，可以用照相机拍马员

赠送馆长《朱代杰传略》，李杰群 瓦列里馆长 李宗伦

生的相片，但要隐蔽些。喜出望外！可惜，不是每个人的档案里都有照片，只有马、鲁易和老爸的。李侠公等等都没有。不要贪心不足，人家网开一面允许拍照，已经谢天谢地！

俄罗斯档案馆存马员生相片

马员生 1927 年于莫斯科

鲁易 1927 年于莫斯科

朱代杰 1927 年于莫斯科

瞿秋白的有 400 多页，李晓云夫妇都准备复制，而且两种形式都要：盘、纸各一，约 900 多美元。这才想起我老爸的，可忘了给宗伦钱，宗伦笑说，飞机票也一块给了？

2014 年 3 月 16 日，李杰群 瞿独伊 李晓云在瞿家

我的这一大堆，老爸的宗伦早已复制，其他人的怎么办？我不想复制了，力不从心了，几乎是俄文，背回去找人翻译都成问题，再说，交给谁啊？又不是搞这个专业的。晓云他们想复制，觉得来一趟不容易，尽量占有资料吧；但考虑无使用权，如果那些人的后代起诉怎么办？于是作罢。景同生有经验，让我把这些人的档案号、俄文名字、页数都记下来，供研究者参考（人名见本书 p. 109、p. 123）。

档号.	中文.	俄文.		页数.
954.	马员生.	ПЕТУХОВ	МА ЮН-СЕН	109.
674.	鲁易.	Люмин		27.
1351.	周策.	Жуков.		17.
627.	周策.	Жуков.		5.
3136	黄仲哲.	Пухов.		37.
547.	刘仁寿.	Хабаров		46
679.	卢贻松	Лядов		42.
446.	朱务善.	Осипов		59.
675	李侠公	Ломоносов		15.
720	董亦湘.	Осетров		23
2525.	陈启修.			5.

东大学潮五大领袖及江浙同学会首要分子档案号俄文名及页数，总计近 400 页

馆里遇美国博士，Joseph Torigian，中文名字：唐志学，在华东师大学习过，知道沈志华（我老爸的俄文档案就是请沈先生的博士翻译的）。俄语、汉语皆通。攀谈几句，留了联系方式。

5 点下班前，下起暴雨，天都阴黑了。不过，终于凉快了。这几天太热，反常。走出档案馆，雨已经小了，只有景同生带了一把伞，让我们两个女生打，两位绅士顶着小雨，一起走到地铁站。

李晓云 李宗伦 李杰群 美国博士唐志学

李杰群：交大奇缘

我家三代：父亲、丈夫、女儿都是交大人。

父亲 1925 年毕业于南洋公学。南洋公学是上海、西安、西南、北京、台湾新竹五所交大共同的前身，是中国历史上第一批建立的近代高等学府。父亲于 1947 年回母校上海交大任教，1951 年调北京铁道学院任教，从此，我也就生活在红果园了。刚来时住在城里的保禅寺，西郊校址建好后，搬进 51 区，后来又搬到 54 区；“文革”后，随丈夫住过 54 区、53 区、东 9 楼、塔 4 楼、塔 5 楼。

丈夫郝春荣 1981 年到北方交大任职，至今也有三十多年了。

女儿 2006 年毕业于北方交大美术系。

郝春荣是北京延庆人。1960 年代，铁道学院四清在延庆，父亲曾经到延庆四海公社贫下中农家中作客。铁道学院的一支四清工作队，进驻延庆红旗甸公社马鹿沟生产队，那正是郝春荣他们村，徐维岱老师住进了他的家，徐老师夫人唐丽雯是我小学（交大院内的青塔院小学）班主任。我的姻缘可能那时就定下了；也可能更早：1947 年我爸在上海交大教书时，我们家住在上海静安区富民路，和富民路交叉的只有一条马路：延庆路。

1969 年我插队到延庆千家店公社，多数同学都去了东北、内蒙古、山西、陕西，我们中学到延庆的只有三个名额。千家店和红旗甸挨着，后来，我就认识了郝春荣。

我和交大的奇缘：

我的一生基本上生活在交大；

交大为我牵姻缘。

我和郝春荣的缘分很奇特：1970 年冬，我的母校北京一零一中拉练，胡大同老师（我的班主任）是先遣队的，郝当时是村干部，负责接待，安排好宿舍，胡大同老师先走了。大队人马后到，胡拾美老师（胡大同夫人，我是她的化学课代表）竟然也住在他的家。——四条红线：上海交大、北方交大、北京一零一中、青塔院小学。

李杰群一家 1980 年夏于北京延庆马鹿沟

引用文献

中央档案馆

“国史馆”

中国第二历史档案馆

俄罗斯国立社会政治史档案馆

中国农工民主党档案馆

上海市地方志

湖北省档案馆

福建省档案局

福建省情资料库

福建省志

上海交通大学档案馆

南洋公学—交通大学年谱

邓演达文献馆

《周恩来军事活动纪事上卷》，中央文献出版社，2000 年。

陈佑慎《持驳壳枪的传教者》，台北时英出版社，2009 年。

杨逸棠《邓演达》，广东人民出版社，1986 年。

李一氓《模糊的荧屏》，人民出版社，1992年。

樊振《邓演达年谱会集》，中国言实出版社，2010年。

梅日新、邓演超、丘挺《邓演达诞辰一百周年国际学术研讨会论文集》，广东高等教育出版社，1996年。

《陈诚回忆录——抗日战争》，东方出版社，2009年。

周佛海《逃出赤都武汉》，《武汉国民政府史料》，武汉出版社，2005年。

《北方交通大学志》，中国铁道出版社，2001年。

陈予欢《黄埔军校将帅录》，广州出版社，1998年。

李明《黄埔军校》，广东人民出版社，2005年。

周焱《路漫漫——袁溥之自传》，广东高等教育出版社。

陈宇《中国黄埔军校》，中国人民解放军出版社，2007年。

《关于广州起义经过史稿》，《中华民国史档案资料汇编》第5辑，第1编p.4—6，江苏古籍出版社1994年。

郭沫若《沫若自传·革命春秋》，香港三联书店，1978年。

郭沫若《革命春秋·北伐途次》，上海海燕书店，1950年。

郭沫若《沫若自传·洪波曲》，人民文学出版社，1979年。

司马璐《一九二七年的国共分家》，香港自联出版社，1976年。

陆立之《谁主沉浮》，中国文史出版社，2006年。

马员生《旅苏纪事》，群众出版社，1987年。

高理文《乱世余生——高理文回忆录》，《传记文学》总第410号-412号（1996年台湾）。

唐宝林《中国托派史》，台湾东大图书股份有限公司，1994年。

尹家民《蒋介石与黄埔“四凶”》，中共中央党校出版社，1990年。

苏文洋《交道口 24 号》，江苏人民出版社，2009 年。

中国第二历史档案馆《台湾光复和光复后五年省情》（上），南京出版社，1989 年。

秦威《世纪茶人：张天福》，福建省科学技术出版社，2007 年。

孙宅巍《陈诚晚年》，浙江大学出版社，2012 年。

方知今《陈诚传》，九州出版社，2010 年。

寿韶峰《宋美龄全纪录》，华文出版社，2010 年。

李丞丕《赤水 · 1949》，作家出版社，2011 年。

小野寺史郎《南京国民政府期の党歌と国歌》，《日本当代中国研究 2009》。

陈佑慎《邓演达与国民革命军政工制度》，台湾师范大学历史学系 2008 年硕士论文。

杨逸棠《第一次国共合作见闻片断》，《文史资料选辑 85 辑》。

马烈《从〈蒋介石年谱初稿〉看邓演达与蒋介石的关系》，《民国档案》（南京）2000 年第 4 期。

陈宇《中国共产党人在黄埔军校中的作用》，《黄埔》，2016 年 5 月 4 日。

洪蔚、少颖《省长夫人的传奇人生与婚姻》，《知音》1990 年第 10 期。

汤礼春《革命洪流中的袁溥之》，《百年潮》2003 年第 3 期。

杨奎松《中共历史上最早的政治运动——“江浙同乡会”事件始末》，《近代史研究》1994 年第 3 期，第 4 期（续）。

邱路《蒋经国险遭枪毙》，《百年潮》1997 年第 2 期。

张泽宇《中国留苏学员托洛茨基反对派始末》，《历史教学》2004年12期。

刘仁静、曹仲彬《刘仁静谈会见托洛茨基的经过》，《百年潮》2008年第6期。

散木《左权之死与“托派”嫌疑》，《检察风云》2005年第21期。

周亦楣、闫宏《俞秀松：革命年代被吞噬的勇者》，《新京报》2011年5月26日。

马长虹《中共对托洛茨基评价的转变》，《炎黄春秋》2006年第7期。

周潮声《我的历史回忆》，《凤冈文史资料增刊》1992年第12期。

《黄琪翔与福建事变》，《团结报》2008年1月22。

《广硏鉴·南府政要·陈诚·陈诚副总统二三事》。

郑南宣《谈谈陈诚》，《世纪行》1994年第9期。

《抗战时期恩施的重要交通工具木炭汽车》，《恩施晚报》2005年7月23日。

童小鹏《回忆对台工作》，《作家文摘》2001年4月10日。

士心《我和周恩来夫妇的两年交道》，首发于台湾《春秋》杂志总第119期（1962年）。

程星龄《羊枣案件的前前后后》，《纵横精品丛书》。

朱庆葆、曹大臣《抗战胜利后影响台湾建省诸因素分析·三》载《江海学刊》2000年第2期。

褚静涛《试论光复前后台湾省建制之过程》，《台湾研究》1999年第2期。

张翰中《战后初期台湾货币改革之研究》，台南成功大学历史学系硕士论文，1997年。

《广州民国日报》、《革命军日报》、《申报》、《扫荡报》、《新湖北季刊》。

王渔等《林伯渠传》，军事历史网。

吴学华《蒋介石手下的八大特务头子》，新浪读书网。

黄维《革命的一生，战斗的一生》，中华民国之谜网。

《抗战时期国民党各战区划分》，百度知道。

《解密的档案·谢宣渠文档·关于李侠公的情况》，谢迪寰新浪博客。

詹玮《抗日名将叶挺蒙难》，文学博客网。

郑洪泉 王明湘《营救叶挺军长·四》，全刊杂志网。

徐绥之《相关史料与回忆·清华学校史料之二》，和讯博客。

王百万《国民革命军沿革实录》，文史天地网。

刘平梅《中国托派党史·第七章 抗战时托派组织的发展及抗日活动·二、北平》，中文马克思主义文库网。

《历任领导》，中国农工民主党网站。

刘小平《中国参政党会事纂记》，中国国民党桂林委员会网站。

《抗战时期郭沫若赣北劳军》，文化频道网站。

《怀念大姨袁溥之》，J34638新浪博客。

台北“国史馆”朱代杰相关资料目录

序號	入藏登錄號	卷名	典藏號	内容描述	檔案日期起	檔案日期迄
1	002000001048A	中央軍事報告及建議(四)	002－080102－00047－001	賀衷寒呈蔣中正政治部內部人事情況及工作報告與建議	0000/00/00	
2	008000001650A	湖北省建設會議提案	008－010902－00005－005	湖北省建設會議提案:湖北省主席陳誠交議據委員朱代杰函呈甘肅省政設施之湟惠渠整理土地辦法及甘肅省各縣局改組建設科辦法湖北省可酌予採用請討論案	0000/00/00	
3	008000001660A	湖北省政府委員會第二十三次談話會議案全文彙輯	008－010902－00015－001	湖北省政府委員會第二十三次談話會議案全文彙輯	0000/00/00	
4	008000001253A	東北問題參考資料	008－010506－00009－010	東北經濟生產各部門配合原則	0000/00/00	
5	008000000552A	人才調查資料	008－010706－00001－004	人才調查資料:艾華濬等人才調查登記表(姓氏六畫)	0000/00/00	
6	008000001732A	湖北省建設資料彙輯	008－010901－00017－010	參加經濟建設會議人員名冊,研討湖北省經濟建設座談會名冊	0000/00/00	
7	008000001226A	湖北省政府收復失地後工作綱要(一)	008－010901－00021－004	蘇聯收復區之經濟復興計畫	0000/04/23	0000/05/01
8	008000000065A	友聲集(第一冊)	008－010108－00014－039	朱代杰來函—印度經濟建設記劃綱要	0000/04/24	

（续 表）

序號	入藏登錄號	卷名	典藏號	內容描述	檔案日期起	檔案日期迄
9	008000001708A	湖北省黨政軍聯合參觀團參觀湘贛閩粵四省報告書	008－010901－00042－001	湖北省黨政軍聯合參觀團參觀湘贛閩粵四省報告書	0000/11/28	
1C	002000000003A	籌筆—北伐時期（三）	002－010100－00003－007	蔣中正電飭鄧演達總政治部宣傳科代科長朱代杰撤革永不錄用	1926/11/22	1926/11/22
11	002000000003A	籌筆—北伐時期（三）	002－010100－00003－008	蔣中正電鄧演達總政治部宣傳科朱代杰撤革不錄用該部移設總部行營	1926/11/22	1926/11/22
12	002000001402A	一般資料—民國十五年（十三）	002－080200－00013－051	鄧演達電蔣中正為朱代杰已遵令撤軍即行離部	1926/12/25	1926/12/25
13	001000003206A	福建省政府官員任免（八）	001－032220－0114	福建省政府主席委員廳長秘書長陳儀郭粲嚴家淦等任免辦理情形	1930/06/14	1945/02/19
14	008000001828A	往來函電（一）	008－010202－00001－004	武漢衛戍總司令陳誠呈委員長蔣中正奉令查報楊銳靈朱代杰李鐵錚等八員之履歷住址繕表請鑑核	1938/05/05	
15	008000001373A	陳誠言論集—民國二十七年（三）	008－010301－00017－003	朱代杰函告謝然之草擬三民主義文化建設與我們的責任及十個要點兩稿之經過及擬調青年團留日學生劉真來此間詢其意見	1938/10/12	
16	008000001148A	湖北省中等教育資料彙編	008－010905－00005－004	湖北省教育廳廳長陳劍修函省主席陳誠為聯中各校經費月不敷九萬三千餘元教育部允為提請行政院核撥每月或可補助五至六萬元之數尚請於晤行政院院長孔祥熙時與之商榷	1938/12/22	1941/01/26

（续表）

序號	入藏登錄號	卷名	典藏號	內容描述	檔案日期起	檔案日期迄
17	008000001830A	往來函電(三)	008－010202－00003－001	第九戰區司令長官陳誠呈軍事委員會委員長蔣中正現有各醫院及休養院傷癒不願歸隊之軍官約一千名亟須嚴加訓練以充實其智識並激勵其敵愾之心理請核定訓練機關與負責人員以便進行	1939/01/20	
18	008000001847A	往來函電(二十)	008－010202－00020－002	朱代杰簽報此件關於蒸汽車之採用擬轉交通部長張嘉璈及軍政部交通司查照	1939/01/29	
19	008000001847A	往來函電(二十)	008－010202－00020－001	軍事委員會政治部部長陳誠呈委員長蔣中正簽請迅由交通主管機關試用蒸汽車並附英國生汀來說明圖	1939/01/31	
20	008000001830A	往來函電(三)	008－010202－00003－003	中央訓練團教育長陳誠函李杜關於李郁馥擬入黨政訓練班受訓經簽奉委員長蔣中正批示訓練班名額已足且開班已久不便補入	1939/03/09	
21	008000001830A	往來函電(三)	008－010202－00003－009	中央訓練團教育長陳誠通知黨政訓練班據該班第一中隊學員韓振聲報告有趙鐵寒范秉之王汝章三人願入黨政訓練班第二期受訓經簽奉團長蔣中正批可在案抄同三人簡歷送請查辦	1939/03/23	
22	008000001830A	往來函電(三)	008－010202－00003－010	中央訓練團教育長陳誠代電黨政訓練班第一中隊學員韓振聲關於趙鐵寒范秉之王汝章三人願入黨政訓練班第二期受訓經簽奉團長蔣中正批可在案	1939/03/23	

（续表）

序號	入藏登錄號	卷名	典藏號	内容描述	檔案日期起	檔案日期迄
23	008000001870A	往來函電(四十三)	008－010202－00043－006	政治部部長陳誠電秘書長賀衷寒指示政治部機構調整及人事異動情形並請兼任新設之辦公廳主任	1939/12/07	
24	008000001140A	湖北省政府委員會主席指示備忘錄(四)	008－010902－00009－009	湖北省政府委員會議第三三一至三八四次會議主席陳誠指示備忘錄彙編:人事	1940/00/00	1941/00/00
25	008000001140A	湖北省政府委員會主席指示備忘錄(四)	008－010902－00009－010	湖北省政府委員會議第三三一至三八四次會議主席陳誠指示備忘錄彙編:訓練	1940/00/00	1941/00/00
26	008000001464A	湖北省政府委員會第三二六次會議議案全文彙輯	008－010902－00044－001	湖北省政府委員會第三二六次會議議案全文彙輯	1940/00/00	
27	008000001466A	湖北省政府委員會第三二八次會議議案全文彙輯	008－010902－00046－001	湖北省政府委員會第三二八次會議議案全文彙輯	1940/00/00	
28	008000001468A	湖北省政府委員會第三二九次會議議案全文彙輯	008－010902－00047－001	湖北省政府委員會第三二九次會議議案全文彙輯	1940/00/00	1941/00/00
29	008000001472A	湖北省政府委員會第三三三次會議議案全文彙輯	008－010902－00051－001	湖北省政府委員會第三三三次會議議案全文彙輯	1940/00/00	
30	008000001473A	湖北省政府委員會第三三六次會議議案全文彙輯	008－010902－00054－001	湖北省政府委員會第三三六次會議議案全文彙輯	1940/00/00	
31	008000001517A	湖北省政府委員會第三三七次會議議案全文彙輯	008－010902－00055－001	湖北省政府委員會第三三七次會議議案全文彙輯	1940/00/00	
32	002000002179A	汪僞組織（一）	002－090200－00022－232	陳誠嚴立三等電中央黨部三民主義青年團等共憤汪兆銘媚敵賣國盜用青白國徽成立僞府等行為並率軍民為中央後盾	1940/04/03	1940/04/03

（续表）

序號	入藏登錄號	卷名	典藏號	內容描述	檔案日期起	檔案日期迄
33	008000001860A	往來函電（三十三）	008－010202－00033－001	陳誠電湖北省政府代主席嚴立三鄂省在川境之省行工廠應設法搬回鄂境對於聯合中學辦法仍要貫徹加緊領導起來並且不可再說不幹的話	1940/07/22	
34	008000001618A	湖北省政資料彙輯（五）	008－010904－00005－001	湖北省政資料彙輯（五）：總類—計畫	1940/09/00	1943/01/00
35	008000001653A	湖北省政府委員會議事錄（一）	008－010902－00201－001	湖北省政府委員會第三二四至第三六〇次會議議事錄	1940/09/13	1941/06/06
36	008000001658A	湖北省政府職員錄（二）	008－010906－00003－001	湖北省政府職員錄（省政府委員、秘書處、民政廳、財政廳、教育廳、建設廳、保安處、會計處、駐渝辦事處、巴東辦事處、鄂北辦事處）	1940/10/31	
37	008000001751A	湖北省政府委員會主席指示備忘錄（六）	008－010902－00011－001	湖北省政府委員會三八四至三九八次主席陳誠指示備忘錄	1940/11/00	1942/12/00
38	008000001516A	湖北省政府委員會第三三四次會議議案全文彙輯	008－010902－00052－001	湖北省政府委員會第三三四次會議議案全文彙輯	1940/12/00	
39	008000001474A	湖北省政府委員會第三三八次會議議案全文彙輯	008－010902－00056－001	湖北省政府委員會第三三八次會議議案全文彙輯	1941/00/00	
40	008000001519A	湖北省政府委員會第三四二次會議議案全文彙輯	008－010902－00060－001	湖北省政府委員會第三四二次會議議案全文彙輯	1941/00/00	
41	008000001520A	湖北省政府委員會第三四四次會議議案全文彙輯	008－010902－00062－001	湖北省政府委員會第三四四次會議議案全文彙輯	1941/00/00	
42	008000001479A	湖北省政府委員會第三四六次會議議案全文彙輯	008－010902－00064－001	湖北省政府委員會第三四六次會議議案全文彙輯	1941/00/00	

（续表）

序號	入藏登錄號	卷名	典藏號	内容描述	檔案日期起	檔案日期迄
43	008000001480A	湖北省政府委員會第三四七次會議議案全文彙輯	008－010902－00065－001	湖北省政府委員會第三四七次會議議案全文彙輯	1941/00/00	
44	008000001467A	湖北省政府委員會第三四八次會議議案全文彙輯	008－010902－00066－001	湖北省政府委員會第三四八次會議議案全文彙輯	1941/00/00	
45	008000001636A	湖北省政府委員會第三五一次會議議案全文彙輯	008－010902－00069－001	湖北省政府委員會第三五一次會議議案全文彙輯	1941/00/00	
46	008000001522A	湖北省政府委員會第三五二次會議議案全文彙輯	008－010902－00070－001	湖北省政府委員會第三五二次會議議案全文彙輯	1941/00/00	
47	008000001523A	湖北省政府委員會第三五三次會議議案全文彙輯	008－010902－00071－001	湖北省政府委員會第三五三次會議議案全文彙輯	1941/00/00	
48	008000001524A	湖北省政府委員會第三五四次會議議案全文彙輯	008－010902－00072－001	湖北省政府委員會第三五四次會議議案全文彙輯	1941/00/00	
49	008000001567A	湖北省政府委員會第三五五次會議議案全文彙輯	008－010902－00073－001	湖北省政府委員會第三五五次會議議案全文彙輯	1941/00/00	
50	008000001527A	湖北省政府委員會第三五八次會議議案全文彙輯	008－010902－00076－001	湖北省政府委員會第三五八次會議議案全文彙輯	1941/00/00	
51	008000001528A	湖北省政府委員會第三五九次會議議案全文彙輯	008－010902－00077－001	湖北省政府委員會第三五九次會議議案全文彙輯	1941/00/00	
52	008000001569A	湖北省政府委員會第三六二次會議議案全文彙輯	008－010902－00080－001	湖北省政府委員會第三六二次會議議案全文彙輯	1941/00/00	
53	008000001570A	湖北省政府委員會第三六三次會議議案全文彙輯	008－010902－00081－001	湖北省政府委員會第三六三次會議議案全文彙輯	1941/00/00	

（续表）

序號	入藏登錄號	卷名	典藏號	內容描述	檔案日期起	檔案日期迄
54	008000001571A	湖北省政府委員會第三六四次會議議案全文彙輯	008－010902－00082－001	湖北省政府委員會第三六四次會議議案全文彙輯	1941/00/00	
55	008000001572A	湖北省政府委員會第三六五次會議議案全文彙輯	008－010902－00083－001	湖北省政府委員會第三六五次會議議案全文彙輯	1941/00/00	
56	008000001574A	湖北省政府委員會第三六七次會議議案全文彙輯	008－010902－00085－001	湖北省政府委員會第三六七次會議議案全文彙輯	1941/00/00	1941/00/00
57	008000001575A	湖北省政府委員會第三六八次會議議案全文彙輯	008－010902－00086－001	湖北省政府委員會第三六八次會議議案全文彙輯	1941/00/00	1941/00/00
58	008000001576A	湖北省政府委員會第三六九次會議議案全文彙輯	008－010902－00087－001	湖北省政府委員會第三六九次會議議案全文彙輯	1941/00/00	1941/00/00
59	008000001530A	湖北省政府委員會第三七一次會議議案全文彙輯	008－010902－00089－001	湖北省政府委員會第三六〇次會議議案全文彙輯	1941/00/00	
60	008000001531A	湖北省政府委員會第三七二次會議議案全文彙輯	008－010902－00090－001	湖北省政府委員會第三七二次會議議案全文彙輯	1941/00/00	
61	008000001483A	湖北省政府委員會第三八二次會議議案全文彙輯	008－010902－00100－001	湖北省政府委員會第三八二次會議議案全文彙輯	1941/00/00	
62	008000001485A	湖北省政府委員會第三八五次會議議案全文彙輯	008－010902－00103－001	湖北省政府委員會第三八五次會議議案全文彙輯	1941/00/00	
63	008000001578A	湖北省政府委員會第三八七次會議議案全文彙輯	008－010902－00105－001	湖北省政府委員會第三八七次會議議案全文彙輯	1941/00/00	
64	008000001580A	湖北省政府委員會第三八九次會議議案全文彙輯	008－010902－00107－001	湖北省政府委員會第三八九次會議議案全文彙輯	1941/00/00	1942/00/00

（续 表）

序號	入藏登錄號	卷名	典藏號	内容描述	檔案日期起	檔案日期迄
65	008000001137A	湖北省政府委員會主席指示備忘錄(一)	008－010902－00006－007	湖北省政府主席陳誠在第三三七次委員會議席上指示各點備忘錄	1941/01/05	1941/01/08
66	008000001475A	湖北省政府委員會第三三九次會議議案全文彙輯	008－010902－00057－001	湖北省政府委員會第三三九次會議議案全文彙輯	1941/01/17	
67	008000001138A	湖北省政府委員會主席指示備忘錄(二)	008－010902－00007－001	湖北省政府主席陳誠在第三四一次委員會議席上指示各點備忘錄	1941/02/01	
68	008000001138A	湖北省政府委員會主席指示備忘錄(二)	008－010902－00007－002	湖北省政府主席陳誠在第三四二次委員會議席上指示各點備忘錄	1941/02/16	
69	008000001138A	湖北省政府委員會主席指示備忘錄(二)	008－010902－00007－004	湖北省政府主席陳誠在第三四四次委員會議席上指示各點備忘錄	1941/03/05	
70	008000001138A	湖北省政府委員會主席指示備忘錄(二)	008－010902－00007－006	湖北省政府主席陳誠在第三四六次委員會議席上指示各點備忘錄	1941/03/25	
71	008000001138A	湖北省政府委員會主席指示備忘錄(二)	008－010902－00007－011	湖北省政府主席陳誠在第三五七次委員會議席上指示各點備忘錄	1941/05/00	
72	008000001772A	湖北省政府大事記(一)	008－010402－00001－009	民國三十年五月湖北省政府大事紀	1941/05/01	1941/05/30
73	008000001138A	湖北省政府委員會主席指示備忘錄(二)	008－010902－00007－007	湖北省政府主席陳誠在第三五三次委員會議席上指示各點備忘錄	1941/05/04	
74	008000001654A	湖北省政府委員會議事錄(二)	008－010902－00202－001	湖北省政府委員會第三六一至第四〇〇次會議議事錄	1941/06/10	1942/04/03
75	008000001577A	湖北省政府委員會第三七〇次會議議案全文彙輯	008－010902－00088－001	湖北省政府委員會第三七〇次會議議案全文彙輯	1941/07/00	
76	008000001772A	湖北省政府大事記(一)	008－010402－00001－011	民國三十年七月湖北省政府大事紀	1941/07/01	1941/07/30

（续表）

序號	入藏登錄號	卷名	典藏號	内容描述	檔案日期起	檔案日期迄
77	008000001535A	湖北省政府委員會第三七八次會議議案全文彙輯	008－010902－00096－001	湖北省政府委員會第三七八次會議議案全文彙輯	1941/08/00	
78	008000001619A	湖北省政資料彙輯（六）	008－010904－00006－009	湖北省政資料彙輯（六）：湖北省政府三十年度業務檢討報告	1941/08/00	1941/08/00
79	008000001728A	湖北省建設計畫委員會組織計畫及參考資料	008－010903－00031－001	湖北省政府秘書處呈省主席陳誠湖北省建設計畫委員會組織規程、三十年七月至十二月份經費支付預算書與職員戰時加給支付預算書、湖北省建設計畫委員會委員秘書名單	1941/09/00	
80	008000001773A	湖北省政府大事記（二）	008－010402－00002－001	民國三十年九月湖北省政府大事紀	1941/09/01	1941/09/30
81	008000001615A	湖北省政府職員錄（三）	008－010906－00004－001	湖北省政府職員錄	1941/11/00	
82	008000001773A	湖北省政府大事記（二）	008－010402－00002－003	民國三十年十一月湖北省政府大事紀	1941/11/01	1941/11/30
83	008000001688A	湖北省鹽政有關重要文電彙輯	008－010901－00043－003	湖北省鹽政有關重要文電彙輯－憑證分配之實施方面	1941/11/18	1942/12/20
84	008000001579A	湖北省政府委員會第三八八次會議議案全文彙輯	008－010902－00106－001	湖北省政府委員會第三八八次會議議案全文彙輯	1941/12/00	
85	008000001388A	陳誠言論集—民國三十年（四）	008－010301－00033－055	陳誠電專員蔣經國就計劃教育問題略申淺見	1941/12/17	1941/12/17
86	008000001383A	陳誠言論集—民國三十年（二）	008－010301－00031－045	奮鬥創造前進建設新湖北（湖北省政府主席陳誠出席全省三十年度黨政軍工作總檢討與行政會議閉幕訓詞）	1941/12/21	

（续 表）

序號	入藏登錄號	卷名	典藏號	內容描述	檔案日期起	檔案日期迄
87	008000001643A	湖北省政府委員會第三九〇次會議議案全文彙輯	008－010902－00108－001	湖北省政府委員會第三九〇次會議議案全文彙輯	1942/00/00	
88	008000001541A	湖北省政府委員會第三九二次會議議案全文彙輯	008－010902－00110－001	湖北省政府委員會第三九二次會議議案全文彙輯	1942/00/00	
89	008000001543A	湖北省政府委員會第三九四次會議議案全文彙輯	008－010902－00112－001	湖北省政府委員會第三九四次會議主席陳誠所提議案及交議各案全文彙輯	1942/00/00	1942/00/00
90	008000001547A	湖北省政府委員會第三九八次會議議案全文彙輯	008－010902－00116－001	湖北省政府委員會第三九八次會議議案全文彙輯	1942/00/00	
91	008000001486A	湖北省政府委員會第四〇四次會議議案全文彙輯	008－010902－00122－001	湖北省政府委員會第四〇四次會議議案全文彙輯	1942/00/00	
92	008000001494A	湖北省政府委員會第四一五次會議議案全文彙輯	008－010902－00133－001	湖北省政府委員會第四一五次會議議案全文彙輯	1942/00/00	
93	008000001640A	湖北省政府委員會第四一六次會議議案全文彙輯	008－010902－00134－001	湖北省政府委員會第四一六次會議議案全文彙輯	1942/00/00	1942/00/00
94	008000001552A	湖北省政府委員會第四三一次會議議案全文彙輯	008－010902－00149－001	湖北省政府委員會第四三一次會議議案全文彙輯	1942/00/00	
95	008000001497A	湖北省政府委員會第四三六次會議議案全文彙輯	008－010902－00154－001	湖北省政府委員會第四三六次會議議案全文彙輯	1942/00/00	1943/00/00
96	008000001624A	湖北省政資料彙輯（十二）	008－010904－00012－007	湖北省政府人事處三十一年度上半年業務檢討報告	1942/00/00	
97	008000001773A	湖北省政府大事記（二）	008－010402－00002－005	民國三十一年一月湖北省政府大事紀	1942/01/01	1942/01/30

（续 表）

序號	入藏登錄號	卷名	典藏號	内容描述	檔案日期起	檔案日期迄
98	008000001728A	湖北省建設計畫委員會組織計畫及參考資料	008－010903－00031－003	湖北省建設計畫委員會第三次全體會議紀錄及第三次常務委員會議紀錄	1942/01/22	
99	008000001542A	湖北省政府委員會第三九三次會議議案全文彙輯	008－010902－00111－001	湖北省政府委員會第三九三次會議主席陳誠所提議案及交議各案全文彙輯	1942/02/00	1942/02/00
100	008000001544A	湖北省政府委員會第三九五次會議議案全文彙輯	008－010902－00113－001	湖北省政府委員會第三九五次會議主席陳誠所提議案及交議各案全文彙輯	1942/02/00	1942/02/00
101	008000001773A	湖北省政府大事記（二）	008－010402－00002－007	民國三十一年三月湖北省政府大事紀	1942/03/01	1942/03/30
102	008000001724A	湖北省政府委員會主席指示備忘錄（八）	008－010902－00013－001	湖北省政府委員會議主席陳誠指示備忘錄彙編（湖北省政府秘書處編印）	1942/04/00	
103	008000001685A	湖北省政府委員會議事錄（三）	008－010902－00203－001	湖北省政府委員會第四〇一至四四〇次會議議事錄	1942/04/10	1943/01/27
104	008000001773A	湖北省政府大事記（二）	008－010402－00002－010	民國三十一年六月湖北省政府大事紀	1942/06/01	1942/06/30
105	008000001699A	湖北省政資料彙輯（十五）	008－010904－00015－002	湖北省政資料彙輯（十五）：文化—中等教育	1942/06/24	
106	008000001594A	湖北省政府委員會第四三〇次會議議案全文彙輯	008－010902－00148－001	湖北省政府委員會第四三〇次會議主席陳誠所提議案及交議各案全文彙輯	1942/10/00	1942/10/00
107	008000001774A	湖北省政府大事記（三）	008－010402－00003－002	民國三十一年十月份湖北省政府大事記	1942/10/01	1942/10/31
108	008000001587A	湖北省政府委員會第四二三次會議議案全文彙輯	008－010902－00141－001	湖北省政府委員會第四二三次會議議案全文彙輯	1942/11/00	
109	008000001593A	湖北省政府委員會第四二九次會議議案全文彙輯	008－010902－00147－001	湖北省政府委員會第四二九次會議主席陳誠所提議案及交議各案全文彙輯	1942/11/00	1942/11/00

（续表）

序號	入藏登錄號	卷名	典藏號	內容描述	檔案日期起	檔案日期迄
110	008000001553A	湖北省政府委員會第四三二次會議議案全文彙輯	008 –010902 –00150 –001	湖北省政府委員會第四三二次會議主席陳誠所提議案及交議各案全文彙輯	1942/11/00	1942/11/00
111	008000001554A	湖北省政府委員會第四三三次會議議案全文彙輯	008 –010902 –00151 –001	湖北省政府委員會第四三三次會議主席陳誠所提議案及交議各案全文彙輯	1942/11/00	1942/11/00
112	008000001555A	湖北省政府委員會第四三四次會議議案全文彙輯	008 –010902 –00152 –001	湖北省政府委員會第四三四次會議主席陳誠所提議案及交議各案全文彙輯	1942/11/00	1942/11/00
113	008000001598A	湖北省政府委員會第四五八次會議議案全文彙輯	008 –010902 –00177 –001	湖北省政府委員會第四五八次會議議案全文彙輯	1943/00/00	
114	008000001628A	湖北省政資料彙輯續編（二）	008 –010904 –00018 –001	湖北省政資料彙輯續編（二）：經濟	1943/01/00	
115	008000001686A	湖北省政府委員會議事錄（四）	008 –010902 –00204 –001	湖北省政府委員會第四三八至四五二次會議議事錄	1943/01/08	1943/06/25
116	008000001772A	湖北省政府大事記（一）	008 –010402 –00001 –007	民國三十年三月湖北省政府大事紀	1943/03/01	1943/03/30
117	008000001566A	湖北省政府委員會第三十次談話會議案全文彙輯	008 –010902 –00022 –001	湖北省政府委員會第三十次談話會主席陳誠所提議案及交議各案全文彙輯	1943/04/00	1943/04/00
118	008000001502A	湖北省政府委員會第四四五次會議議案全文彙輯	008 –010902 –00164 –001	湖北省政府委員會第四四五次會議議案全文彙輯	1943/05/07	
119	008000001774A	湖北省政府大事記（三）	008 –010402 –00003 –010	民國三十二年六月份湖北省政府大事記	1943/06/01	1943/06/30
120	008000001175A	湖北省政府大事記（四）	008 –010402 –00004 –001	民國三十二年九月份湖北省政府大事記	1943/09/01	1943/09/30
121	008000001687A	湖北省政府委員會議事錄（五）	008 –010902 –00205 –001	湖北省政府委員會第四五三至四六七次會議議事錄及第三十五至三十八次談話會議事錄	1943/09/03	1943/12/31

（续 表）

序號	入藏登錄號	卷名	典藏號	内容描述	檔案日期起	檔案日期迄
122	008000001676A	湖北省政府委員會第四十一次談話會議案全文彙輯	008 -010902 -00033 -001	湖北省政府委員會第四十一次談話會主席陳誠所提議案暨交議各案全文彙輯	1943/10/00	
123	008000001775A	湖北省政府大事記（四）	008 -010402 -00004 -004	民國三十二年十二月份湖北省政府大事記	1943/12/01	1943/12/31
124	008000001604A	湖北省政府委員會第四七四次會議議案全文彙輯	008 -010902 -00192 -001	湖北省政府委員會第四七四次會議議案全文彙輯	1944/00/00	
125	008000001749A	湖北省政府委員會議事錄（六）	008 -010902 -00206 -001	湖北省政府委員會談話會議事錄、湖北省政府委員會會議議事錄及臨時會議事錄等	1944/01/07	1944/07/21
126	008000001564A	湖北省政府委員會第四七〇次會議議案全文彙輯	008 -010902 -00188 -001	湖北省政府委員會第四七〇次會議主席陳誠所提議案及交議各案全文彙輯	1944/02/00	1944/02/00
127	008000001611A	湖北省政府委員會第四八一次會議議案全文彙輯	008 -010902 -00199 -001	湖北省政府委員會第四八一次會議議案全文彙輯	1944/07/00	
128	008000001706A	湖北省財政報告書	008 -010901 -00024 -004	湖北省歷年額外收支報告表	1944/08/05	
129	001000003207A	福建省政府官員任免（九）	001 -032220 -0115	福建省政府委員廳長秘書長朱代杰劉建緒包可永等任免辦理情形	1945/02/12	1948/05/13

（续表）

序號	入藏登錄號	卷名	典藏號	內容描述	檔案日期起	檔案日期迄
130	003000011769A	全國水力發電工程總處勘查各地水力發電情形案	003－010203－0015	全國水力發電工程總處已將資水濝江灌縣螳螂川及龍溪河等水力發電工程計畫報告編製完成並備文呈請鑑核另廣西省政府為柳江水力發電之開發電請派員組隊前往柳州雞喇實施勘測，中央地質調查所為進行調查長江上游水土保持工作，福建省政府為閩江水力發電有開發價值電請指派水力查勘隊至閩主持查勘設計事宜，全國水力發電工程總處呈送西北勘測處與天水電廠簽訂之水力勘測合約及與湖南電氣公司簽訂之資水流域水力勘測計畫概要經費預算請鑑核備查等	1945/11/02	1948/03/15
131	001000002834A	各政務委員會官員任免（五）	001－032107－0012	宋子文等派為綏靖區政務委員會主任委員等職，綏靖區及東北行轅政務委員會主任委員常委委員祕書長等官員任免	1946/09/24	1948/05/19
132	003000008426A	福建電力公司籌備處臨時籌備委員會會議紀錄	003－010101－0515	福建電力公司籌備處函資源委員會呈送民國三十六年十一月至民國三十七年三月之臨時籌備委員會開會通知議事日程會議紀錄及初步勘測古田至福州輸電線路計畫及預算表	1947/01/01	1948/00/03

（续 表）

序號	入藏登錄號	卷名	典藏號	内容描述	檔案日期起	檔案日期迄
133	008000001816A	陳誠家書（十六）	008－010201－00016－002	陳誠函夫人譚祥：不願在上海久住且以性情及經濟情形亦不許可，青田老家既不能回去只有在臺灣打算。今日桂永清來談囑我坐重慶兵艦赴臺，待你來上海再定	1948/09/07	
134	008000001785A	新湖北建設紀要（二）	008－010901－00050－002	新湖北建設紀要（二）：第四章政治建設	1949/02/00	
135	008000001503A	湖北省政府委員會第四四六次會議議案全文彙輯	008－010902－00165－001	湖北省政府委員會第四四六次會議議案全文彙輯	1953/00/00	
136	129000018736A	軍事委員會侍從室		朱代杰		

朱代杰主要著述

《七七两周年对敌寇的透视》，《扫荡报抗战二周年纪念特辑》1939 年。

《由新县制的认识到新县制的实行》，《新湖北季刊》1941，1 卷，1 期。

《甘肃省政设施之湟惠渠整理土地办法及甘肃省各县局改组建设科办法湖北省可酌予採用》1942 年，台北“国史馆”藏。

《湖北省党政军联合参观团参观湘赣闽粤四省报告书》，1942 年 11 月 28 日，台北“国史馆”藏。

《国家建设之方案》，1943 年 5 月，台北“国史馆”藏。

为学习印度经济建设给陈诚的呈文，陈诚《石叟丛书·附存·友声集》1946 年 4 月 24 日，第 77 页。

《福建经济发展的途径（附表）》，《新中华》1946 年，复 4，第 24 期。

《福建经济问题研究》，福建省政府建设厅，1947 年。

《福建省经济建设五年计划》，福建省政府建设厅，1947 年。

《现阶段福建经济建设的检讨（附表）》，《银行季刊》1947 年，1 卷，2 期。

《古田溪第一段水方发电工程计划》，《福建善救月刊》，1947年，第5期。

《福建经济建设应循的途径》，《中央银行月报》，1947年，新2，第11期。

《福建经济概况》，福建省政府建设厅，1947年。

《福建古田溪水力发电工程计划》，《动力工程》1947年，第1卷，第2期。

《东北经济生产各部门配合原则》，1947年12月，台北“国史馆”藏。

《新湖北建设纪要（二）》，1949年2月，台北“国史馆”藏。

《仓库管理》（译作），人民铁道出版社，1955年。

《材料供应计划》，人民铁道出版社，1957年。

《铁道材料技术供应》，人民铁道出版社，1957年。

《中国铁路史》，人民铁道出版社。

《试论马建忠的铁路思想》，1964年//apabi数字资源平台。

主要人物索引

Y

Z

Y

Z

重大事件索引

跋

不知为什么，在我的印象里，总觉得父亲的一生是比较亏的，甚至是有些冤的；直到此次作这个“传记”，才从五位数的旁证材料里，见证了他的丰富与多彩，深沉同激昂，辉煌并不朽！据此我确认父亲的一生是很值的，应该讲是超值的。

当然，这种“值”指的不是个人得失，而是一个人对民族、国家、公理、公务所发挥出来的作用和影响。就父亲所处的时段而言，于他的进退中似乎有一条定律，即：国共合作则行；国共分裂则藏。如是，个人的盛衰与天下之兴亡本是一回事。

不管怎么说，父亲勇敢、宏毅、智慧、坚韧地走完了他的人生。在政治、经济、学术三道大题面前都交上了自己天地良心的答卷。

“老爸，我以你为荣！”

小　明

2016年12月

于北京北郊莲花苑